환생(還生) 이순신,

다시 쓰는
징비록 懲毖錄

환생(還生) 이순신,

다시 쓰는
징비록 懲毖錄

김동철 지음

장군은 왜 417년만에 깨어났는가?
동북아 각축전, 북핵 비상, 정치부패, 경제 양극화 심화,
전관예우 및 방산비리, 인성부재 공교육 등
내우외환(內憂外患)의 시기다.
임진왜란 때 기시감(旣視感)의 재확인!

머리말

　'혼용무도(昏庸無道)'의 시대이다. 온 세상이 마치 암흑에 뒤덮인 것처럼 온통 어지럽고 무도하다는 뜻이다. 좌우를 아무리 둘러봐도 비정상 투성이다. 8.15 광복과 6.25 한국전쟁 이후 분명 태평성대의 평화시대가 도래했는데 어두운 잿빛 연기가 피어오르고 세상의 법도는 무너졌다. 분명한 것은 이 나라의 경제양극화가 심화돼 빈부의 격차가 커졌고 재벌 등 기득권층의 갑질이 횡행하고 있다는 사실이다. 북한이 핵무기로 우리를 아무리 위협해도 강 건너 불구경하는 듯한 분위기다. 먹고살기가 힘들어서 일까?

　북한 핵과 미사일 방어를 위해 고고도 미사일 방어체계인 사드 하나 배치하려고 해도 주변국의 눈치를 봐야 하는 처지다. 동북아는 한국-미국-일본 대 북한-중국-러시아가 편을 갈라 첨예하게 대치하고 있는 국면이다. 그것은 1592~1598년 임진왜란 당시 조선 땅에서 명나라와 왜국이 전쟁을 했고 강화협상을 했으며 만주의 여진족은 호시탐탐 조선과 명나라를 노리고 있던 4국 전쟁 체제를 연상하게 한다. 100여년 전인 구한말 때 일본, 청나라, 러시아, 미국, 프랑스, 독일, 영국 등 열강이 다 쓰러져가는 조선땅을 삼키기 위해서 낚시질 하던 때와 비슷한 형국이다. 1950년 6.25 한국전쟁은 북한 김일성이 러시아(구 소련) 스탈린에게서 비행기, 탱크 등 중무기를 원조받고 항미원조(抗美援朝 미국에 대항해서 조선을 돕는다)의 기치를 든 중공군 100

만명이 압록강을 건너와 결국 한반도 통일은 물거품이 된 것을 떠올리게 한다.

오늘날 동북아시아는 세계의 화약고가 되어가는 형세다. 경제를 바탕으로 대륙굴기(大陸崛起)하는 중국은 군사 부분에서 미국과 맞짱을 뜰 기세로 달려들고 있다. 중국과 일본과의 군사적 마찰, 중국을 방어하고 북핵 공포를 없애겠다는 일본은 해외 군사작전을 할 수 있는 군대를 가지게 되었다.

우리는 북핵 공격을 누군가 지켜줄 것이라는 안이한 사대(事大)사상에 젖어있는 것은 아닌지 의아할 따름이다. 당리당략과 파벌싸움에 한창인 국회의원과 비리 고위공직자들, 재벌의 갑질은 법조계의 전관예우, 군고위층의 방위산업비리와 함께 종합비리세트로 나라의 안위를 위협하고 있다. 위아래 할 것 없이 물질만능에 사로잡혀 스스로 천민(賤民)자본주의자로 전락한지 오래다. 나라에 충성하고 부모에 효도하는 인성의 함양과 이웃과 타인을 배려하는 선진적 가치관은 사라지고 있다.

한반도의 지도를 한번 보자. 우리는 대륙(중국, 러시아)과 섬(일본)에 둘러싸인 '외딴 섬'과 같은 외로운 형국이다. 한반도의 북쪽은 핵무장을 선언, 호시탐탐 적화야욕을 드러내고 있다. 지정학적 운명으로 우리는 대륙과 해양세력의 발판으로서 끊임없는 외침을 당해왔다. 단 한 번도 스스로의 힘으로 외세의 본진(本陣)을 깨부순 적은 없다. 항상 수세적이고 방어적이었다. 외침을 당할 때마다 나라와 백성은 쪼개지고 콩가루의 아수라장이 됐다. 반성하고 자강(自强)하려는 의지가 없었기 때문이었다.

"역사는 과거와 현재와의 끊임없는 대화다."
— E. H. 캐(영국 역사학자)

　1592~1598년 임진왜란 7년 조선반도는 명나라와 왜국의 전장(戰場)이 되었다. 조선이 배제된 강화협상도 벌어졌다. 강화조건 중 하나가 조선의 경기도와 하삼도(충청, 경상, 전라도) 등 4개도를 왜에게 분할한다는 것이었다. 마치 6.25 한국전쟁 기간 중 미국과 중공(中共)의 휴전협상에 의해 그어진 38선으로 반도가 두 동강난 것처럼 명나라와 왜국에 의해 조선반도가 두 동강날 뻔 했다. 백성은 평상시에는 탐관오리와 지방 향리인 아전들에게 가렴주구(苛斂誅求)를 당했고 난리가 일어났을 때는 외세의 말발굽 아래 짓눌려 곤죽이 되곤 했다. 임진왜란 때 '전시재상' 겸 도체찰사로 조선 8도를 누빈 류성룡 대감은 7년 전쟁을 반성하는 회고록인 징비록(懲毖錄)에서 징비의 뜻을 다음과 같이 밝혔다.

　　예기징이비후환(豫其懲而毖後患)
　　　미리 (전날을) 징계하여 후환을 경계하고
　　지행병진(知行竝進)
　　　알면 행하여야 한다
　　즉 유비무환 (卽 有備無患)
　　　그것이 곧 유비무환 정신이다.

　그러나 이 징비(懲毖)정신은 채 30년도 안 되어 잊혀졌고 후금(이후 청나라)이 1627년 존명사대(尊明事大 명나라를 극진히 받드는 사상)하는 조선을 공격해왔다. 곧이어 청나라 태종은 1636년 군신관계를 요구하면서 조선을 다시 짓밟았다. 남한산성에서 빠져나온 인조는 송파 삼전도에서 청태종에게 굴욕적인 항복의 예를 올렸다. 조급증과 함께 우리 민족의 특성인 급망증(急忘症)의 결과였다. 냄비처럼 들끓다가 이내 잊어버리는 급망증으로 나라의 안위는 무너졌고 구한말에는 외세의 낚싯밥이 되는 처참한 신세로 전락했다. 급기야 일본은 쓰러져 가는 조선을 집어삼킴으로써 임진왜란 이후 추구해온 정한론(征韓論)을 완결했다.

오늘날 탐관오리의 부정과 부패, 경제 양극화, 물질만능의 천민자본주의의 면모가 400여 년 전 선조시대와 별반 다르지 않다는 것은 참으로 놀랍고도 기이한 일이다. 기술은 눈부시게 발전됐고 물질은 풍요로워졌다지만 이 땅에서 일어나는 갖가지 현상을 보건대 언젠가 어디에서 본 듯한 느낌, 기시감(旣視感)에 문득문득 놀랄 수밖에 없다. 인간의 속성은 원래 욕심 가득한 이기적 본능을 가졌기 때문이라고 설명하기에는 뭔가 부족하다. 문제는 역사의 우(愚)를 다시 범하지 않으려는 국가 지도자의 리더십이 약했고 국가통합의 의지가 부실했다. 또 역사에서 한 수 배우려는 온고지신(溫故知新)의 자세가 불량했다. 여기에 인간으로서 가장 기본이 되는 수신(修身)에서 인성(人性)교육은 있었으되 그 실행에서 실패했다.

"역사를 잊은 민족에게 미래는 없다."

— **단재 신채호**

지금 이 시대는 400여 년 전과 마찬가지로 누란(累卵)의 위기를 맞고 있다. 선조 때 율곡 이이(李珥)가 말한대로 '조선은 기국비기국(其國非其國), 나라도 아니었다.' 왜란 조짐의 먹구름은 점점 짙어가는데 채 2년 치 식량도 확보되지 못했고 국방의 방비는 허술하기 짝이 없었다. 더구나 쓸만한 장수들이 턱없이 모자랐다. 율곡 이이(李珥)는 선조에게 공격적이고 비판적인 상소문인 만언봉사(萬言封事)를 올렸다.

조선의 현재 상황은 부부일심지대하((栢腐日深之大廈), 대들보가 날로 심하게 썩어 하루가 다르게 붕괴되어 가는 한 채의 큰 집입니다. 기둥을 바꾸면 서까래가 내려앉고, 지붕을 고치면 벽이 무너지는, 어느 대목도 손을 댈 수 없는 집입니다.

이것이 어찌 그 당시만의 상황이었던가. 오늘날 우리의 현주소, 자화상(自畵像)과 무엇이 다르다는 말인가.

16세기 말 일본군은 100여 년 동안 피비린내 나는 전국시대(戰國時代)를 거치고 통일을 목전에 두고 있었다. 포르투갈 상인에게서 도입한 조총은 왜국 통일에 막강한 역할을 했고 조선침략에서 가공할만한 위력을 발휘했던 최신무기였다. 잘 훈련된 왜군은 100여 년 동안 닦은 칼솜씨가 뛰어난 무사(武士)들로 꽉 차있었다. 그런 15만 여명이 1592년 4월 13일 부산포에 상륙했다. 병농일치(兵農一致)로 평시에 농사짓다 불려나온 둔전병(屯田兵) 수준의 조선군은 그야말로 오합지졸이었다. 왜군은 상주에서 이일(李鎰), 충주 탄금대에서 신립(申砬) 등 당대 최고의 명장을 단칼에 물리치고 20일 만에 한성에 무혈입성했다. 무인지경(無人之境)을 가듯 하루에 40km를 달려온 고니시 유키나가(小西行長)의 제1군은 6월 13일 평양성을 함락시켰다. 왜군은 진격하는 동안 조선군을 만나서 제대로 전투다운 전투를 하지 않고도 두 달 만에 부산, 한성, 개성, 평양을 접수한 것이다.

고니시의 1군에 쫓기던 선조는 부랴부랴 경복궁을 빠져나와 임진나루를 건너 개성, 평양, 압록강변 의주로 파천했다. 여차하면 명의 요동으로 내부(內附)할 계획까지 세웠다. 가토 기요마사(加藤淸正)의 제2군은 함경도에서 임해군과 순화군 두 왕자를 포로로 잡았다. 그리고 만주의 여진족 부락까지 쳐올라갔다가 내려왔다. 구로다 나가마사(黑田長政)의 제3군은 경기도를 거쳐 황해도를 유린했다. 백성들은 대거 산속으로 피신했고 소수의 저항하는 자는 모조리 도륙됐다. 임진왜란과 정유재란 7년 동안 조선 강토는 그야말로 시체가 산더미처럼 쌓이고 유혈이 바다를 이루는 대참극(大慘劇)의 현장이었다. 특히 곡창지대인 전라도의 관문인 진주성과 남원성에서 왜군들은 '살아있는 생물' 하나도 남기지 않고 도륙하는 목불인견의 학살을 감행했다. 왜군의 만행 못잖게 명군의 행패도 심했다.

압록강을 건너온 4만 5천명의 명나라 원군(援軍)은 안하무인으로 변방의 소국을 무시했고 갑질을 자행했다. 명황제 사신 사헌(司憲)은 선조를 신하 대하듯 했다. 또 선조는 명나라 장수 아무에게나 절을 하고 읍소했다. 영의정 겸 도체찰사 류성룡(柳成龍)은 명장수의 말발굽 아래 무릎 꿇리기를 수차례 당하는 수모를 당했다. 그럼에도 불구하고 류성룡 대감은 가까스로 식량을 구해서 명군과 말먹이를 대느라 동분서주, 눈물이 마를 날이 없었다.

풍전등화(風前燈火), 나라의 운명은 바람 앞의 촛불 같은 절체절명의 위기에 놓였다. 피난을 가면서도 동인과 서인은 서로 '네 탓' 타령에 핏대를 세웠고 초근목피로 연명하던 백성은 굶주리다 못해 사람을 잡아먹는 인상식(人相食)을 스스럼없이 자행했다.

육전에서 도원수 권율(權慄)의 행주대첩을 제외한 거의 모든 전투는 패했다. 왜군과 15전을 치렀던 명나라도 평양성을 탈환한 것 외에는 이렇다 할 승전고를 올리지 못했다. 임진왜란 최대 전투라 할 수 있는 고양의 벽제관전투에서 명나라 이여송(李如松) 제독은 이시다 미쓰나리(石田三成)를 중심으로 우키타 히데이에(宇喜多秀家), 고바야카와 다카카게(小早川隆景), 다치바나 무네토라(立花宗虎), 다카하시 나오쓰구(高橋直次) 등의 매복작전에 걸려들어 패퇴했다. 이여송은 조총의 가공할만한 위력을 절감했고 이후 명군은 왜와의 전투를 사실상 회피했다. 후발대인 조선군은 조총소리에 기겁을 하고 놀라 도망가는 농민군 수준이었다. 이런 조선군을 명군은 '도망군'이라고 비아냥거렸다.

> "모든 시대에는 그 시대의 신(神)이 있다."
> ― 링케(독일 실증사학자)

이렇듯 육전에서는 연전연패했지만 해전에서는 정반대 현상이 벌어졌다.

개전 초기 이순신(李舜臣) 장군은 일본 수군의 층각대선(層閣大船)인 아타케부네(安宅船)와 세키부네(關船) 등 수십 척의 군선(軍船)을 총통으로 깨뜨리고 불화살로 분멸(焚滅)시키고 있었다. '바다의 탱크'인 거북선은 적선을 곧장 들이받는 직충(直衝)의 돌격 전법으로 왜수군을 연달아 수장시켰다.

용인전투에서 조선군 5만 여명을 불과 1천500여명으로 격파시킨 와키자카 야스하루(脇板安治)는 한산해전에서 '전략가' 이순신 장군에게 걸려들어 무참하게 패하고 줄행랑쳤다. 이순신 장군의 선승구전(先勝求戰) 전략에 따라 23전 23승의 불패신화를 이룬 것은 선조와 조선조정은 물론, 백성들에게는 오랜 가뭄 끝의 단비 같은 낭보(朗報)가 아닐 수 없었다. 이 승전보를 들은 피난길의 선조와 조정대신들은 감동의 눈물을 흘렸다. 또한 왜의 태합(太閤) 도요토미 히데요시(豊臣秀吉)는 조선수군과 교전을 불허했고 남해안의 제해권은 여전히 이순신 장군이 가질 수 있었다. 왜군의 서해진출, 한강, 임진강, 평양의 대동강으로의 침입을 막은 것은 실로 천행(天幸)이라 하지 않을 수 없었다. 아니 준비된 자에게 하늘이 내려준 은혜로운 자비(慈悲)였다.

조선은 창업 이후 200년 동안 이렇다 할 외환(外患)이 없었으므로 공자 왈 맹자 왈의 문약(文弱)한 선비 위주의 사회였다. 북로남왜(北虜南倭), 즉 북쪽 여진족과 남쪽 왜구를 방비할만한 자강(自强)의 노력이 거의 없었으므로 임진왜란과 병자호란이라는 조선 500년 역사상 커다란 두 번의 참화를 겪게 되었다.

백성의 마음은 무상(無常)하고 유혜지회(惟惠之懷)하다

백성들은 시류에 따라 움직이며 당장 배고픔을 해결해주는 사람에게 붙게 마련이다. '왜놈이건 되놈이건 먹을 것만 준다면 바로 하늘같이 모실 수 있는 은인(恩人)'으로 대하는 게 백성의 마음이었다. 전쟁 초기 왜군은 유화책으로 주둔지 주민에게 식량을 나눠주고 농사를 지어서 세금을 바치게 하자, 왜군 쪽으로 붙어 부역하는 순왜(順倭)들이 늘어났다. 왜군이 상륙 후 20일 만에 한양에 들이닥칠 수 있었던 것은 수많은 조선인 순왜들이 앞장서서 향도노릇을 했기 때문이다. 왕과 조정대신 등 위정자는 말문을 열 때마다 '오직 백성이 근본이다.'며 민유방본(民惟邦本)을 뇌까리지만 '임금을 바꾸는 것은 하늘이 아니라 백성이다.'는 민심유위(民心惟危)를 실감하는 사람은 많지 않았다. 그래서 조선백성들은 자기나라 왕과 탐관오리들을 타도의 대상으로 보고 먹을 것을 주는 왜군을 "우리 새로운 왕이 오셨다."고 반겼다. 결국 인심은 무항산(無恒産) 무항심(無恒心)이다. 생활이 풍족해야 사람의 도리를 다 할 수 있는 것이고 그렇지 못하면 백성은 끊임없이 배반을 꿈꾼다.

3번의 파직과 2번의 백의종군을 당한 '불운한' 이순신 장군은 그럼에도 불구하고 바람 앞의 촛불같은 나라를 살리기 위해서 구국의 대열에 앞장섰다. 그는 몸과 마음이 다 깨지고 망가졌지만 원균(元均)이 망쳐놓은 수군의 재건에 나섰고 명량해전에서 13척 대 133척이란 중과부적(衆寡不敵)의 상황에서 승리를 거뒀다. 천혜의 환경과 천험의 지형을 이용한 전략가다운 한판 승부였다. 초인적인 임전무퇴(臨戰無退)의 자세에 숙연할 따름이다.

아울러 시대의 영웅을 발탁한 류성룡 대감의 지인지감(知人之鑑), 사람을 알아보는 통찰력과 혜안에 고개가 절로 숙여질 뿐이다. '동네 형'인 류성룡과 이순신의 '위대한 만남'은 가히 '천년 의리'라고 할만하다. 빛과 그림자처럼 뗄 수 없는 두 사람의 관계에서 '멘토'인 류성룡의 징비정신은 '멘티'인 이순신 장군의 필사즉생(必死卽生)의 유비무환 정신으로 오롯이 승화되었고 임전무퇴, 선공후사, 살신성인으로 나타났다. 자강파(自强派)인 두 사람의 위대한 만남으로 재조산하(再造山河)를 이뤘다면 역사는 달라지지 않았을까.

역사에 가정은 없다지만,
류성룡과 이순신이 재조산하를 이루었다면?

우리 역사에서 다시 만나기 힘든, '진정한 사람' 이순신을 통해서 충, 예, 효, 정직, 책임, 존경, 배려, 소통, 협동 등 인성 DNA를 간접 체험할 수 있어서 집필 기간 동안 너무나 행복했다. 임전무퇴, 선공후사, 무에서 유를 창조해가는 그의 용의주도한 전략전술과 둔전경영의 애민(愛民) 정신 발휘 및 문무겸전(文武兼全)의 섬세한 감수성 등 그의 인성(人性) 핵심 DNA를 연구하면서 그 탁월한 리더십에 흠뻑 빠져들지 않을 수 없었다. 7년 동안의 난중일기와 임진장초, 서간첩 등을 보면서 그를 만나 이야기를 나누고 싶었다. 그래서 지난 3년 동안 그의 자취가 고스란히 남겨진 남해안의 23전 23승의 전적지와 진남루, 제승당, 동헌, 수루, 사당 등 유허지, 그리고 후세가 만들어놓은 기념관, 박물관 등의 기행에 나섰다. 곳곳의 현장에서 그는 "전쟁을 잊으면 반드시 나라가 위태롭다"는 망전위국(忘戰危國)의 유비무환 정신을 일깨워 주었다. 또한 난중일기에 나와 있는 그대로의 인간냄새 물씬 풍기는 면모도 스스럼없이 보여주었다. 유적지 탐사를 하고 돌아와서는 1년 이상의 집필 시간을 가졌다.

난세에도 불구하고 나타나지 않은 영웅을 만나러 다니는 일은 앞으로 계속될 것이다. 그것은 그의 정신을 오롯이 전하고자 하는 발심(發心)에서 나온 것이다.

이 책은 좀 더 넓은 시야로 우리나라와 우리를 둘러싸고 있는 지정학적 환경을 이해하려는 사람들에게 필요한 정치, 인문, 역사책이라고 할 수 있다. 따라서 학생은 물론이고 부모, 교사, 공직자, 군인, 직장인 및 리더를 꿈꾸는 사람들에게 적극 추천하고 싶다. 가장 어려운 때를 만나 이순신 장군은 어떤 리더십을 어떻게 발휘했는지를 살펴봄으로써 온고지신(溫故知新)의 지혜를 얻기 바란다. 자신이 고민하던 문제를 이 책을 통해서 영감(靈感)을 얻음으로써 해결책을 찾을 수도 있을 것이다. 그렇다면 그것은 행운이고 자신의 생존과 발전의 필살기(必殺技)가 될 수도 있을 것이다. 아무쪼록 이순신 장군을 만나서 자기 인생에 전환점이 있기를 기원한다.

이야기가 길어졌다. 마지막으로 일본에서 고생하는 사랑하는 아내와 이제 막 사회에 첫발을 내디딘 핫토리 출신 세프 아들 석환, 그리고 늘 마음속으로 응원해주는 문화예술강사인 딸 슬아, 이들 '영원한 우군(友軍)'과 함께 남해안 이순신 장군의 대첩(大捷) 현장을 찾아갈 날이 몹시 기다려진다.

2016년 6월 心象齋에서

김동철

추천사

원혜영

5선 국회의원
국회외교통일위원회 위원
풀무원식품 창업자

　나라 안팎이 시끄럽다. 북핵 및 동북아 열강들의 세력다툼이 심상
치 않다. 세계경제 침체에 따른 대한민국 민생은 날로 어려워지는데
국회가 제 역할을 다 하지 못해 미안할 따름이다.

　이 내우외환(內憂外患)의 시대를 맞아 절실하게 생각나는 사람은
서애 류성룡 대감과 충무공 이순신 장군이다. 400여 년 전 임진왜란
때 국난극복의 두 주인공은 스스로 힘을 키워 나라사랑에 헌신한 자
강파였다. 특히 열악한 상황에서도 23전 23승의 전승(全勝)을 기록한
이순신 장군의 전략가적 면모는 탁월한 리더십의 표상이다. 이러한
문무겸전의 장재(將材)를 발탁한 서애 대감의 지인지감(知人之鑑)에
탄복할 따름이다. 오늘날 우리는 '경세가' 류성룡 대감과 '전략가' 이

순신 장군의 피와 땀과 눈물의 지혜를 모아서 당장의 어려움을 극복하고 미래의 국운을 상승시켜 부국강병의 평화로운 나라로 가야할 것이다.

바로 이런 때에 『다시 쓰는 징비록』은 망전필위(忘戰必危)의 안보의식을 높여주는 시의적절한 책이다. 저자이자 '평생 기자'인 김동철 박사의 예리한 세상 바라보기와 역사 속에서 교훈을 찾으려는 온고지신(溫故知新)의 지혜를 엿볼 수 있음이 다행이다. 이 책은 미래의 주인공인 학생에게는 역사와 더불어 이순신의 충효 인성을 배울 수 있는 교과서가 될 것이고 지도자가 되려는 사람들에게는 난세를 극복해가는 위기관리의 리더십을 가르쳐 줄 것이다.

추천사

이수홍

(주) 화인홀딩스 회장
2018 평창동계올림픽 고문

　나라밖을 나가면 모두 애국자가 된다는 말이 있다. 미국과 중동 등지에서 해외사업을 해온 나는 구미 선진국 등을 가보면 그들은 자신들의 국기를 자랑스럽게 여겨 곳곳에 걸어놓고 있음을 쉽게 볼 수 있다. 지도를 펴보면 우리나라는 대륙과 일본열도에 갇혀있는 '고립된 섬'과 같다. 이런 반도의 지정학적인 운명으로 우리는 수백 차례의 외침을 받아왔다. 지금도 다르지 않다. 대한민국-미국-일본과 북한-중국-러시아가 동북아 패권을 놓고 힘을 겨루는 형세이다. 더구나 북한의 핵과 미사일은 우리가 직면한 절체절명의 위기다. 또 영국의 브렉시트로 전 세계 경제상황은 한치 앞을 예측할 수 없을 정도다. 국내 문제 또한 어지럽기 짝이 없다.

이 내우외환, 누란(累卵)의 위기를 우리는 어떻게 대처하고 현명하게 극복해야 할 것인가? 나는 400여 년 전 임진왜란 7년 전쟁 때 풍전등화의 나라를 구하기 위해서 전략과 지혜를 모은 '구국의 선봉장' 충무공 이순신 장군을 떠올린다. 평생기자로 활동해온 김동철 박사가 이순신 장군의 필사즉생(必死卽生) 정신을 오늘날에 되살리려는 그 열정과 충정에 박수와 응원의 환호를 보낸다.

목 차

1. 환생(還生)

충남 아산 현충사 부근 어라산 기슭 음봉면 장군의 유택(幽宅)이 열렸다.

2015년 4월 28일 장군은 470번째 생일을 맞아 환생(還生)했다. 육신의 껍질을 벗어둔 채 영혼(靈魂)으로 다시 태어난 것이다. 장군을 세상으로 이끌어낸 것은 한 줄기 빛이었다. 그 빛은 아마도 '누란(累卵)'의 시대가 요청한 것인지도 모른다.

장군은 무엇보다 눈부시게 밝은 햇볕이 좋았다. 묘역 주변 소나무 군락은 솔향기를 뿜었고, 지지배배 지저귀는 종다리가 찬찬히 보였다. 갓 피어난 녹음(綠陰) 방초에 반사된 햇살이 너무나도 따뜻했다. 아주 오랫동안 어두컴컴하고 냉기서린 음택(陰宅)에서 나온 장군의 표정은 환했다. 기지개를 한껏 폈다.

"아 상쾌하다. 이게 얼마 만인고."

예미도중(曳尾塗中)이라 했다. 진흙탕에서 꼬리를 끌며 살아도 죽은 후의 편안함보다 좋다는 말이다. 정말 개똥밭에 굴러도 이승이 저 승보다 나은 것일까.

417년 전, 1598년 11월 19일 장군은 임진왜란 최후의 격전(激戰)인 노량해전에서 왜적이 쏜 조총 탄환을 맞고 쓰러졌다.

"전방급(戰方急) 신물언아사(愼勿言我死)."

"싸움이 한창 급하니 내가 죽었다는 말을 하지 마라."

장군의 유언이 되고 말았다.

그의 손에는 방금 전 전투를 독려하던 북채가 들려있었고 붉은 피 가 치솟아 가슴팍을 흥건히 적셨다.

그러나 장군은 죽지 않았다. 다만 홀연히 사라졌다 다시 환생(還生) 한 것이다. 그것은 참으로 우리에게는 경사스런 일이 아닐 수 없었다.

유택 주변에서 갑자기 소용돌이 바람이 일었다. 소나무와 녹음방초 가 흔들렸고 순간 아주 굵고 밝은 빛줄기가 하늘에서 내려왔다. 어떤 위 성의 긴 꼬리를 닮은 모양새였다. 빛줄기는 인근 현충사와 생가, 가족 묘역 그리고 활터 등지를 한 바퀴 휘익 돌고는 북쪽으로 치솟아 올랐다.

장군이 도착한 곳은 한성 육조거리 광화문 동상이었다. 이제부터 여기가 그의 거주지가 될 터이다. 장군은 오른손에 장검을 굳게 쥔 채 위풍당당한 모습으로 우뚝 섰다.

장검의 한쪽 날에는 삼척서천산하동색(三尺誓天山河動色), 다른 쪽 에는 일휘소탕혈염산하(一揮掃蕩血染山河)라고 쓰여 있었다. '세척 길 이 칼로 하늘에 맹세하니 산과 강도 빛이 변하도다.', '크게 한번 휩쓰 니 피로써 산과 강을 물들인다.'는 뜻이다. 장군은 이 글을 직접 지어 좌우명처럼 곁에 두고 늘 자신을 갈고 닦았다. 그 칼은 1592년 4월 14 일 왜적 15만 대군이 부산포에 기습상륙한 이후 나라를 지키는 보검

(寶劍)이 되었다.

나무 한그루 없는 광화문 광장에선 매미소리조차 들을 수 없었다. 땡볕 아스팔트 복사열에 찌는 삼복더위로 동상은 후끈 달아올랐다. 동상 바로 아래에는 노란 리본이 여전히 나부꼈다. 세월호가 침몰한 진도 맹골수도(猛骨水道)는 맹수처럼 거칠고 사납다는 이름처럼 조류가 가장 빠르고 위험한 곳이다. 그런데 과적(過積)의 부실한 배를 띄우고 미숙한 어린 선장이 키를 잡았으니 사고는 필연적이었을 것이다. 세월호 참사는 돈에 눈먼 악덕 해운업자와

<그림 1> 광화문 이순신 장군 동상

부실을 눈감아준 관(官)피아의 협작품으로 무비유환(無備有患)의 대표적인 사례였다.

필사즉생(必死卽生)의 유비무환(有備無患) 정신을 강조했던 이순신 장군은 누구였던가.

1597년 9월 16일 전라좌도수군절도사 겸 삼도수군통제사로 진도 울돌목에서 명량(鳴梁)해전을 치러 누구보다도 그 지역 물길 사정을

훤히 알고 있었다. 좁은 수로, 빠른 물살, 골바람과 암초 등 지형과 지세가 위험한 천험(天險)의 수로를 천혜(天惠)의 기회로 이용해 천행(天幸)을 얻은 전략가였다. 더욱이 장군은 그해 7월 원균(元均)의 칠천량 패전으로 완전히 궤멸된 수군을 가까스로 재건해서 조선수군 판옥선(板屋船) 13척으로 일본수군 아타케부네(安宅船)와 세키부네(關船) 등 133척과 맞붙어 31척을 분멸시켰다. 중과부적(衆寡不敵)의 수적 열세를 뛰어넘은 사투 끝에 승리를 쟁취했다. 명량대첩은 세계 해전사상 유례없는 기적의 승리로 기록된다. 이후 남해 제해권이 확보되자 왜(倭) 수군은 발이 묶여 남해 곳곳의 왜성에 머물면서 서해진출의 꿈을 포기했다. 도요토미 히데요시(豊信秀吉)도 이순신 수군과의 해전 금지령을 내렸다.

> 필사즉생 필생즉사(必死卽生 必生卽死)
> 필히 죽고자 하면 살 것이요,
> 필히 살고자 하면 죽는다

　7년 전쟁 왜적과 해전을 벌여 23전 23승이란 유례없는 전과(戰果)를 올린 불세출의 명장은 영국의 넬슨 제독, 일본의 도고(東鄉) 제독과 함께 세계 해군 사상 3대 명장으로 꼽힌다. 1905년 러일전쟁을 승리로 이끈 일본 '해군의 신(神)' 도고 제독은 "나를 넬슨과 비교하는 것은 가능하겠지만 이순신과 비교하는 것은 당치않다."면서 "그는 90% 열세한 전력으로 명량에서 기적을 이룬 조선의 명장이다."라고 추켜세웠다.

　이제 장군은 경복궁, 아니 대한민국을 지키는 광화문 수문장으로 환생(還生)했다. 장군의 시야에는 여러 언론사에서 운영하는 뉴스 전광판들이 있었다. 피할 수 없는 햇볕처럼 쏟아지는 갖가지 뉴스들은 장군의 눈을 사로잡기에 충분했다. 장군은 그런 덕에 세상 돌아가는 일을 훤히 꿰뚫어볼 수 있었다. 때론 나라를 지키는 우국충정(憂國衷情)의 충신으로, 때론 부정부패와 불의(不義)를 감시하는 시대의 파수꾼으로서 막중한 임무를 수행하게 된 것이다.

나라의 안위(安危)를 위해 24시간 불철주야 불침번(不寢番)을 서는 장군에게 유일한 휴식은 추억 여행이었다. 그 옛날 북로남왜(北虜南倭)를 맞아 함경도 변방과 남해바다에서 벌인 수많은 전투를 하나씩 복기(復棋)해보는 게 유일한 낙(樂)이었다. 또 백의종군 '눈물의 천리길'도 빼놓을 수 없었다. 온갖 애증(愛憎)과 희로애락(喜怒哀樂)이 절절이 묻어나는 지난 일들은 이제 달빛 젖은 신화(神話)와 빛바랜 전설(傳說)이 되었다.

그런데 그때 갑자기 장군의 눈이 휘둥그레졌다. 장군은 장검을 번쩍 들어 앞에 보이는 전광판을 가리켰다.

"북한 전군 준전시상태 돌입! 8월 22일 오후 5시까지 확성기 끄지 않으면 조준 격파하겠다."

선전포고였다. 전쟁이 난다면 1950년 북한의 남침(南侵) 이후 65년 만의 대재앙이 될 터였다. 칼을 쥔 장군의 손이 심하게 떨렸다.

2015년 8월 4일 북한의 DMZ 목함지뢰 도발로 우리 측 수색대 하사 2명이 다리와 발목을 절단하는 중상을 입었다. 우리 군은 보복차원에서 대북 심리전 방송을 시작했다. '북한 최고 존엄'의 실정(失政)을 비판하고 국내외 주요뉴스, K 팝과 가요, 북한 날씨 등을 실어 보냈다. 하지만 체제붕괴를 두려워하는 '어둠의 폭군(暴君)'은 자신의 아킬레스건(腱)을 겨냥한 것으로 받아들여 심한 경기(驚氣)를 일으켰다. 확성기를 격파하면 도발 원점과 지원세력 및 지휘세력을 초토화시킨다는 우리 군의 결연한 의지표명으로 긴장은 시시각각 높아갔다. '마주보고 달려오는 기관차'와 같은 치킨게임이었다.

마침 한반도 전역에서는 한미간 연례 을지프리덤가디언(UFG) 연합훈련이 전개되고 있었다. 이에 맞불을 놓으려는 듯 동해에서는 중·러 연합해상훈련이 펼쳐졌다.

전 세계의 이목이 집중되었다. 미국무부는 "북한은 도발을 즉각 중지할 것. 그리고 한미연합 방위체계는 추호의 흔들림도 없다."는 한미동맹을 강조했다. 그러나 중국과 러시아는 도발원인을 간과한 채 "남북한 양측 모두 자제하라."는 뜨뜻미지근한 양비론(兩非論)을 펼쳤다. 의외로(?) 일본은 "미국, 한국과 뜻을 같이 한다."고 발표했다. 이제 우리가 선택할 길은 명확해졌다. 경중안미(經中安美) 추구다. 즉 경제는 교역량이 많은 중국과 손잡고 안보는 미국, 일본과 협력해야 한다는 것이다.

그런데 북한에서 뜬금없이 8월 22일 오후 6시 판문점에서 회담을 열자는 긴급제안을 해왔다. 수세에 몰리자 일단 발등의 급한 불을 끄고 보자는 얄팍한 화전양면(和戰兩面) 전술이었다. 회담은 첫날에 이어 3일째 철야 마라톤회의로 진행되었다.

결국 북한은 25일 새벽에 끝난 회담에서 '남측 지역에서 일어난 지뢰폭발사고에 대한 유감'을 표명했고 우리는 '일단 확성기 방송을 중단하는 것'으로 답했다. 아쉬운 점이 있지만 대화국면 유도와 앞으로 현안 타개의 물꼬를 텄다는 것은 긍정적이다. 박 대통령의 단호한 대북억제 의지천명과 막강한 한미연합전력, 제대를 앞둔 우리 장병들의 복무연기 러시, 상습적인 도발의 고리를 끊고야 말겠다는 정치권 입장표명과 국민들의 한목소리, 종북세력을 이용한 이남제남(以南制南)

전략이 더 이상 먹히지 않는다는 북한의 확인 등이 작용한 결과였다.

우리는 앞으로 위기를 기회로 만들어 승리를 쟁취했던 이순신 장군의 '선승구전(先勝求戰) 전략'을 십분 활용해야 한다. 즉 승기(勝機)를 먼저 잡은 뒤 싸움에 임하는 유비무환(有備無患)의 전략이다. 이번에 적의 전술을 똑똑히 보았다. 북한 잠수함, 특수전 게릴라, 공기부양정 등 비대칭무기를 활용하는 성동격서(聲東激西) 전술과 화전양면(和戰兩面)의 전략을 모두 읽었다. 남북고위급회담의 주역인 김관진 안보실장은 국방장관 시절 자신의 집무실에 김정은과 황병서의 사진을 붙여놓고 늘 마음을 가다듬었다고 한다. 아! 그래서 그가 두 정권을 넘나들며 국가안보를 책임진 이유를 알 것만 같다. 이번에 우리는 대북 확성기가 천군만마(千軍萬馬) 위력을 가진 '신형 핵무기'라는 사실을 확인했다.

제2차 세계대전을 승리로 이끈 영국수상 처칠은 "평화는 공포의 자식"이라고 말했다.

"암, 동서고금을 통해 힘이 없으면 당하는 거야. 이번에 전역까지 미룬 젊은 군인들, 너무나 기특하기만 하다."

한반도 하늘에 어두운 먹구름이 심하게 낀 날 또 하나의 뉴스가 장군을 놀라게 했다.

"영국의 브렉시트 선포, 세계 경제 암울. 북한의 핵무기개발 선포."

장군은 칼을 쥔 오른손에 힘을 주면서 대성일갈(大聲一喝)했다.

"오호 통재(痛哉)라. 여전히 내우외환(內憂外患)이로다!"

2. 임진왜란과 4국 전쟁

    1592년 임진왜란이 일어났을 때 명나라 군대는 '항왜원조(抗倭援朝)', 즉 '왜를 쳐부수고 번방(藩邦)인 조선을 돕는다'는 기치로 압록강을 넘었다. 그 빌미는 '명나라를 치러 가겠다며 조선에게 길을 비켜달라.'는 '정명가도(征明假道)'를 외친 일본이 제공했다.

    15세기 후반 서세동점(西勢東漸)에 따라 일본은 1543년 포르투갈 상인으로부터 '하늘에 나는 새도 떨어뜨린다.'는 조총(鳥銃)을 사들였다. 도요토미 히데요시(豊臣秀吉)는 이 가공(可恐)할만한 신무기를 활용, 마침내 1590년 8월 난공불락(難攻不落)의 오다와라성(小田原城)을 무너뜨려 전국통일을 이뤘다. 한때 주군(主君)인 오다 노부나가(織田信長)에게 '원숭이'라고 놀림 받았던 농민출신 하급무사였던 히데요시는 1582년 암살당한 주군의 뒤를 이어 일본 60개 주를 병합하여 통일을 완성했다. 그런데 250만 석(1말의 10배 단위)의 경제력을 가진 도쿠가와 이에야스(德川家康)가 눈엣가시 같은 존재였다. 도쿠가와 이에야스는 수성(守成)을 빌미로 임진란 때 조선침공 대열에 나서지 않았다.

전국통일을 이룬 히데요시는 휘하 다이묘(大名)들의 주체할 수 없는 힘을 조선과 대륙진출로 돌림으로써 그들에게 영지(領地)를 나눠주겠다는 생각을 했다. 히데요시는 대외적으로 명나라가 일본의 입공(入貢)을 거절했다는 구실을 내세웠다. 그래서 조선에게 '정명향도(征明嚮導)'와 '국왕입조(國王入朝)'의 명을 내렸다.

<그림 2> 오사카 성의 풍신수길 동상

정명향도(征明嚮導)는 '명나라를 치러 가는데 앞장서라.'는 뜻인데 일본 사신인 대마도주 소 요시토시(宗義智)는 조선이 받아들일 리 만무하다고 판단해서 조금 낮은 단계인 '가도입명(假道入明)', 즉 '명나라 들어가는 길을 빌려달라.'로 순화시켰다. 그런데 여기서 '국왕입조'는 '조선 국왕을 일본으로 오게 하라.'는 것이어서 무례하기 짝이 없는 말이었다. 그래서 조정은 '수로미매(水路迷昧)', 즉 '물길이 어두워 갈 수 없다.'는 핑계를 대고 '없었던 통보'로 무시해버렸다.

일본의 속셈은 일단 조선침략이었다. 조선이라는 후방기지를 확보하고 조선에서 군량과 군사를 동원해서 가칭 '일조(日朝) 연합군'으로 명나라를 친다는 구상이었다.

그 속셈을 엿볼 수 있는 대목이 있다.

1592년 6월 9일 평양 대동강 강화회담에서 조선측 대표 동지중추부사 이덕형(李德馨)이 일본대표 야나가와 시게노부(柳川調信)와 승려 덴소(玄蘇)에게 주장했던 내용이다.

> 귀국이 만약 명나라만을 침범하려 했다면 어찌 저장성(浙江省)으로 가지 않고 이곳으로 왔습니까? 이것은 실로 조선을 멸망시키려는 계책입니다.

히데요시가 중국을 직접 치러갈 마음이 있었다면 그 길은 류큐(琉球 오키나와) 열도를 통해 바닷길로 산둥성(山東省), 장쑤성(江蘇省), 저장성(浙江省), 푸젠성(福建省) 등 명나라 동해 연안지역으로 직접 가면 된다는 뜻이었다. 그 바닷길은 이미 14세기 이전부터 왜구와 중국해적들이 수시로 지나다니던 안방과도 같은 곳이었다.

명나라를 상국으로 극진히 섬기던 존명사대(尊明事大)의 조선은 당연히 말도 안 되는 일본측 요구를 일언지하에 거절했다. 그러자 일본은 기다렸다는 듯이 1592년 4월 13일 15만 여명의 대군을 동원해 부산포에 기습상륙했다. 그리고 다음날 다대포진과 부산진성(첨사 정발鄭撥)을 함락시키고 동래성에 도착한 왜장 고니시 유키나가(小西行長)는 동래부사 송상현(宋象賢)에게 '전즉전 부전즉 가도(戰則戰 不戰則 假道)', '싸우려면 싸우고 싸우기 싫으면 길을 빌려달라.'는 팻말을 내보였다. 그러나 부사 송상현은 '전사이 가도난(戰死易 假道難)', 즉 '싸워서 죽기는 쉬워도 길을 빌려주기는 어렵다.'는 팻말을 보이자 조총(鳥銃)으로 무장한 선발대는 벌떼처럼 달려들어 동래성을 일거에 무너뜨렸다. 일본은 조총을 '뎃뽀, 철포(鐵砲)'라고 불렀는데 우리는 철포가 없었으므로 '무(無) 뎃뽀' 정신으로 막다가 모두 순절했다.

초전부터 승기(勝氣)를 잡은 왜군은 파죽지세(破竹之勢)로 북상하다 당대 조선 명장이라는 순변사 이일(李鎰)과 상주에서, 도순변사 신립(申砬)과는 충주에서 만나 격파했다. 두 차례 방어전에서 모두 실패했다는 소식을 접한 선조와 조정은 4월 30일 혼비백산(魂飛魄散), 비가 하염없이 내리는 와중에 황급히 보따리를 싸서 한성을 빠져나갔다. 고니시 유키나가(小西行長)와 가토 기요마사(加藤淸正)의 1, 2군은 상륙 20일 만인 5월 3일 하루 차이로 각각 동대문과 남대문을 통해서 한성에 무혈입성했다. 이어 개성을 거쳐 전쟁발발 60일 만인 6월 14일 평양성을 함락시켰다. 5월 7일 평양으로 피난 왔던 선조는 왜군이 승승장구(乘勝長驅) 압박해오자 6월 11일 평양을 떠나 영변으로 내달렸다. 조선은 그야말로 풍전등화(風前燈火)요 백척간두(百尺竿頭)의 비참한 운명이 되었다.

주자의 성리학에 빠져 '소중화(小中華)'를 꿈꾸던 선비의 나라에서는 학문적 분파(퇴계 이황 李滉과 율곡 이이 李珥)에 따라 동서 양당으로 나뉘어졌고 피난길에서조차 서로 못 잡아먹어 안달했다.

"암, 적과 싸움에는 등신(等神)이었고 우리끼리 싸움에는 귀신(鬼神)같았지…"

이 못된 분열의 DNA로 한반도는 두 동강이 났고 여전히 정치권은 여야(與野)로 갈라져 싸우고 있다.

천보서문원(天步西門遠)
　나라님 행차는 서쪽 관문으로 멀어지고

동궁북지위(東宮北地危)
   동궁께서는 북쪽 변경에서 위험에 처해있다.
고신우국일(孤臣憂國日)
   외로운 신하는 날마다 나랏일 걱정하네
장사수훈시(壯士樹勳時)
   장사들은 공을 세울 때이다.
서해어룡동(誓海魚龍動)
   바다에 맹세하니 어룡이 감동하고
맹산초목지(盟山草木知)
   산들에 맹서하니 초목이 알아준다.
수이여진멸(讐夷如盡滅)
   이 원수들을 다 죽일 수 있다면
수사불위사(雖死不爲辭)
   비록 죽을 지라도 사양하지 않으리.

1592년 6월 17일 장군은 적진포해전에서 왜선 13척을 분멸(焚滅)시키고 돌아오던 중 전라 도사 최철견(崔鐵堅)으로부터 선조가 의주로 파천했다는 소식을 들었다. 장군은 하루 종일 눈물을 흘리며 통분한 심경을 토해냈다. 왜군에게 쫓기는 국왕에 대해 장군은 멀리서나마 군신유의(君臣有義), 충직한 단심(丹心)을 진중음(陣中吟)으로 읊었다.

사실 명나라는 임진왜란 한 달 전인 1592년 3월 닝샤(寧夏)에서 일어난 푸베이(발배 哱拜)의 난 때문에 파병할 여력이 없었다. 다만 왜군이 일사천리(一瀉千里)로 워낙 빠르게 북상하자 순망치한(脣亡齒寒)의 밀접한 조선과의 관계를 고려하지 않을 수 없었다.

다급해진 조정은 왜란 발발 직후 이덕형(李德馨)을 명나라에 청원사(請援使)로 보내서 원군(援軍)을 요청하는데 성공했다. 1592년 6월 15일 요동 부총병 조승훈(祖承訓)은 선발대 3500명을 이끌고 압록강을 건너왔다. 그런데 왜군을 우습게 본 나머지 7월 17일에 평양성 전투에서 고배(苦杯)를 마시고 말았다. 그해 12월 푸베이의 난을 평정한 총병관 이여송(李如松)은 4만 5천명의 군사와 함께 압록강을 건너 이듬해 1월 6일부터 9일까지 불랑기포 등 최신 대포로 평양성을 포격해 비로소 탈환했다. 승리에 도취한 이여송은 무리하게 남하하다가 1월 27일 고양 벽제관(碧蹄館) 부근 여석령에서 왜군의 매복에 걸려 참패하고 개성 이북으로 퇴각했다. 조선의 혹독한 정월 추위와 전염병, 보급마저 끊겨 굶주림에 지친 왜군은 2월 12일 행주대첩에서 도원수 권율(權慄)에게 대패배한 뒤 5월 18일 결국 한양을 포기하고 남쪽으로 후퇴하였다. 점차 전의(戰意)를 잃어가던 왜군은 "조선이 그렇게 넓은 땅인 줄 처음 알았다."며 혀를 내둘렀다. 왜군은 총 15만 7900명이 상륙했다가 1년여 만에 7만여 명이 죽어 병력 손실률이 46%나 됐다.

그런데 뜬금없이 북방 여진족이 조선을 돕겠다고 나섰다.

선조실록 1592년 9월 17일을 기록이다. 임금이 편전에 나아가 대신과 비변사 당상을 인견하였다.

명나라 병부(兵部)가 요동도사(遼東都事)를 시켜 자문을 보내왔다. '이번에 여진(女眞)의 건주(建州)에 사는 공이(貢夷)와 마삼비(馬三非) 등이 하는 말에 따르건대 '우리들의 땅은 조선과 경계가 서로 연접해 있는데 지금 조선이 왜노(倭奴)에게 벌써 침탈되었으니, 며칠 후면 반드시 건주를 침범할 것이다. 노아합치((奴兒哈赤 누루하치 1559~1626) 휘하에 원래 마병(馬兵) 3~4만과 보병(步兵) 4~5만이 있는데 모두 용맹스런 정병(精兵)으로 싸움에는 이골이 났다. 이번 조공에서 돌아가 우리의 도독(都督)에게 말씀드려 알리면 그는 충성스럽고 용맹스러운 좋은 사람이니 반드시 위엄찬 화를 내어 정병을 뽑아 한겨울 강(江)에 얼음이 얼기를 기다렸다 곧바로 건너가 왜노를 정벌 살육함으로써 황조(皇朝)에 공을 바칠 것이다.'

당시 조정 대신들은 "이 고마운 말과 충의가 가상하여 그들 말대로 행하도록 윤허(允許)함으로써 왜적의 환란을 물리치고자 하나 단지 오랑캐들의 속사정은 헤아릴 수가 없고 속마음과 말은 믿기가 어렵습니다. 더구나 저들이 마음대로 할 수 있는 일들이니 선뜻 준신(準信)하기 어렵습니다."라고 하였다. 그래서 논의 끝에 '없었던 일'로 끝냈다. 하지만 선조는 북로(北虜) 여진의 누루하치 세력도 견제해야 했다. 그래서 누루하치에 대한 회유책으로 백두산 근처 산삼을 여진족이 캐가더라도 공격하지 말라고 했다.

가토 기오마사(加藤淸正) 2군은 6월 17일 함경도 변방까지 올라가 여진족과 충돌이 있었다. 그야말로 북쪽 오랑캐인 북로(北虜)와 남왜(南倭)의 대결이었다.

1592년 7월 1일 선조수정실록의 기록이다.

> 가토(加藤淸正)가 마침내 군사를 인솔하여 두만강을 건너 깊숙이 노토 부락(老土部落)까지 들어가 성을 공격하니 호인(胡人)이 사방에서 일어나 요격하여 사졸들의 사상자가 많았다. 이에 진로를 바꾸어 종성(鍾城)의 문암(門岩)을 경유하여 강을 건너 온성(穩城), 경원(慶源), 경흥(慶興)에 차례로 들어갔다가 해변의 협로를 따라 경성(鏡城)으로 돌아왔다.

이 난리 통에 함경도 회령(會寧)에서 변고(變故)가 생겼다. 7월 23일 임해군(臨海君)과 순화군(順和君)은 왜군에 부역하는 순왜(順倭)인 국경인(鞠景仁)과 국세필(鞠世弼) 등에게 포박되어 왜장 가토에게 넘겨졌다. 근왕병(勤王兵)을 모집하러 간 두 왕자는 현지 백성을 죽이고 온갖 행패를 부리는 등 망나니짓을 일삼아 백성들의 원성이 하늘을 찔렀다.

이렇듯 조명연합군과 왜(倭)가 부딪힐 때 누르하치는 호시탐탐 조선과 명나라를 노렸다. '이빨 빠진 호랑이'를 대신할 중원(中原)의 패자(覇者)를 꿈꾸고 있었던 것이다.

3. 달빛 젖은 '우수(憂愁)의 시인(詩人)'

　사후 45년 만에 인조로부터 충무공(忠武公)이란 시호를 받은 장군
은 분명 나라를 위해 몸 바쳐 싸운 살신성인(殺身成仁)의 무인(武人)
이다. 그러나 그는 문인 못잖은 문재(文才)를 유감없이 발휘했다. 남
해 수군진영 수루(戍樓)와 뱃전에 달빛이 가득 내려앉는 날이면 어김
없이 지필묵(紙筆墨)을 준비했다. 차고 넘치는 회한(悔恨)을 진중음(陣
中吟)으로 읊었다. 오언율시 또는 칠언절구에 마음을 푹 적셨다. 특히
쟁반같이 둥근 보름달이 검푸른 가을 바다에 안기면 출렁이는 파도
에 몸과 마음을 얹었다. 새벽닭이 울 때까지 뒤척이기도 했다. 천근만
근 눈꺼풀을 들어 올려 실눈 뜨면 동헌(東軒) 마루 한 켠 두 자루 칼
이 어슴푸레 푸른 달빛을 토해냈다.

　우국충정(憂國衷情) 절절이 담은 진중음(陣中吟)은 모두 27수로 '청
구영언' '고금가곡' '가곡원류' 등에서 호국시(護國詩)로 발견된다.

　정좌식심(靜坐息心). 조용히 앉아서 지난 일을 되돌아보고, 오늘을

<그림 3> 달빛아래 동헌에서 집필중인 이순신
(출처: 현충사 십경도)

반추한다. 달뜨는 밤이면 정안(靜安 책상)에 앉아 일기를 썼고 조정에
올릴 장계(狀啓)를 만들었고 파도소리에 흥을 담아 시조를 읊었다.

7년 전장기록 난중일기(7권)는 1962년 12월 20일 편지 모음인 서간
첩(1권), 61편의 장계(狀啓)와 장달(狀達)을 담은 임진장초(壬辰狀草 1
권)와 함께 국보 76호로 지정됐다. 또 이 자료는 2013년 6월 18일 세
계기록문화유산에 등재됐다. 장군의 일상과 서정을 담은 글을 세계가
알아준 것이다. 시조시인 가람 이병기 선생은 1950년 '충무공의 문학'
에서 "이순신의 시와 서간문, 난중일기는 그 간곡한 충정이 주옥같이

그려져 있어 무문농묵(舞文弄墨)하는 여간의 문필가 따위로는 도저히 흉내낼 수 없는 고고한 문학."이라고 평했다. 영국 수상 처칠은 제2차 세계대전 회고록으로 1953년 노벨문학상을 수상했다. 분명 장군의 7년 전장 기록이 그보다 못하지는 않을 것이다.

<그림 4> 한산도가 친필시조
출처: 현충사

한산도가(閑山島歌)

한산도월명야상수루(閑山島月明夜上戍樓)
　한산섬 달 밝은 밤에 수루에 홀로 앉아
무대도탐수시(撫大刀探愁時)
　큰 칼 옆에 차고 깊은 시름 하던 차에
하처일성강적경첨수(何處一聲羌笛更添愁)
　어디서 일성호가는 남의 애를 끊나니

　정조 때 편찬된 '이충무공전서'에 수록된 작품이다. 전라좌도 수군 절도사 겸 삼도수군통제사로 1593년 7월부터 한산도에 진을 치고 있을 때 우국충정의 착잡한 심회를 노래한 전장시(戰場詩)의 백미(白眉)로 꼽힌다.

한산도 야음(閑山島 夜吟)

수국추광모(水國秋光暮)
　남쪽 바다에 가을빛 저물었는데,
경한안진고(驚寒雁陣高)
　찬바람에 놀란 기러기 높이 떴구나
우심전전야(憂心轉輾夜)
　근심 가득한 마음에 잠 못이루는 밤

잔월조궁도(殘月照弓刀)
　　잔월이 (무심히) 궁도를 비추네

1595년 8월 15일, 추석 때이다. 난중일기에는 다음과 같이 기록되었다.

　　이 날 밤 희미한 달빛이 수루에 비쳐 잠을 이루지 못하고 밤새
　　도록 시를 읊었다.

　호국충정에 잠 못 이루는 밤, 우국(憂國)의 오언절구 '한산도 야음'
역시 달빛 아래 탄생했다. 한산도는 장군과 뗄레야 뗄 수 없는 깊은
인연을 가진 곳이다. 1592년(선조25) 7월 8일 장군은 한산도 앞바다
에서 왜군 전함 60여 척을 물리침으로써 왜군이 남해를 거쳐 한강이
나, 황해도, 평안도 지역으로 북상하는 길을 막았다. 한산도 대첩(大
捷)은 진주성대첩, 행주성대첩과 함께 임진란 3대 대첩으로서 학익진
(鶴翼陣) 전법을 펼쳐 왜군을 격퇴했다.

진중음(陣中吟)
천보서문원 군저북지위(天步西門遠 君儲北地危)
　　임금의 수레 서쪽으로 멀리 가시고 왕자들은 북쪽에 위태로
　　운데
고신우국일 장사수훈시(孤臣憂國日 壯士樹勳時)
　　나라를 근심하는 외로운 신하 장수들은 공로를 세울 때로다.
서해어룡동 맹산초목지(誓海魚龍動 盟山草木知)
　　바다에 서약하니 어룡이 감동하고 산에다 맹세하니 초목이
　　아는구나.
수이여진멸 수사불위사(讐夷如盡滅 雖死不爲辭)
　　이 원수들을 모조리 무찌른다면 이 한 몸 죽을지라도 마다
　　하지 않으리.

장군은 1592년 1차 출전중 적진포해전을 끝내고 돌아왔을 때 전라
도사 최철견의 첩보로 선조가 의주로 피난했다는 소식을 들었다. 이
참담한 소식을 접하고 본영으로 돌아오면서 통분한 마음을 토해냈다.
군신유의(君臣有義), 군위신강(君爲臣綱)으로 임금을 대하는 일편단심
(一片丹心) 자세가 충직하다. 이 오언율시는 전 8구, 4연으로 구성된
정형시다. 우국충정을 담은 진중음으로 특히 3연 5,6구 서해어룡동
맹산초목지(誓海魚龍動 盟山草木知)는 두 자루의 칼에도 새겨진 유명
한 시구다. 장군은 진영에서도 초하루와 보름에는 어김없이 망궐례
(望闕禮)를 올렸고 임금이 보낸 교서를 받을 때도 반드시 궁궐을 향해
숙배(肅拜)의 예를 올렸다. 활을 쏠 때도 임금에 계신 북쪽으로 쏘지
않았다.

무제(無題)

소소풍우야(蕭蕭風雨夜) 비바람 부슬부슬 흩뿌리는 밤
경경불매시(耿耿不寐時) 생각만 아물아물 잠 못 이루고
회통여최담(懷痛如摧膽) 간담이 찢어질 듯 아픈 이 가슴
상심사할기(傷心似割肌) 살이 에이듯 쓰라린 이 마음
산하유대참(山河猶帶慘) 강산은 참혹한 모습 그대로이고
어조역음비(魚鳥亦吟悲) 물고기와 새들도 슬피 우네
국유창황세(國有蒼黃勢) 나라는 허둥지둥 어지럽건만
인무임전위(人無任轉危) 바로잡아 세울 이 아무도 없네
회복사제갈(恢復思諸葛) 제갈량 중원 회복 어찌했던고
장구모자의(長驅慕子儀) 말 달리던 곽자의 그립구나
경년방비책(經年防備策) 원수 막으려 여러 해 했던 일들이
금작성군기(今作聖君欺) 이제 와 돌아보니 임금만 속였네

곽자의(郭子儀 697~781)는 당(唐)나라 때 명장이다. 안사의 난에서
큰 공을 세우고 잇따른 이민족의 침입을 막아냈다. 시호는 충무공 이

순신과 같은 충무(忠武)다. 이 오언율시를 지은 때는 전쟁이 소강상태로 접어든 1594년 9월 3일이다. 그해 5월 남해안으로 전격 퇴각한 왜군은 장군의 함대가 견내량을 막고 제해권을 장악하자 해안 요처에 왜성을 쌓고 장기전에 돌입했다. 그러면서 명-왜 간의 강화협상을 통해 탈출방법을 모색했다.

1594년 3월 6일 조선함대가 제2차 당항포 해전을 마치고 흥도에 이르렀을 때 명나라 선유도사 담종인(譚宗仁)은 "일본군을 공격하지 말라."는 금토패문(禁討牌文)을 보내왔다. 그러나 선조는 (명군 몰래) 조선 수륙군 장수들에게 거제도 일대에 주둔해 있는 왜적을 공격하라는 밀지(密旨)를 내렸다. 이러지도 저러지도 못하는 장군의 가슴은 찢어졌다.

중별선수사거이(贈別宣水使居怡)
북거동근고(北去同勤苦)
  북쪽에서도 같이 고생하며 힘써 일했고
남래공사생(南來共死生)
  남쪽에서도 생사를 함께 했었네
일배금야월(一杯今夜月)
  한잔 술, 오늘 이 달빛 아래 나누면
명일별리정(明日別離情)
  내일은 이별의 정만 남으리

1595년 9월 14일자 난중일기다.

전라우수사 이억기(李億祺), 경상우수사 배설(裵楔)이 와서 충청수사 선거이(宣居怡)의 이별주를 나누고 밤이 깊어서야 헤어졌다. 황해병사로 전출되는 선거이(宣居怡)와 이별할 때 짧은 시 한 수를 지어주었다.

선거이는 장군이 조산보만호 시절 녹둔도 전투에서 북병사 이일
(李鎰)의 무고로 첫 번째 백의종군할 때 이일의 군관으로서 이순신을
옹호해주었다. 의리와 우정을 안타까워하는 마음을 시로써 표현했다.

무제(無題)
북래소식묘무인(北來消息杳無因)
　　북쪽 소식 아득히 들을 길 없어
백발고신한불신(白髮孤臣恨不辰)
　　외로운 신하 시절을 한탄하네
수리유도최경적(袖裡有韜摧勁敵)
　　소매 속엔 적 꺾을 병법 있건만
흉중무책제생민(胸中無策濟生民)
　　가슴속엔 백성 구할 방책이 없네
건곤암참상응갑(乾坤黯黲霜凝甲)
　　천지는 캄캄한데 서리 엉기고
관해성전혈읍진(關海腥膻血浥塵)
　　산하에 비린 피가 티끌 적시네
대득화양귀마후(待得華陽歸馬後)
　　말 풀어 목장으로 돌려보낸 뒤
폭건환작침계인(幅巾還作枕溪人)
　　두건 쓴 처사 되어 살아가리라

삼천리 강토가 왜군과 명군에 짓밟혀 시산혈해(屍山血海)의 무인지
경(無人之境)이 되었지만 훗날 고향에 돌아가 '두건 쓴 처사로 계곡에
누워 음풍농월(吟風弄月)' 조용히 살고 싶은 마음, 간절하기만 하다.

4. 아! 어머니

  귀뚜라미, 풀벌레 우는 소슬한 가을밤이 깊어갈수록 어머니는 진한 그리움으로 다가온다. 뿌리의 원천, 세상에 내놓은 생명의 젖줄이 어머니이기 때문이다. 온갖 세파에 시달릴 때마다 회귀하고픈 곳은 바로 어머니 젖가슴이다. 어머니는 천지(天只), '오로지 하늘'처럼 그 품이 넉넉하다. '별 하나에 어머니, 어머니'를 노래한 윤동주 시인은 별을 안식(安息)의 고향으로 상정했다. 그런 애틋한 안식의 어머니가 장군의 가슴에도 오롯이 각인돼 있었다.

  1589년 10월 류성룡은 우의정 겸 이조판서가 되었고, 그로부터 두 달 후 이순신은 정읍 현감(종6품)이 되었다. 과거 급제 후 14년 만에 현감이 된 장군은 평소 마음의 빚을 갚기로 마음먹었다. 일찍 세상을 떠난 두 형 희신(羲臣)과 요신(堯臣)의 아들인 조카들 일이었다. 그는 어머니 초계변씨와 두 형수 및 조카와 아들, 종 등 모두 합쳐서 24명의 가솔(家率)을 데리고 갔다. 그러자 너무 많은 식솔을 데려간다며

'남솔(濫率)' 즉 가속(家屬)을 많이 데려가는 것에 대한 비난이 일었다.

당시 상황을 기록한 이충무공행록이다.

이순신이 눈물을 흘리며, '내가 차라리 남솔의 죄를 지을지언정 이 의지할 데 없는 어린 것들을 차마 버리지 못하겠습니다.'라고 말하자 듣는 이들이 의롭게 여겼다.

진나라 병법가 황석공(黃石公)의 말을 빌리지 않더라도 측은히 여기는 마음은 인(仁)의 나타냄이다. 그야말로 측은지심 인지발야(惻隱之心, 仁之發也)다.

다음은 류성룡의 징비록 내용이다.

이순신의 두 형 희신과 요신은 다 그보다 일찍 죽었다. 이순신은 두 형의 어린 자녀들을 자기 친자식같이 어루만져 길렀다. 출가시키고 장가보내는 일도 반드시 조카들이 먼저 하게 해주고 친 자녀는 나중에 하게 했다.

큰형님 희신의 아들 뇌, 분, 번, 완과 둘째 형님 요신의 아들 봉, 해를 친아들 회, 열, 면보다 먼저 장가를 보냈다. 모두 어머니를 향한 효심(孝心)일 터이다.

'효(孝)' 자를 파자하면 '노인(老)'을 '아들(子)'이 업고 있는 형상이다.

1576년 32세 늦은 나이로 무과급제 후 22년 동안 북로남왜(北虜南倭) 오랑캐를 방비하느라 변방생활을 하던 장군은 어머님에 대한 그리움을 난중일기에 107회나 절절하게 술회했다. 어머니 초계 변씨(1515~1597)는 일찍 두 아들을 잃고 남편마저 먼저 보낸 뒤 의지할 곳이라곤 실질적 가장(家長)인 셋째 순신(舜臣)뿐이었을 것이다.

1589년 왜란의 조짐이 보이자 당시 선조는 비변사에 대신들을 모아놓고 시국에 비춰 대장이 될 만한 장재(將材)를 천거하라고 하였다. 동인인 우의정 류성룡(柳成龍)과 병조판서 정언신(鄭彦信) 등은 이순신(李舜臣)과 권율(權慄) 두 사람을 추천하였고, 판부사 정탁(鄭琢)은 이순신, 곽재우(郭再祐), 김덕령(金德齡) 3인을 추천했다. 서인인 영부사 정철(鄭澈)은 이억기(李億祺), 신립(申砬), 김시민(金時敏)을 추천하였다. 그리하여 당일에 추천된 이는 모두 7인이었다. 1월 21일 비변사에서 시행한 품계를 넘어서 발탁되는 이른바 '무신불차탁용(武臣不次擢用)'이었다.

그리하여 장군은 1591년 2월 진도(珍島)군수로 임명됐지만 미처 부임하기도 전에 가리포진 수군첨사로 제수되었다. 이는 조정에서 정읍현감(종6품)에서 진도군수(종4품)로, 군수에서 가리포첨사(종3품)로 순서를 밟아서 승차시킨 거였다. 변경과 소읍을 전전하던 장군은 드디어 1591년 2월 13일에 전라좌도 수군절도사로 당상관인 정3품에 임명되었다. 그야말로 준비된 사람이 제 자리를 찾은 것이나 다름없었다. 이렇듯 무려 7단계를 뛰어넘는 승진이 되다보니 대간에서 논박이 나오지 않을 수 없었다.

사간원에서 아뢰었다.

> 선조실록 1591년 2월 16일. 전라 좌수사 이순신은 (정읍)현감으로서 아직 (진도) 군수에 부임하지도 않았는데 좌수사에 초수(超授 뛰어넘어 제수하는 것)하시니 그것이 인재가 모자란 탓이긴 하지만 관직의 남용이 이보다 심할 수 없습니다. 체차시키소서.

그러나 왜의 동태가 심상치 않았기 때문에 선조는 "지금은 상규(常規)에 구애될 수 없다."라며 받아들이지 않았다. 당시 일본은 도요토미 히데요시(豊臣秀吉)가 1587년 규슈정벌과 1589년 오다와라 성을 평정하면서 전국을 통일했다. 그리고 조선과 대륙정벌의 꿈을 꾸고 있었다.

> 1592년 정월 초하루, 맑음. 새벽에 아우 여필(禹臣)과 조카 봉, 맏아들 회가 와서 얘기했다. 다만 어머니를 떠나 두 번이나 남쪽에서 설을 쇠니 간절한 회한을 이길 수 없다.

명절 때가 되면 더 더욱 부모형제가 그리워지는 것은 인지상정이다. 일기를 쓰기 시작한 첫날 장군은 팔순을 바라보는 노모부터 걱정했다. 1592년 임진년 5월 4일은 어머니 생일이었다.

> 오늘이 어머니 생신날인데 적을 토벌하는 일 때문에 찾아뵙고 축수의 잔을 올리지 못하니 평생 한이 될 것이다. 홀로 멀리 바다에 앉았으니 가슴에 품은 생각을 어찌 말로 다하랴.

어머니의 생일날 장군은 군관 송희립(宋希立), 광양현감 어영담(魚泳潭), 녹도만호 정운(鄭運), 방답첨사 이순신(李純信 동명이인), 흥양현감 배흥립(裵興立) 등 제장들과 함께 옥포의 왜적을 토벌하기 위해 1차 출정하는 날이었다. 장군은 판옥선 24척, 협선 15척, 포작선 46척을 이끌고 먼동이 틀 무렵 여수 좌수영을 출발, 경상도 거제지역으로 왜적을 찾아 나섰다. 마침 5월 4일은 일본군 15만 대군이 파죽지세(破竹之勢)로 북상해 한성에 무혈입성한 즈음이다.

<그림 5> 효자 이순신이 어머니에게 문안드리고 있다
출처: 현충사 십경도

이런 상황이니 어머니의 생일상을 제대로 차려드릴 수가 없었다.
장군은 한산도로 진을 옮기기 전인 1593년 5월 일흔아홉 살 노모를
전라좌수영 가까운 여수 고음천(웅천동 송현마을) 정대수(丁大水) 장
군의 집으로 모셔왔다. 5년 동안 모신 그곳에는 '이충무공자당기거지
(李忠武公慈堂寄居地)'라는 비석이 서있어 초계변씨의 흔적을 찾아볼
수 있다.

1594년 1월 11일 흐리나 비가 오지 않음. 아침에 어머님을 뵈
려고 배를 타고 바람을 따라 고음천에 도착했다. 남의길, 윤사
행, 조카 분과 함께 갔다. 어머님께 배알하려 하니 어머님은 주
무시고 계셨다. 큰소리로 부르니 놀라 깨어 일어나셨다. 숨을
가쁘게 쉬시어 살아 계실 날이 얼마 남지 않으신 듯 하여 감춰
진 눈물이 흘러내렸다. 그러나 말씀을 하시는 데는 착오가 없
으셨다. 적을 토벌하는 일이 급하여 오래 머물 수가 없었다. 다

음날 어머님께 하직을 고하니 '잘 가거라. 부디 나라의 치욕을 크게 씻어야 한다.'라고 분부하여 두세 번 타이르시고 조금도 헤어지는 심정으로 탄식을 하지 않으셨다.

어머니는 아들에게 '나라의 커다란 치욕을 씻으라(大雪國辱).'며 나라에 대한 충(忠)을 이야기하고 아들은 효(孝)로써 어머니를 극진하게 대했다. 효는 만행(萬行)의 근본이다. 장군의 효심은 곧 충심으로 이어졌다.

'군자행기효 필선이충(君子行其孝 必先以忠).'군자는 효도를 행함에 있어 반드시 먼저 나라에 대한 충을 행한다는 충경(忠經)의 말씀대로다.

1595년 1월 1일 맑음. 촛불을 밝히고 홀로 앉았다. 나랏일을 생각하니 나도 모르게 눈물이 주르르 흘렀다. 또 80세의 편찮은 어머니 걱정에 애태우며 밤을 새웠다.

오매불망(寤寐不忘), 자나 깨나 어머님을 잊지 못하던 장군은 1596년(병신년) 10월 7일 어머님을 위로해드릴 좋은 기회를 맞았다. 82세 된 노모를 위한 수연 잔치를 여수 본영에서 차려드리게 된 것이다. 그러나 이날 모자(母子)간의 화기애애한 만남이 마지막 정리(情理)가 될 줄은 아무도 몰랐다. 장군은 1597년 2월 선조의 출전명령 거부로 인한 무군지죄 부국지죄(無君之罪 負國之罪)의 죄인으로 한성 의금부에 투옥되고 고문을 받았다. 목숨이 경각(頃刻)에 달려 있을 때 판중추부사 정탁(鄭琢)은 목숨을 걸고 '대역지죄인'을 위한 구명 탄원서인 신구차(伸救箚) 상소문(1298자)을 올렸다.

(상략) 바라옵건대 은혜로운 하명으로써 문초를 덜어주셔서 그

로 하여금 공로를 세워 스스로 보람 있게 하시오면 성상의 은혜를 천지부모와 같이 받들어 목숨을 걸고 싶은 마음이 있을 것이므로 성상 앞에서 나라를 다시 일으켜 공신각에 초상이 걸릴 만한 일을 하는 신하들이 어찌 오늘 죄수 속에서 일어나지 않으리라고 하오리까.

이 일로 이순신은 가까스로 목숨을 건질 수 있었다. 그야말로 천행(天幸)이었다.

고문으로 몸과 마음이 갈가리 찢겨진 장군은 4월 1일 의금부 옥사에서 풀려나 백의종군길에 오르게 되었다. 만신창이가 된 몸을 끌며 걸어서 남대문을 나서 과천, 인덕원을 거쳐 남쪽 도원수 권율의 진이 있는 초계(경남 합천)로 향했다. 그야말로 땅바닥에 그대로 주저앉고 싶은 상태였다. 마침내 생가가 있는 아산 부근에 당도했다.

1597년(정유년) 4월 13일 맑음. 일찍 식사 후 어머님을 마중하려고 바닷길로 나갔다. 아들 울이 종 애수를 보냈을 때는 배가 왔다는 소식이 없었다. 얼마 후 종 순화가 배에서 와서 어머님의 부고를 전했다. 달려 나가 가슴을 치고 뛰며 슬퍼하니 하늘의 해조차 캄캄해 보였다. 바로 해암(蟹巖 게바위)으로 달려가니 배는 벌써 와 있었다. 길에서 바라보며 가슴이 찢어지는 슬픔을 이루 다 적을 수 없다.

여든셋의 연로한 노모는 험한 뱃길에서 기력을 잃고 아들을 보지 못한 채 그만 숨을 거둔 것이다. 아들을 만나기 위해 여수에서 배를 타고 오던 어머니는 태안반도에 도착하기 전인 4월 11일 배 안에서 숨을 거둔 것이다.

1597년 4월 19일 맑음. 일찍 나와서 길을 떠나며 어머님 영전에 하직을 고하고 울부짖으며 곡하였다. 어찌하랴, 어찌하랴. 천지 사이에 어찌 나와 같은 사정이 있겠는가? 어서 죽는 것만 같지 못하구나. 조카 뇌의 집에 이르러 조상의 사당 앞에 하직을 아뢰었다.

4월 17일 의금부 서리 이수영(李壽泳)이 공주에서 와서 가자고 다그쳤지만 차마 어머니의 영전을 떠나지 못하다가 19일 길을 떠나며 비통한 심정을 토로한 것이다. 장군의 백의종군 천리길은 회한과 눈물로 뒤범벅된 천형(天刑)의 가시밭길이었다.

어머니 장례도 못 치르고 떠났으니 꿈자리가 편할 리 없었다. 5월 6일 장군의 꿈에 나타난 두 형이 서로 붙들고 울면서 "장사를 지내기 전에 천 리 밖으로 떠나와 군무에 종사하고 있으니, 대체 모든 일을 누가 주장해서 한단 말이냐. 통곡한들 어찌하리!"라고 기록했다. 또 "아침저녁으로 그립고 설운 마음에 눈물이 엉기어 피가 되건마는 아득한 저 하늘은 어째서 내 사정을 살펴 주지 못하는고! 왜 어서 죽지 않는지."라며 비통해 했다.

5. 탐관오리(貪官汚吏)와 전관예우(前官禮遇)

세도(勢道)정치가 위세를 떨치던 19세기 말 네 차례 조선을 여행한 영국 왕립지리학자 이사벨라 버드 비숍(1831~1904) 여사는 1894년 저서 『한국과 이웃나라들』에서 조선을 다음과 같이 그려놓았다.

> 관직에 임명받으면 나라월급 축내고 뇌물 받는 일 외에는 할 일이 거의 없거나 전혀 없다. (…) 하층민의 존재이유는 피를 빨아먹는 흡혈귀에게 피를 공급하는 일이다.

당시 조선은 조세, 군역, 환곡 등 삼정(三政)의 문란으로 그 틈새를 탄 탐관오리(貪官汚吏)가 분탕질을 치고 있었다. 백성은 가렴주구(苛斂誅求)에 시달렸고 도탄에 빠졌다. 순조 때 안동 김씨 김조순(金祖淳)과 헌종 때 풍양 조씨 조만영(趙萬永), 철종 때 안동 김씨 김문근(金汶根) 일가는 득세한 외척으로서 국가권력을 사유화(私有

化)했다. 이들은 언필칭 백성을 들먹였지만 사실 안중에는 전혀 없었다. 외척의 발호를 어느 정도 척결한 흥선대원군이 1882년 임오군란으로 청나라에 납치되자 명성황후 일파인 여흥 민씨는 또다시 세도정치를 펼쳐 나라가 망할 때까지 친인척 1000 여명을 관직 곳곳에 배치했다.

1811년(순조 11년) 평안도에서 홍경래(洪景來) 난이 일어났고 1862년 진주농민봉기가 있었으며 피를 토하는 크고 작은 아우성은 급기야 1894년 동학농민운동으로 정점에 달했다.

1866년 병인양요(丙寅洋擾), 1871년 신미양요(辛未洋擾) 때 외세를 제압한 흥선대원군은 '서양 오랑캐와의 통상수호거부'를 담은 척화비(斥和碑)를 전국 곳곳에 세웠다. 청나라의 간섭, 프랑스, 미국, 러시아, 독일, 영국 및 일본은 호시탐탐 썩어가는 나라를 엿보고 있었다. 절체절명의 내우외환(內憂外患)으로 나라가 망조(亡兆) 들자 온 나라에 망초(亡草)가 뒤덮였다고 하는데 그야말로 땅도 국운이 쇠하는 것을 감지했던 모양이다.

이 어지러운 상황에서도 이권을 탐하는 권력자들은 매관매직(賣官賣職)을 통해 탐관오리(貪官汚吏)를 대거 배출했다. 등용된 탐관오리들은 돈을 내고 자리를 샀으니 본전을 뽑으려 백성의 고혈(膏血)을 쥐어짰다.

일찍이 정조 때 개혁사상가였던 다산 정약용(丁若鏞)은 "썩었어도 내 나라"라며 부국강병(富國强兵)을 꿈꾸는 개혁의지를 '목민심서(牧民心書)'에 담아놓았으나 그 금쪽같은 혜안(慧眼)은 책속에 파묻힌 채 좀이 슬어갔다.

"오호 통재(痛哉)라! 망할 나라가 망한 것이지."

임진왜란 때 나라를 다시 세워야 한다는 '재조산하(再造山河)'의 뜻을 품었던 장군에게 탄식이 그칠 날이 없었다.

국가권력을 배경삼아 자신의 잇속만 챙기려는 탐관오리를 읽다보면 어디서 많이 본 듯한 기시감(旣視感), 즉 반복되는 역사의 데자뷔(deja vu)를 느낄 수 있다. 바로 오늘날 전관예우들이다. 부정부패는 관(官)피아로 분류되는 이들에게서 나오고 있다. 특히 '이적행위'인 방산비리도 따지고 보면 군(軍)피아들이 벌이는 끼리끼리의 전관예우 집단범죄행위다.

법조윤리협의회가 '미선임 변론'으로 징계를 청구한 서울중앙지검장 출신 최 모(53) 변호사의 사건 7건 중에는 15차례 마약을 투약하고도 집행유예를 선고받아 논란이 된 여당 중진의원의 사위 이 모(38)씨 사건도 포함됐다. 최 변호사는 2014년 11월 19일 마약 투약 혐의로 서울동부지검에서 수사를 받던 이씨의 변호인으로 선임됐고, 그 직후 구속기소된 이씨는 2015년 2월 6일 징역 3년에 집행유예 5년을 선고받고 풀려났다. 초범이 아닌 상습마약투약혐의자가 집행유예를 받고 풀려나는 것은 법조계 상식에 어긋나는 이례적인 판결이다.

그런데 선임계를 내지 않고 사건을 수임해 이른바 '몰래 변론'을 한 전관(前官) 변호사가 추가로 적발됐다. 서울 지역 지검장을 지낸 임모 변호사에 대해서도 법조윤리협의회가 대한변협에 징계를 청구했다. 임 변호사는 선임계를 제출하지 않고 건설회사의 내사 사건, 개인 형사사건 등 5건을 변론해 수임료 1억2000여만 원을 받은 것으로 알려졌다. 그는 "5건 모두 수임과 동시에 세금 신고를 마쳐 세금을 탈루한 부분은 전혀 없다"고 밝혔다.

미(未)선임 변론은 현행 변호사법 29조(수사기관이나 재판부에 선임계를 제출하지 않은 변론 활동금지)에 대한 명백한 위반 행위이고, 전관예우를 비롯한 각종 법조계의 병폐를 은폐하는 수단으로 이용될 수 있기 때문에 변협의 징계 대상이 된다. 법을 떡 주무르듯 하는 법 전문가들이 '몰래 변론'을 선호하는 것은 뭔가 감추어야할 '구린데'가 있기 때문이다.

두 변호사는 공직에서 퇴임한 지 2년이 되지 않은 '공직 퇴임 변호사'로서 수임 사건을 해당 지방변호사회에 보고해야 할 의무가 있다. 지방변호사회는 법에 따라 이 사건들을 법조윤리협의회에 보고하는데, 협의회가 두 변호사의 수임 사건 목록과 선임계를 대조하는 과정에서 '몰래 변론'을 한 사실을 밝혀낸 것이다.

거물 전관의 '몰래 변론'이 비일비재(非一非再)하다는 것은 공공연한 비밀이다.

고위급 전관이 전화로 "나 원래 선임계 안 내는 거 알지? 사건 잘 부탁해."라는 전화를 받은 후배 법조인은 부탁을 매정하게 끊지 못한다는 게 정설이다. 훗날 어떤 도움을 받을지도 모르는 전관이기 때문이다.

한 법조인의 설명이다. "전관예우는 현직 판검사인 내가 선배 전관을 잘 봐주면 나중에 내가 전관이 됐을 때 후배들이 나를 잘 봐주는 세대 간 중첩(overlapping generation) 구조다." 지금 당장 보상을 받지 않고 나중에 '이연(移延) 뇌물'의 형태로 받는 교묘한 부패행위라는 것이다.

변호사법에서 정당한 이유 없이 미(未)선임 변호 활동을 할 경우 1000만 원 이하 과태료에 처하도록 규정하고 있는 게 전부다. 그야말로 전관예우들에겐 '껌 값'이다.

전관예우의 위력은 전관 변호사를 사는 '몸값'에서 잘 나타난다. 사건을 수임하는 첫 수임료만으로 대법관 출신은 최소 1억 원, 고등법원 부장판사 출신은 5000만 원 이상, 검사장 출신은 5000만~1억 원의 돈을 받는다. 다른 변호사가 쓴 대법원 상고 이유서에 전직 대법관의 도장을 받는 데만 3000만 원이 넘게 든다 하니 가위 그 위력을 미뤄 짐작할 수 있다.

그동안 전관예우 타파에 소극적이던 변호사단체들이 2014년 5월 '안대희 낙마'를 전후해 적극적으로 바뀌었다. 서울지방변호사회는 "안대희 당시 총리 후보자의 5개월 동안 16억 원의 수임료는 보통의 변호사로서는 꿈도 꾸지 못할 금액."이라며 "만약 안대희 전 대법관이 법정에 출석하지도 않으면서 고액의 수임료를 받았다면 이는 전관예우로 볼 수밖에 없다."고 입을 모았다.

변호사단체가 전관예우 척결을 외치는 주된 이유는 변호사 시장에서의 소득 양극화 때문이다. 안대희 전 대법관처럼 잘나가는 전관이 연간 수십억 원의 수익을 올릴 때 신참 중에는 변협 회비조차 내기 어려운 변호사도 생겨났기 때문이다.

대한변협은 전관예우 척결을 위해 상징적으로 대법관 출신의 변호사 개업을 막겠다고 공언했다. 하지만 최근 차 모 전 대법관은 변협의 반대에도 아랑곳 않고 수임 제한 기간인 1년이 지나자마자 변호사 개업을 선언했다. 또 변호사 개업 대신 부인의 편의점 일을 도와 국민을 감동시켰던 김 모 전 대법관마저 '무항산 무항심'이라며 2013년 9월 대형 로펌의 변호사가 됐다. 이런 마당에 제주 중앙로 길가에서 음란행위를 해 물의를 빚은 끝에 사직한 김 모 전 제주지검장(53)의 변호사 등록 신청이 받아들여졌다. 재벌과 대형로펌이

고위직 전관을 기다렸다는 듯이 모셔가는 마당에 젖과 꿀이 흐르는 기득권을 놓기란 쉽지 않을 것이다.

최근 J 전 네이처리퍼블릭 대표의 변호인으로 활동하다 구속 기소된 부장판사 출신 최 모 변호사와 대검찰청 중수부 수사기획관 출신 홍 모 변호사의 전관예우가 '뜨거운 감자'로 떠올랐다. 최 변호사는 100억원대 수임료를 받았고 홍 변호사는 J 전 네이처리퍼블릭 대표에게서 원정도박 수사와 관련한 검찰 로비자금 3억 원(2015년 8월)과 네이처리퍼블릭에 대한 감사 무마용 로비자금 2억 원(2011년) 등 모두 5억 원을 받은 혐의(변호사법 위반)로 기소됐다. 그는 또 2011년 9월 개업 이후 지난해 말까지 수임 사건을 축소 은폐 신고해 세금 15억 원을 내지 않은 혐의(조세포탈)도 있다.

다산 정약용(丁若鏞)은 그의 저서인 형법서 흠흠신서(欽欽新書)에서 다음과 같이 판관의 잘못에 대해서 경종(警鐘)을 울렸다.

"사람(재판관)이 천권(天權)을 대신하면서 두려워 할 줄 모르고 자세히 헤아리지 아니한 채 살려야 할 사람은 죽이고, 죽여야 할 사람은 살리고서도 태연하고 편안할 뿐 아니라, 돈에 흐려지고 여자에 미혹되어 비참한 백성이 고통으로 울부짖어도 구제할 줄 모르니 갈수록 화근이 깊어진다." 그때나 지금이나 무전유죄 유전무죄(無錢有罪 有錢無罪)는 마찬가지인 모양이다.

2015년 7월 23일 대법원 전원합의체 판결에서 "이후 형사사건의 성공보수약정은 전부 무효가 된다."고 밝혔다. 그동안 변호사는 수임료 외에 성공보수금이란 보너스를 받아왔다. 재판에서 성공하려고 해당 법관과의 직간접 인연을 찾아야 했고 로비스트로서 역할도 해야 했다. 형사사건에 있어서 과거 고위 판검사출신을 선임하는 주요

한 이유는 무엇일까?

첫째 사건담당재판부와 친분 등으로 사건의 주장과 진행이 편의한 점, 둘째 청탁을 하거나 사건에 영향을 미칠 수 있는 점, 셋째 과거 판검사 경력으로 형사사건의 쟁점파악과 진행방향을 정확히 파악하고 원활하게 진행할 수 있는 점 등이다.

즉 의뢰인 입장에서는 고위직의 노하우와 네트워크를 돈으로 사서 이기겠다는 것이다. 그래서 유전무죄(有錢無罪)요 무전유죄(無錢有罪)라는 말이 나오게 됐다.

'벤츠 여검사' 사건을 계기로 만들어진 이른바 '김영란법'(부정청탁 및 금품 등 수수 금지에 관한 법률)이 우여곡절 끝에 국회를 통과했다. 올해부터 시행에 들어갈 예정이다.

'김영란법'이 공직자의 부패 척결을 위한 고육책(苦肉策)이라면 전관예우금지법도 이번에 확실하게 손을 봐야한다.

'한번 고시패스는 영원한 운명을 좌우한다.'는 좌우명(座右銘) 때문일까. 오늘도 로스쿨에 들어가려는 수많은 수험생들과 공무원시험에 목을 매는 공시족(公試族)들이 넘쳐나는 이유를 확실하게 알 것만 같다. 결국 국가로부터 부여받은 권력의 자격자(갑)가 되려는 것이고 확실한 신분보장이 된다는 매력 때문일 것이다. 그래서 학교 전공과는 무관하게 너도나도 공무원이 되려고 기를 쓰고 있다. 이시대에 진로적성, 창의교육이 물 건너 간지는 너무 오래됐다.

최근 5년 동안 '퇴직 후 취업 심사'를 통과한 공정거래위원회 고위 공직자의 85%가 대기업이나 대형 로펌 등에 재취업했다. 더불어민주당 김해영 의원실에 따르면 취업 심사를 통과한 공정위 출신 4급 이상 퇴직자 20명 중 13명(65%)이 삼성카드, 기아자동차, 현대건설,

GS리테일 등 대기업에 재취업했
다. 김앤장, 태평양, 바른, 광장
등 대형 로펌으로 자리를 옮긴
사람도 4명(20%)이었다. 언론사
경제연구소와 회계법인에 취업한
퇴직자가 각각 1명이었다. 대기
업의 비리를 감시하던 공정위 인
사가 대기업이나 대형로펌으로
자리를 옮긴다면 '방패막이' 역할
을 할 것이 불을 보듯 뻔하다. 감
사원 출신도 마찬가지였다.

<그림 6> 이율곡
출처: 강릉 오죽헌 시립박물관

공직자윤리법은 국무위원, 국
회의원, 4급 이상의 일반직 공무
원에 대해 퇴직 후 3년간은 재임 기간 마지막 5년 동안의 업무와 관
련성이 있는 기관에 취업할 수 없도록 규정하고 있다. 그러나 공직
자윤리위의 승인이 있으면 예외로 하고 있어 관련 규정이 사실상 사
문화되고 있는 것이다.

장군의 공직관은 어땠을까.

이조판서 이율곡(李栗谷)이 류성룡(柳成龍)에게 "이순신(李舜臣)
이 덕수 이씨로 같은 집안인데 한번 만나보고 싶다."고 말했다. 그래
서 한평생 장군의 '멘토'였던 류성룡이 이조판서 만나기를 권했을 때
장군은 다음과 같이 답했다.

"같은 문중으로서 만날 수는 있겠으나 인사권을 가진 이조판서에
있는 한 만날 수 없다."라고 일언지하에 거절했다.

이와 같은 장군의 인생관은 다음의 시에서 엿볼 수 있다.

장부출세(丈夫出世)
　　세상에 장부로 태어나
용즉효사이충(用則效死以忠)
　　나라에 쓰이면 충성을 다할 것이며
불용즉경야족의(不用則耕野足矣)
　　쓰이지 않는다면 농사짓는 것으로 충분하다.
약취미권귀(若取媚權貴)
　　권세와 부귀에 아첨하여
이절일시지영(以竊 一時之榮)
　　이(권세와 부귀)를 도둑질하여 일시적으로 영화 누리는 것은
오심치지(吾甚恥之)
　　내가 가장 부끄러워하는 것이다.

6. 천행(天幸), 명량대첩(鳴梁大捷)

1597년 9월 16일(양력 10월 28일) 명량해전이 일어났다. 전라도 남쪽 바다 끝 해남과 진도 사이 울돌목에서 였다. 13척의 전선으로 133척의 일본 함대를 막아냈다는 믿을 수 없는 신화(神話)가 만들어진 것이다. 물론 동원된 조선 판옥선 13척이 한꺼번에 133척을 막았다는 뜻은 아니다. 물목이 좁은 울돌목에 왜군은 선발대 31척을 먼저 보냈다. 그 31척이 모두 격침 또는 분멸당했다. 그리고 후방에 포진해있던 300여 척의 왜선은 황급히 등을 돌려 꽁무니를 뺐다.

울돌목의 다른 이름은 명량(鳴梁)이다. 울 명(鳴)에 길 량(梁). 명량 수로는 해남군 화원반도와 진도군 군내면 사이에 있는 협수로이다. 남해에서 서해로 가는 요충지이다. 현재 진도대교가 놓여있다. 그 다리 아래에서 장군은 세계해전사상 기적(奇跡)과 같은 신화를 만들어냈다. 지난 2015년 명량대첩 재현행사 취재차 찾았던 필자는 눈과 귀를 의심하지 않을 수 없었다. 정말 바다 물길 가운데 굽이치는 소용돌이는 웅웅웅 물소리를 내고 있었다.

밀물과 썰물 때 남해와 서해의 바닷물이 암초와 암벽에 부딪치면 용트림이 노도(怒濤)처럼 일어났다. 멀리 이십리 밖에서까지 '바다의 울음'이 들렸다고 한다. 울돌목의 폭은 만조 때는 325m(수심 20m), 간조 때는 280m로 최대 유속은 10.4～11.6노트(knot, 1노트는 1.85km/h)다. 그런데 울돌목에서 암초 때문에 실제 항해 가능한 물폭은 약 120m이고 평균 유속은 9.5노트이다. 이는 국토해양부 국립해양조사원 변도성씨가 수평 초음파 유속계를 이용하여 2009년 10월부터 6개월 동안 분석한 결과다. 당시 풍력과 인력의 힘으로 배를 움직이는 상황을 감안하면 지형지물과 자연조건을 활용하는 것은 승리의 절대적 관건이었다. 이번 탐방 때 물길을 이용하는 조력발전소가 진도 벽파진쪽에 있음을 확인할 수 있었다.

> 1597년 9월 14일. 맑음. 북풍이 크게 불었다. 벽파(碧波) 건너편에서 연기가 올랐기에 배를 보내 실어오게 했더니 다름 아닌 임준영이었다. 정탐한 내용을 보고하기를, '적선 200여 척 중 55척이 이미 어란포에 들어왔다'고 했다. 아울러 적에게 사로잡혔다 도망쳐 온 김중걸의 말도 전해 주었다. 왜놈들이 한밤중에 의논하기를, '조선 수군 10여 척이 우리 배를 추격해 쏘아 죽이고 배를 불태운 것은 너무 분하다. 각 처의 배를 불러 모아 합세해 조선 수군을 섬멸해야 한다. 그런 뒤에 곧바로 경강(京江 한강)으로 올라가자!'라고 했다는 것이다. 이 말을 모두 믿을 수는 없지만, 혹시나 그럴 가능성도 없지 않다고 생각되어 곧바로 전령선을 보내 피난민들에게 알아듣게 타이른 뒤 급히 육지로 올라가도록 하였다.

일단 이겨놓고 싸우는 선승구전(先勝求戰) 전략은 치밀한 정보전에서 나오는 것이다.

'적을 알고 우리를 알면 백번 싸워도 위태롭지 않다'는 병가(兵家)의 지피지기(知彼知己) 백전불태(百戰不殆)를 장군은 굳게 믿고 있었다.

> 1597년 9월 15일. 맑음. 밀물 때에 맞춰 장수들을 거느리고 우수영(右水營) 앞바다로 진(陣)을 옮겼다. 벽파정 뒤에는 명량(鳴梁)이 있는데, 적은 수의 수군으로 명량을 등지고 진을 쳐서는 안 되기 때문이다. 장수들을 불러 모아 약속하였다. 병법에서 '죽고자 하면 살고 살고자 하면 죽는다(必死卽生, 必生卽死)'고 했고, 또 '한명이 길목을 지키면 천명도 두렵게 할 수 있다(一夫當逕, 足懼千夫)'고 했는데, 이는 오늘의 우리를 두고 하는 말이다. 너희 장수들이 조금이라도 명령을 어긴다면 즉시 군율로 다스려 한 치도 용서치 않을 것이라며 거듭 엄하게 약속했다. 이날 밤 신인(神人)이 꿈에 나타나 말하기를 '이렇게 하면 크게 이기고, 이렇게 하면 패할 것'이라고 알려줬다.

다음날 결전의 9월 16일. 예상했던 것처럼 대규모 일본 전함이 바다를 까맣게 덮었다. 장군은 태산 같은 자세로 한 치의 흔들림도 없이 가장 먼저 일본 군선에 맞서 싸웠다. 동시에 부하들을 향해 다음과 같이 독려했다.

"적선이 비록 많기는 하지만 곧바로 덤벼들기는 어렵다. 조금도 흔들리지 말고 마음과 힘을 다해서 적을 쏘고 또 쏘아라!"

그러나 장군의 당부에도 불구하고 장수들은 공포에 떨며 도망칠 생각만 하고 있었다. 선봉에 선 대장선이 포위를 당하는데도 겁을 먹은 장수들이 1마장(약 450m) 뒤쪽에서 관망하고 있었다. 그래서 장군은 나각(螺角)을 불게하고 중군선에 명령을 내리는 대장기와 함대를 부르는 초요기(招搖旗)를 올리는 깃발신호로 적진을 향해 진격하라는 명령했다. 그제서야 거제현령 안위(安衛)와 중군장(中軍將)인 미조항 첨사 김응함(金應緘)의 배가 다가왔다.

"안위야, 군법에 죽고 싶으냐? 도망가서 산다면 어디에서 살 수 있 겠느냐?"

또한 김응함을 불러 말했다.

"너는 중군(中軍)인데도 멀리 피해 대장(大將)을 구하지 않으니 그 죄를 어떻게 면할 수 있겠느냐? 당장 처형하고 싶지만 적의 상황이 또한 급하니 일단 공을 세우게 해주마."

이리하여 두 전선이 먼저 적진으로 쳐들어가자 적장이 휘하 배 2척 에 명령을 내려 안위의 배에 개미처럼 달라붙어 앞 다투어 기어 올라 가도록 했다. 이에 맞서 안위와 배위의 수군들은 사력을 다해 몽둥이 와 긴 창 혹은 수마석(水磨石)으로 정신없이 적들을 쳐댔다. 수군들의 힘이 다해갈 무렵 장군은 뱃머리를 돌려 곧바로 들어가 빗발치듯 어 지럽게 20문의 천자총통(판옥선이나 거북선에 탑재함. 사정거리 약 900보=약 1km)과 불화살을 쏘아 적의 배를 분멸시켰다. 검푸른 바다 는 타오르는 불꽃, 검은 연기와 함성으로 뒤덮였다. 적선 3척이 거의 뒤집어졌을 때 녹도 만호 송여종(宋汝悰)과 평산포 대장 정응두의 전 선이 합류하여 가세했다.

일자진(一字陣)을 편 장군이 천자총통을 작열시키자 왜군 아타케부 네(安宅船)와 세키부네(關船)는 맥없이 격파됐다. 불화살을 맞은 왜선 은 불타올랐고 왜군들은 추풍낙엽처럼 바다로 떨어졌다. 조선수군이 강했던 것은 판옥선에 총통을 싣고 화력을 집중할 수 있었기 때문이 었다. 조선수군은 삼도수군통제사 이순신을 비롯 전라우수사 김억추, 미조항첨사 김응함, 녹도만호 송여종, 영등포만호 조계종, 강진현감

이극신, 거제현령 안위, 평산포대장 정응두, 순천감목관 김탁 등 1000여명이었고 일본수군은 도도 다카도라, 가토 요시아키, 와키자카 야스하루, 구루시마 미치우사, 마다시 등 1만 4000여명이었다.

조선수군은 판옥선 13척과 초탐선 32척이 고작이었지만 고기잡이 민간 포작선 100여척을 후방에 배치해 군세를 유지했다. 전투결과 조선 수군 판옥선은 단 한척도 피해를 당하지 않았다. 수군 1000여명 중 순천감목관 김탁, 우수영 노비 계생은 사망했고 강진현감 이극신과 박영남, 봉학 등은 부상했다. 그러나 일본수군은 133척 가운데 선발대 31척이 모두 분멸 또는 수장(水葬)됐다. 이 아수라장에서 나머지 후발대는 허겁지겁 퇴각했다. 왜군 1만 4000여명 가운데 해적출신 구루시마 미치후사와 마다시는 사망했고 도도 다카도라는 중상을 입었다. 죽거나 다친 왜군은 8000여명에 이르렀다. 완벽한 승리였다.

이날 왜수군은 오전 6시30분 정조(停潮)때 발진했다. 조선수군은 9시 밀물 때 출전했다. 10시 10분 최대 유속은 4m/s였다. 10시 30분 왜수군의 공세가 시작됐고 12시 21분 정조가 되었다. 13시 쯤 썰물, 조류가 남동류로 바뀌자 조선수군에 유리한 형세가 되었다. 이때 총공세를 폈다. 14시 40분 치열한 공방전이 벌어졌고 16시 30분 조류에 휩쓸린 왜수군이 후퇴하기 시작했다. 조선수군은 18시 30분 추격을 중지하고 18시 56분 다시 정조를 맞았다. 19시에는 당사도로 후진했다. 바다는 다시 고요해졌다.

천행천행(天幸天幸), 차실천행(此實天幸)이다.

장군은 이렇게 일기에 적었다. 하늘이 내려준 불가사의(不可思議)

한 대승(人勝)이었다.

장군은 대승을 거뒀지만 가슴 한켠이 아리고 쓰라렸다. 그즈음 토사곽란으로 고생을 많이 한 탓이기도 하지만 고단한 지난날들이 떠올랐기 때문이었다. 특히 4월에 있은 어머니의 임종은 고사하고 발상(發喪)도 못한 채 백의종군 길에 올라야 했다. 또 7월 18일 백의종군으로 도원수 권율(權慄) 진영인 초계에 머무르고 있을 때 원균(元均)이 칠천량 해전에서 궤멸당했다는 청천벽력(靑天霹靂)같은 소식을 들어야 했다. 그때 선조와 조정에서는 또다시 장군을 부랴부랴 찾았다. 8월 3일 아침 일찍 선전관 양호(梁護)가 삼도수군통제사 재임명 교지와 선조의 편지를 가지고 왔다.

> 그대의 직함을 갈고 그대로 하여금 백의종군하도록 하였던 것
> 은 역시 이 사람의 모책이 어질지 못함에서 생긴 일이었거니와
> 그리하여 오늘 이 같이 패전의 욕됨을 만나게 된 것이라 무슨
> 할 말이 있으리오.

선조가 이순신에게 이렇게 자존심을 내려놓고 자신을 책망하는 뜻을 담은 메시지를 보냈다는 것은 누란(累卵)의 위기에서 믿을 수 있는 사람은 오로지 장군뿐이었기 때문이다. 한때는 조정과 군왕을 속이고 업신여긴다며 삭탈관직, 고문과 백의종군을 시켜놓고 아쉬울 땐 찾을 수밖에 없는 주인공이 바로 장군이었다.

장군은 교지에 사은숙배(謝恩肅拜)하고 직함 외에 아무것도 없는 통제사 임무를 수행하기 위해서 곧바로 길을 나섰다. 왜군은 남원성을 공격하기 위해 섬진강을 따라 구례까지 올라왔다. 다행히 단 하루 차이로 장군과 조우(遭遇)는 없었다. 군량과 화살, 총통 등 군기 및 병사

<그림 7> 진도대교 아래 '고뇌하는 이순신' 동상

를 모으려 남행(南行)할 때 이전에 휘하에 있던 수군장수와 지방관들이
장군을 만나러 왔다. 그런데 8월 15일 보성군에서 선전관 박천봉(朴天
鳳)이 가져온 선조의 편지에는 "지난 칠천량 해전에서 패한 결과로 해
전이 불가능할 경우 육지에 올라 도원수 권율(權慄)을 돕도록 하라."는
명이었다. 선조의 변화무쌍한 변심(變心)이 또 발동했다. 수군폐지였다.

이에 장군은 화급히 장계를 올렸다.

금신전선 상유십이(今臣戰船 尙有十二)
　신에게는 아직 12척의 전선이 있사옵니다.
전선수과 (戰船雖寡)
　전선의 수가 절대 부족하지만
미신불사즉 (微臣不死則)
　보잘 것 없은 신이 살아 있는 한
불감모아의 (不敢侮我矣)
　감히 적은 조선의 바다를 넘보지 못할 것입니다.

　장군은 8월 19일 회령포에서 경상우수사 배설(裵楔)이 숨겨놓았던 12척의 판옥선을 찾아냈다. 해전에 모두 13척이 동원됐는데 녹도만호 송여종이 몰고온 판옥선 1척이 가세했기 때문이다. 그나마 삼도수군통제사로서 최소한의 체면치레를 할 수 있었다. 그런데 배설은 신병치료차 전라우수영에 내려 곧바로 도주했다. 결국 임진왜란이 끝난 1599년 고향 선산에서 체포되어 처형당했다.

　수국(水國)에 가을이 깊어가던 10월 14일 또 청천벽력(靑天霹靂)같은 소식이 날아들었다. 고향 아산에서 둘째 아들 열이 보내온 편지 겉봉투에는 '통곡(慟哭)'이란 두 글자가 적혀있었다. 자신을 닮아 가장 사랑하던 셋째 아들 면(葂)이 고향에서 왜군과 싸우다 전사했다는 비보(悲報)였다. 명량해전에서 대패한 왜군의 보복작전이었다.

　막내를 잃은 지 나흘 째 마음놓고 통곡할 수 없었던 장군은 염전에서 일하는 강막지 집으로 갔다. "하룻밤 지내기가 1년 같구나. 너를 따라 죽어 함께 통곡하고 싶지만 너의 형과 누이, 어미 또한 의지할 곳이 없으니 참고 연명할 뿐이다." 장군은 마침내 통곡했다.

7. 통곡(慟哭)

마른 하늘에 날벼락, 청천벽력(靑天霹靂)같은 소리였다.

자식을 먼저 앞세워 가슴에 묻어야 하는 일. 천지사방 누굴 붙잡고 무슨 말을 해야 할지 모를 일이었다. 하늘도 무심코 땅도 무심코 바다도 무심코 갈매기만 끼룩끼룩 울어댔다.

장군은 그저 찢어지는 가슴을 부여잡고 피눈물을 흘렸다. 통곡(慟哭)! 목 놓아 소리 높여 울지도 못하고 차라리 목구멍으로 오열(嗚咽)을 삼킬 뿐이었다.

장군이 가장 아끼던 막내 아들 면(葂)이 전사했다. 스물 한 살, 혈기 방장한 나이에 왜군의 예리한 칼날에 숨통이 꺾인 것이다. 장군은 자신을 닮아 가장 아끼고 사랑했던 셋째 아들의 죽음을 멍하니 목도(目睹)하고 있었다.

1597년 9월 16일 명량해전에서 크게 패한 왜군은 충남 아산 장군의 고향을 찾아가 분풀이를 했다. 선량한 여염집에 난입해 불 지르고 베어죽이고 마구 분탕질한다는 소식을 들은 분기탱천한 청년은 바깥으로 뛰쳐나갔다. 평소 활쏘기와 말타기 등 무예에 능했지만 수많은 왜적을 상대하기엔 무리였다.

면은 1592년 4월 임진왜란이 일어나자 16세의 나이로 아버지의 전장을 따라 다녔다. 남해안 수군 진영과 고향을 오가며 할머니와 어머니, 형, 사촌 등 가솔(家率)의 안부를 전하는 전령사로서 충실했다. 또 오며가며 왜적의 동태(動態)도 소상히 보고해 정탐병의 역할도 했다.

막내 면이 남해 진영에서 아산집으로 갔을 때, 장군은 아들이 무사히 도착했는지 걱정되어 전전긍긍하였다. 한번은 면이 피까지 토하는 중병에 걸렸다는 소식에 매우 걱정하여 점까지 쳐보았다. 그 결과 '임금을 만나 보는 것과 같다는 괘'가 나왔다. 다시 해보니 이번엔 '밤에 등불을 얻은 것과 같다는 괘'가 나왔다. 역시 좋은 괘였다. 그리고 며칠 후 면의 병세가 호전되었다는 소식을 듣고 매우 기뻐하였다. 그런 아들이 비명횡사(非命橫死)한 것이다.

10월 14일 새벽, 장군은 꿈을 꿨다. 꿈에서 말을 타고 언덕 위를 가다가 말이 발을 헛디뎌서 냇가로 떨어졌는데, 막내아들 면이 엎드려서 자신을 안는 듯한 모습을 보았다. 이 꿈이 무슨 조짐인지 알 수는 없고, 내수사의 종이 기르던 소 중 12마리를 일본군이 끌고 갔다는 보고를 받았다.

1597년 정유년 10월 14일 맑음. 저녁에 사람이 천안(天安)에서 와서 집안 편지를 전했다. 열어보기도 전에 몸이 먼저 떨리고 정신이 어지러워졌다. 정신없이 뜯어보니 겉봉에 '통곡(慟哭)' 두 글자가 써있는 것을 보고 면이 전사한 것을 알았다. 나도 모르게 간담이 떨어져 목놓아 통곡하고 통곡했다. 하늘은 어찌 이렇게 어질지 않단 말인가. 내가 죽고 네가 살아야 마땅한 이 치거늘 네가 죽고 내가 살다니 어찌 이렇게도 어그러진 이치가 있겠는가. 천지가 캄캄하고 밝은 해도 빛을 잃었다. 슬프다. 내 아들아. 나를 버리고 어디로 갔느냐. 남달리 영특해 하늘이 이 세상에 머물러두지 않은 것이냐. 내가 지은 죄 때문에 화가 네 몸에 미친 것이냐. 지금 내가 살아있은들 장차 누구에게 의지 한단 말인가. 너를 따라 같이 죽어 지하에서 같이 지내고 같이 울고 싶건마는 네 형과 네 누이, 네 어머니가 의지할 곳이 없 으니 아직은 참고 연명해야 한다마는 마음은 죽고 형상만 남아 있어 울부짖을 따름이다. 하룻밤을 보내기가 한 해 같다.

천륜(天倫)이 끊어지는 아픔은 그토록 아리고 쓰리고 고통스러웠다. 이백(李白)의 시 춘야연도리원서(春夜宴桃李園序)에서 하늘이 맺어 준 부모형제지간의 도리를 천륜(天倫)이라 했다.

회도리지방원(會桃李之芳園)
복숭아꽃 오얏꽃 만발한 꽃동산에 모여
서천륜지락사(序天倫之樂事)
부모 형제들이 즐거운 놀이를 펼친다

셋째 면은 1577년 아산에서 태어났지만 장군은 그 옆에 없었다. 당 시 함경도 변방에서 여진족과 대치하던 하급 군관이었다. 변방의 아 버지는 막내를 늘 그리워했고 막내는 무럭무럭 커가면서 아버지를 자주 볼 수 없음에 매우 서운해 했다.

1597년 정유년은 장군에게 가장 서럽고 고통스런 한 해였다. 막내 아들의 죽음을 알리는 비보(悲報)를 접해야 했고 4월 13일에는 어머 니의 죽음을 전하는 부음(訃音)을 들어야 했다.

그보다 앞선 2월 26일 선조에 대한 항명죄(抗命罪)로 한성으로 압송되어 3월 4일 투옥되었다. 4월 1일 특사로 풀려나 바로 백의종군 길에 올랐는데 모친이 돌아가셨다. 그 후 7월 16일 원균(元均)의 칠천량 해전 패전소식을 들어야 했고, 선조는 8월 3일 다시 삼도수군통제사로 재임명한다는 기복수직교서(起復受職敎書)와 유서(諭書)를 내렸다.

칠천량 해전 전날 경상우수사 배설(裵楔)은 전선 12척을 가지고 어디론가 달아났다. 장군은 재임명됐지만 한산도 군영은 적의 수중에 넘어갔고 수하에 장졸은 없었다. 사라진 전선 12척을 간신히 찾았고 구례, 하동, 순천 등지를 샅샅이 뒤져 식량과 군사 모집에 나섰다. 천신만고 끝에 겨우 모양만 갖춘 수군(水軍)을 재건한 후 9월16일 '천행(天幸)'의 명량대첩을 이뤘다.

이렇듯 스트레스가 과중한 상태에서 몸이 아프지 않은 곳이 없었다. 1592년 임진년 6월 사천해전에서 적 유탄을 맞은 왼쪽 어깨에서는 계속 고름이 흘러내렸다. 코피를 한 되나 쏟았고 회복차 배에서 내려 뜨거운 온돌방에서 아픈 몸을 지졌다. 하지만 일기는 빼놓지 않고 기록했다. 책상 앞에 앉아 붓을 들고 한 자씩 써내려가는 글쓰기는 깨지고 아픈 심신을 달래주는 힐링의 치유법이었다.

> 1597년 10월 16일. 나는 내일이 막내아들의 죽음을 들은 지
> 나흘이 되는 날인데도 마음 놓고 울어보지도 못했다.

10월 17일에는 새벽에 향을 피우고 곡(哭)을 하는데, 하얀 띠를 두르고 있으니 비통함을 정말 참을 수가 없을 지경이었다. 19일에는 고향집 종이 내려오니 그걸 보고 아들 생각이 나서 다시 통곡하였다. 날이 어두워질 무렵에는 코피를 한 되 남짓 흘리고, 밤에 앉아 생각

<그림 8> 현충사 경내 셋째 아들 면의 묘소

하니 다시 눈물이 났다. 아직 어머니의 상중(喪中)인데다가 아들까지 잃어 그 슬픔이 더할 수밖에 없었다.

1597년 10월 19일.
밤에 앉아 생각하니 눈물만이 흐른다.
어찌 이 슬픔을 말로 다하랴
이승에서는 너는 영령이 되었구나
마침내 불효가 이토록 여기에 이를 줄을 어찌 알았으랴
비통한 마음 찢어지는 슬픔에 억누를 수가 없다.

무제(無題)
소소풍우야(蕭蕭風雨夜) 비바람 부슬부슬 흩뿌리는 밤
경경불매시(耿耿不寐時) 생각만 아물아물 잠 못 이루고
회통여최담(懷痛如摧膽) 간담이 찢어질 듯 아픈 이 가슴
상심사할기(傷心似割肌) 살이 에이듯 쓰라린 이 마음

지필묵(紙筆墨)을 내려놓자 마침내 한지 일기장 위에 굵은 눈물방

울이 뚝뚝 떨어졌다.

'아버지께서 그토록 지키고 싶어 하셨던 이 나라 조선, 그 조선의 눈 맑은 백성들이 가솔(家率)의 다름 아님을 깨달은 탓입니다. 그 큰 사랑을 소자가 헤아리고 품을 수만 있다면 몸은 비록 멀리 있으나 소자는 늘 아버지 곁에 있을 것이라 믿고 있습니다.'

귓전에 아들의 목소리가 들려오는 듯 했다.

면의 전사에 대한 이야기는 다음과 같은 기록에서도 찾아볼 수 있다. 광해군 때 어우당(於于堂) 유몽인(柳夢寅)이 지은 한국 최초의 야담집(野談集), 어우야담(於于野談)에 전해지는 설화다.

임진왜란 때 통제사 이순신 군대가 한산도에 주둔하고 있었다. 이순신 아들은 충청도에서 싸우다가 말에서 떨어져 죽었다. 이순신은 아들의 죽음을 모르고 있는데, 충청도 방어사가 왜적을 사로잡아 한산도로 압송해 왔다. 이날 밤 이순신의 꿈에 아들이 피투성이가 되어 나타나 '잡아온 왜적 13명 속에 나를 죽인 적이 끼어 있다'고 말했다. 이어 아들 죽음의 부고가 왔다. 이순신이 잡혀온 왜적들에게, '어느 날 충청도 어디에서 흰 무늬가 있는 붉은 말을 탄 사람을 너희들이 죽이고 그 말을 빼앗았는데, 지금 그 말이 어디에 있느냐'고 추궁했다. 그러자 왜적 중 한 명이 '어느 날 흰 무늬 있는 붉은 말 탄 소년이 우리 군중으로 돌진해 서너 명을 죽이기에 풀숲에 복병해 있다가 습격해 죽이고 그 말은 진장(陣將)에게 바쳤다' 고 대답했다. 이순신은 통곡하고 그 왜적을 죽이라 명하고는 아들 혼백을 불러 글을 지어 제사했다.

조카 이분의 '행록'에 이면의 죽음에 관한 장면이 나온다.

이면의 전사 4개월 후 이순신의 꿈에 이면이 나타나서 '날 죽인 적을 아버지께서 죽여주십시오!'라고 울면서 말하였다. 그러자 이순신이 '네가 살아 있을 때는 장사였는데, 죽어서는 그 적을 죽이지 못 하겠다는 말이냐?'라고 하니, 이면은 '제가 그놈의 손에 죽었기 때문에 겁이 나서 그놈을 못 죽이겠습니다.'고 하였다. 그리고 '아버지로서 자식의 원수를 갚는 일에 저승과 이승이 무슨 간격이 있을 것입니까?'라고 말하고는 슬피 울면서 사라졌다. 잠에서 깬 이순신이 잡혀온 일본 포로들을 조사하니, 그 중에 이면을 죽인 장본인이 있었다. 그래서 이순신은 그 일본군을 죽임으로 이면의 복수를 하였다.

이렇듯 면의 죽음은 사후에 이야깃거리로 만들어져 인구(人口)에 회자(膾炙)되었다.

12월 5일 도원수 권율(權慄)의 군관이 왕의 명령서(有旨)를 가지고 왔다. 장군이 모친의 상중(喪中)에 소식(素食)만 하여 기력을 잃을까 걱정이 된다며 기력 회복을 위해서 권도(權道)를 따르라는 명령이었다. 붉은 살코기도 함께 보내왔다. 권도는 임시방편, 변통의 의미다. 즉 육식을 먹음으로써 기력을 회복해야 장수로서 전장에 나설 것이 아니냐는 뜻이다. 효(孝)를 따르다가 자칫 충(忠)을 놓쳐서 안 되는 것이었다.

한 해에 어머니와 아들과의 천륜을 끊는 고통을 당한 장군의 마음은 아리고 쓰렸다.

8. 불멸의 기록, 23전 23승

우리는 흔히 장군의 뛰어난 전투업적을 말할 때 23전 23승의 기록을 말한다. 손자병법을 쓴 손무(孫武 BC 545～470경)는 '적을 알고 나를 알면 백번 싸워도 위태롭지 않다(知彼知己 百戰不殆)'고 했지만 장군은 '불태(不殆)'를 '백승(百勝)'이란 말로 바꿔놓았다.

어떻게 기적과 같은 무패(無敗)의 기록을 달성할 수 있었을까. 손무는 일찍이 "승리하는 군대는 먼저 이길 수 있는 상황을 만들고서 싸우기를 구한다(勝兵先勝而後求戰)"고 했다.

장군이 구사한 전략은 선승구전(先勝求戰)이었다.

조선의 삼도수군통제사였던 이순신 장군은 1592년 임진왜란과 1597년 정유재란 때 한반도의 남쪽 바다의 제해권을 굳건히 지킴으로써 일본수군의 전라도 공략과 서해진출을 막았다. 23전 23승이라는 혁혁한 공을 세워 국난극복을 완수한 살신성인(殺身成仁)의 정신을 보여주었다.

장군은 1592년 4월 15일 원균으로부터 적의 침입에 대한 소식을 듣고 곧바로 선조에게 장계를 올렸다. 4월 27일 조정의 허락 하에 5월 4일 전라좌수영 순천 오동포(당시 여수는 순천 관할구역)를 출발하여 1차 출전에 나섰다.

임진왜란 최초의 해전인 옥포해전이 5월 7일 벌어졌다. 다음날 적진포 전투에서는 13척 모두 분멸시켰다. 이로써 1차 출전으로 왜병선 44척을 수장시켰다. 조선수군은 전투함인 판옥선 28척과 비전투함인 협선 17척과 포작선 46척 등 모두 91척이었으나 단 한 척도 격침되지 않았다. 1차 해전을 승리로 마감한 장군이 고성 월명포(月明浦)에서 잠시 쉬고 있을 때 전라도사 최철견(崔鐵堅)으로부터 선조가 한성을 떠나 몽진(蒙塵)에 나섰다는 통첩을 들었다.

하늘이 무너지고 땅이 꺼지고 바다가 뒤엎어지는 슬픔에 이순신은 엉엉 울부짖었다.

5월 29일 2차 출전은 사천해전부터 시작되었다. 상황이 다급하여 먼저 출정을 앞당겼는데 전선 23척을 거느리고 우후(虞侯 참모장) 이몽구(李夢龜)와 함께 출전했다. 이때 원균은 하도의 선창에 있다가 3척의 전선을 이끌고 와서 적의 상황을 장군에게 알려주었다. 이날 저녁 해질 무렵 왜적을 유인하여 사천의 모자랑포에서 교전했다.

'바다의 탱크' 거북선이 첫 출전한 해전이었다. 돌격선인 거북선은 적진 깊숙이 들어가 전열을 흩트려놓았다. 좌우 뱃전에 각 6개, 용머리에 1개, 선미에 1개 등 모두 14개의 천자(天字), 지자(地字), 현자(玄字), 황자(黃字) 총통(銃筒)이 불을 뿜었다. 사천에서 왜선 15척을 분멸시켰다. 판옥선 구조에 지붕 덮개인 개판(蓋板)을 얹었고 그곳에 칼, 송곳, 쇠못 등 철침을 달아서 단병전(短兵戰)에 능숙한 왜군의 도선

(渡船)을 불허했다. 게다가 거북선 안의 조선수군(사수나 격군)은 노출이 안 되므로 안전을 보장받을 수 있었다.

1593년 9월 장군이 조정에 올린 장계인 조진수륙전사장(條陳水陸戰事狀)에는 다음과 같이 기록되어 있다.

> 거북선이 먼저 돌진하고 판옥선이 뒤따라 진격하여 연이어 지자(地字), 현자(玄字) 총통을 쏘고, 포환과 화살과 돌을 빗발치듯 우박 퍼붓듯 하면 적의 사기가 쉽게 꺾이어 물에 빠져 죽기에 바쁘니 이것이 해전의 쉬운 점입니다.

장군은 1591년 2월 전라좌도 수군절도사로 부임하자마자 거북선의 건조를 시작했다. 5~6척을 여수의 선소와 돌산도의 방답진에서 제작한 것으로 알려졌다. 1592년 4월 13일 임진왜란이 일어나기 바로 전에는 완성된 거북선에 각종 총통을 설치하고 시험발사를 했다. 뛰어난 선견지명(先見之明)이 아닐 수 없다.

6월 2일 당포해전에서 21척, 6월 5일 당항포 해전에서 28척, 6월 7일 율포해전에서 7척 등 모두 71척을 분멸시켰다.

> 1592년 6월 14일. 접전할 때 스스로 조심하지 못하여 적의 탄환에 맞아 비록 사경에 이르지는 않았지만 어깨뼈 깊이 상해 언제나 갑옷을 입고 있었으므로 상한 구멍이 헐어서 궂은 물이 늘 흐르고 있습니다. 그래서 밤낮으로 뽕나무 잿물과 바닷물로 씻어내지만 아직 쾌차하지 않아 민망스럽습니다.

장군은 5월 29일 사천해전에서 그만 적의 조총을 피하지 못하고 부상했다. 이 송구한 사실을 류성룡 대감에게 전했다.

장군이 선봉장으로 솔선수범하고 휘하 장졸들이 결사적으로 덤벼들자 왜군은 율포(栗浦 거제 장목면)에서 나와 부산으로 향하여 도주하기 시작했다. 이때 마침 역풍이 부는 것을 조선수군이 이용하여 추격전을 벌인 결과 6월 2일 당포해전에서 승리했다.

장군은 수군의 뛰어난 화력도 활용했지만 주변의 지형과 기후 조건을 잘 이용하여 승리를 구가할 수 있었다.

"용병을 잘 하는 자가 먼저 예측할 수 없는 상황을 만들면 적이 가는 방향을 어그러뜨릴 수 있다." 선용병자 선위불측 패적괴기소지(善用兵者 先爲不測. 敗敵乖其所之). 중국 당나라 때 이정(李靖)이 지은 병법서 이위공문대(李衛公問對)에 나오는 말이다. 무경칠서(武經七書) 중의 하나로 장군이 무과시험 공부를 할 때 본 서적이었다.

7월 8일 제3차 출전이 있었다. 7월 8일 한산도 해전, 7월 10일 안골포 해전을 치렀다. 임진란 3대 대첩 중 하나인 한산도대첩(閑山島大捷)은 한산도 앞바다에서 조선 수군이 일본 수군을 크게 무찌른 해전이다. 장군은 이 전투에서 육전에서 사용하던 포위 섬멸 전술인 학익진(鶴翼陣) 전법을 처음으로 해전에서 펼쳤다.

1592년 5월 29일에 2차 출동한 조선 함대는 6월 10일까지 사천, 당포, 당항포, 율포 등에서 일방적인 승리를 거두었으나, 육지에서는 패전을 거듭하고 있었다. 일본 수군은 일본 육군에 호응하여 가덕도와 거제도 부근에서 10여 척에서 30여 척까지 함대를 이루어 서진(西進)하고 있었다. 일본은 해전의 패배를 만회하고 제해권을 재차 장악하고자 병력을 증강하였다. 와키자카 야스하루(脇坂安治)의 제1진 70여 척은 웅천(熊川)에서, 구키 요시타카(九鬼嘉隆)의 제2진은 40여 척을, 제3진의 가토 요시아키(加藤嘉明)도 합세하였다.

<그림 9> 한산도 대첩
출처: 한산도 제승당

이에 장군은 7월 5일 전라우수사 이억기(李億祺)와 함께 전라 좌우
도 전선 48척을 본영이 있는 여수 앞바다에 집결시켜 합동훈련을 실
시한 뒤 6일 출전했다. 노량에서 경상우수사 원균(元均)의 함선 7척이
합세하여 연합수군의 전력은 55척이 되었다.

7월 7일 저녁 조선 함대는 당포에 이르러 정박하였다. 이때 목동
김천손(金千孫)에게서 일본의 와키자카 야스하루의 함대 73척(대선
36척, 중선 24척, 소선 13척)이 견내량(見乃梁 거제시 사등면 덕호리)
에 들어갔다는 정보를 접했다.

견내량은 거제도와 통영만 사이에 있는 긴 수로로 길이 약 4km에
폭이 넓은 곳도 600m를 넘지 않고 암초가 많아 판옥선이 운신하고 전
투를 벌이기에 좁은 해협이었다. 그러나 한산도는 거제도와 통영 사
이에 있어 사방으로 툭 터져 외양으로 나아가기 용이했다. 그래서 유

인(誘引)전술을 세웠다. 대여섯 척의 조선 함대를 발견한 일본 수군은 그들을 뒤쫓아 한산도 앞바다에까지 이르렀고 대기하던 조선 함대가 갑자기 배를 돌려 학익진(鶴翼陣)을 펼쳤다. 여러 장수와 군사들은 지자(地字), 현자(玄字) 등 각종 총통을 쏘면서 돌진하였다. 그 결과 중위장 권준(權俊)이 왜수군의 대장선인 층각대선(層閣大船) 한 척을 나포한 것을 비롯해 왜선 47척을 불사르고 12척을 나포했다.

와키자카 야스하루는 뒤에서 독전하다가 전세가 불리해지자, 패잔선 14척을 이끌고 김해 쪽으로 도주했다. 격전 중 조선 수군의 사상자는 있었으나 전선의 손실은 없었다. 한산도로 도망친 와키자카 휘하의 병력 400여 명이 먹을 것이 없어 13일간 해초를 먹으며 무인도에서 떠돌다 뗏목으로 겨우 탈출하였다. 마나베 사마노조는 자신의 배가 소각되자 섬에서 할복했다. 한산대첩의 위업을 달성한 이순신(李舜臣)은 정2품의 정헌대부(正憲大夫), 이억기(李億祺)와 원균(元均)은 종2품 가의대부(嘉義大夫)로 승서(陞敍)되었다.

<그림 10> 한산대첩 격전지,
한산도 제승당 앞 거북등대.

구한말 고종 황제의 미국인 고문 헐버트(Hulbert)는 "이 해전은 조선의 살라미스(Salamis) 해전이라 할 수 있다. 이 해전이야말로 도요토미의 조선 침략에 사형 선고를 내린 것이다"라고 감탄했다.

> 1592년 9월 17일. 무릇 전후 4차 출전을 하고 열 번 접전하여 모두 다 승리하였다 해도 장수와 군졸들의 공로를 논한다면 이번 부산포 전투보다 더 한 것은 없습니다. 전일 싸울 때에는 적선의 수가 많아도 70척을 넘지 않았는데 이번에는 큰 적의 소굴에 늘어선 470여척 속으로 군사의 위세를 갖추어 승리할 기세로 돌진하였습니다. 그래서 조금도 두려워하지 않고 하루 종일 분한 마음으로 공격하여 적선 100여척을 깨뜨렸습니다.

부산포해전에서 장군이 아끼던 녹도만호 정운(鄭運)이 전사했다.

1593년 7월 23일 여수 본영에서 한산도로 진을 옮겨 왜군의 남해 진출을 봉쇄했다. 8월 3일에는 선조로부터 삼도수군통제사 임명장을 받아 전라도, 경상도, 충청도 수군을 모두 통제하는 명실상부한 수군(水軍)통합사령관이 되었다. 그리고 혁혁한 전과(戰果)는 이어졌다.

1597년 1월 정유재란이 일어났을 때 제1군 선봉장인 가토 기요마사(加藤淸正)가 부산에 상륙하기 전에 쳐부수지 않았다는 이중간첩 요시라(要時羅)의 모함을 받고 2월 한성으로 압송됐다. 선조는 대역죄로 죽이려 했으나 판중추부사 정탁(鄭琢)이 구명탄원서인 신구차(伸救箚)를 올려 가까스로 목숨을 건졌다. 그리고 백의종군길에 나섰다. 7월 16일 원균(元均)의 칠천량 패전으로 조선수군이 궤멸당하자 선조는 급히 이순신을 삼도수군통제사로 재임명했다.

장군은 요시라의 반간계(反間計)를 간파하지 못한 선조와 조정대신을 원망했다. 무엇보다도 현장 지휘관의 상황판단이 무시되는 것에 분노했고 허탈했다. 그러나 누란(累卵)같은 위급한 운명이 어느새 장군의 어깨를 짓누르고 있었다. 선조는 수군세력이 미약하니 도원수 권율(權慄)의 진영에 합세하라는 명을 내렸다. 장군은 기절초풍, 강하게 항의했다. 우리에게 너무나 유명한 글이므로 반복한다.

今臣戰船 尙有十二(금신전선 상유십이)
　　신에게는 아직 12척의 전선이 있사옵니다.
戰船雖寡(전선수과)
　　비록 수는 적지만,
微臣不死則(미신불사즉)
　　미력한 제가 살아있는 한
不敢侮我矣(불감모아의)
　　적은 감히 조선의 바다를 넘보지 못할 것입니다.

　장군은 결기에 찬 장계를 올렸다.

　드디어 9월 16일 13대 133이라는 중과부적(衆寡不敵)을 뛰어넘은 기적의 명량대첩(鳴梁大捷)을 이뤘다. 1598년 8월 19일 도요토미 히데요시(豊臣秀吉)가 급사하자 왜군 철군령이 내려졌다. 순천 왜성에 웅거하고 있던 고니시 유키나가(小西行長)가 철군하려 할 때 장군은 "한 놈도 남기지 말고 모조리 섬멸하라!"는 사자후(獅子吼)를 토해냈다.

　1598년 11월 19일 장군과 명나라 진린(陳璘) 제독이 이끈 조명연합함대가 남해 노량 관음포 해협에서 일본 함대와 일대 접전을 벌였다. 조선 전선 170척, 병력 1700명. 명나라 전선 128척 병력 2600명. 조명연합수군 총병력 전선 298척, 병력 4300명에 왜군 512척 병력 5만 5000명이 한판 승부를 겨뤘다. 치열한 공방이 진행되던 중 왜군이 쏜 조총 한 방이 장군의 가슴을 뚫고 나갔다. 아! 아! 아!

"전방이 급하다. 내가 죽었다는 말을 하지마라(戰方急 愼勿言我死)." 장군의 비장한 죽음과 함께 7년 동안 조선 땅을 피로 물들였던 시산혈해(屍山血海)의 비극은 막을 내렸다.

장군이 떠나간 지 어언 400여년이 흘렀지만 아직까지 우리 귓전에 남아있는 금과옥조같은 말, 필사즉생 필생즉사(必死卽生 必生卽死)는 불후의 명언으로 자리매김할 것이다.

9. 장군의 인맥(人脈)

변방의 장수였던 장군은 사람과의 소통을 공문서인 장계(狀啓)와 사적인 편지인 서간(書簡)으로 대신했다. 거기에는 충효우제(忠孝友悌)의 정신이 있었다. 나라가 위태로우면 나아가 싸우고, 늙으신 부모님에게 효를 행하고 어려움을 당한 친구에게 따뜻함을 보이며 선배의 옳은 일을 믿고 따르는 마음이 고스란히 배어있었다. 그의 글을 받은 상대방은 '글이 곧 인격'임을 알아차려 자연스럽게 인간적인 신의를 두텁게 쌓아갔다. 현사(賢士)가 세상에 처함에는 송곳이 주머니 속에 있는 것과 같아 곧 그 인격이 알려지게 된다는 낭중지추(囊中之錐). 이런 인재를 알아보는 상관들의 지인지감(知人之鑑)으로 인맥이 자연스레 만들어졌다.

　　갑오년 1594년 2월 초4일. 조카 봉과 이설, 이언량, 이상록 등이 강돌천을 데리고 왔는데 그는 동궁(세자 광해군)의 명령서를 가지고 왔다. 찬성(贊成) 정탁(鄭琢)의 편지도 왔다.

을미년 1595년 4월 12일. 장계의 회답 18통과 영의정(柳成龍), 우의정(鄭琢)의 편지와 자임의 답장이 왔다.

병신년 1596년 4월 15일. 영의정 류성룡, 영부사(領府事) 정탁, 판서 김명원, 윤자신, 조사척, 신식, 남이공에게 편지를 보냈다.

정유년 1597년 6월 11일. 백의종군 시절, 이날 아침 한산도의 여러 곳에 갈 편지 열네 장을 썼다.

많은 교류 가운데 서애(西厓) 류성룡(1542~1607)과의 만남은 그의 삶에 굵은 획을 긋는 변화를 가져왔다. 류성룡 대감은 한양 건천동(마른내골)에서 이순신과 어린 시절을 함께 보낸 '동네형'이었다. 3살 많은 류성룡은 장군의 둘째 형인 요신(堯臣)의 친구로 서로 집안사정을 잘 알고 지냈다. 장군의 아버지는 과거에 나아가지 않고 칩거해 사는 은둔군자였다. 가난 때문인지 장군이 10대 때 외가가 있는 충남 아산으로 이사를 갔다. 뒷배경이 있을 리 만무했다. '동네형' 류성룡은 이순신이 32세의 나이에 무과에 급제해 함경도 등 변방으로만 떠도는 것에 마음이 쓰였다. 그러면서 원리원칙을 지키는 깐깐한 성품 탓에 상관으로부터 미운털이 박힌 그의 정의감과 기개를 눈여겨 보았다.

이순신은 어린 시절 영특하고 활달했다. 다른 아이들과 모여 놀 때면 나무를 깎아 화살을 만들어 동리에서 전쟁놀이를 했다. 마음에 거슬리는 사람이 있으면 그 눈을 쏘려고 해 어른들도 그를 꺼려 감히 군문 앞을 지나려고 하지 않았다. 자라면서 활을 잘 쏘았으며 무과에 급제해 관직에 나아가려고 했다. 말타고 활쏘기를 잘 했으며 글씨를 잘 썼다.

징비록의 한 구절이다. 어린 시절 장군에 대한 남다른 감회를 느꼈던 류성룡은 한평생 그 뒤를 돌봐준 '인생의 멘토'가 되었다.

1587년 조산보 만호(종4품) 겸 녹둔도 둔전관을 할 때 여진족 침입을 막지 못했다는 누명으로 백의종군을 하게된 이순신은 1588년 1월 시전부락 전투에 참가해 공을 세워 사면되었다. 그리고 아산 집으로 내려가 쉬고 있었다.

마침 1589년 당시 왜란의 조짐이 보이던 터라 선조는 1월 21일 전국 장수들 가운데 그 계급에 구애받지 말고 유

<그림 11> 이순신의 영원한 멘토 류성룡 대감
출처: 국립박물관

능한 인재를 천거하라는 '무신불차탁용(武臣不次擢用)'의 명을 내렸다.

류성룡은 기다렸다는 듯이 그해 12월 이순신을 정읍현감(종6품)으로 추천했다. 이어 1591년 2월 정3품의 전라좌도수군절도사로 임명케 했다. 무려 7단계나 뛰어오르는 관직이라 반대가 많았지만 류성룡은 그의 예사롭지 않은 능력을 굳게 믿었다. 오직 현명함과 유능함으로 인재를 등용하는 입현무방(立賢無方)의 공정성과 개방성에 따른 것이다. 그 혜안은 참으로 놀랍고도 옳은 천거였다.

영의정 겸 도체찰사인 류성룡은 임진란 7년 동안 '군량보급관'으로서 명나라 대군(총 5만여 명)과 조선군의 군량을 담당하느라 피눈물을 흘리며 동분서주했던 인물이다. 육지에서 류성룡이 있었다면 바다

에서는 이순신이 있었다. 한 사람은 백성이 근본인 '민유방본(民惟邦本)'의 경세가(經世家)였고 또 한 사람은 백성을 하늘처럼 받든다는 '이민위천(以民爲天)'의 철학을 가진 안보전문가였다. 이 두 사람은 능히 나라를 다시 만들 수 있는 재조산하(再造山河)의 주인공이 될 수 있었다. 그러나 1598년 11월 19일 장군(1545~1598)이 노량해전에서 전사를 했고 바로 그날 선조는 류성룡을 파직했다. 북인(北人) 행동대장 이이첨(李爾瞻)의 탄핵상소에 따른 것인데, 남인(南人) 류성룡이 왜(倭)와 화의를 해서 나라를 망치고 있다는 주화오국(主和誤國)의 죄를 청했기 때문이었다.

토사구팽(兎死狗烹)은 이를 두고 하는 말이다. 토끼 사냥을 마친 개를 가마솥에 넣어 삶아먹으려는 못된 주인을 만난 것이다.

판중추부사 정탁(鄭琢 1526~1605)은 장군의 목숨을 구해준 생명의 은인(恩人)이었다.

정유재란이 일어난 1597년 2월 26일 선조는 이순신을 삼도수군통제사에서 삭탈관직하고 한성으로 압송하라 명한다. 3월 4일 의금부에 투옥된 뒤 4월 1일 특사로 풀려날 때까지 고문을 당한다. 죄명은 조정을 속이고 임금을 무시한 죄(欺罔朝廷 無君之罪), 적을 치지 않고 놓아주어 나라를 저버린 죄(從賊不討 負國之罪), 남의 공을 가로채고 무함하여 죄에 빠뜨려 한없이 방자하고 거리낌 없는 죄(奪人之功 陷人於罪 無非縱恣無忌憚之罪) 등 세가지였다. 이것은 사형선고였다. 이때 판중추부사 정탁은 구명탄원서인 신구차(伸救箚)를 선조에게 올려 이순신의 목숨만은 끊지 말아줄 것을 간청했다.

"이순신은 공이 많은 장수입니다. 전시에 그를 죽인다면 앞으로 나라의 안위는 아무도 보장할 수 없습니다."

삼도체찰사인 이원익(李元翼), 비록 당색은 달랐지만 서인(西人) 이항복(李恒福)도 이순신의 공이 크므로 죽여서는 안 된다고 적극 변호했다. 겨우 선조의 마음을 움직여 장군은 구사일생, 망가진 몸을 이끌고 백의종군 천리길에 나섰다.

장군의 목숨이 경각(頃刻)에 달렸을 때 자신을 희생하고 나서준 정탁 대감과 장군은 평소 편지교류를 해오던 신뢰 관계였다.

또 우의정 정언신(鄭彦信 1527~1591)을 빼놓을 수 없다. 1583년 경기관찰사였던 정언신은 함경도에서 여진족 니탕개(尼湯介)의 난이 일어나자 도순찰사로 파견되어 여진족을 격퇴했다. 그때 그 휘하에서 이순신(李舜臣), 신립(申砬), 김시민(金時敏), 이억기(李億祺) 등 유능한 무인들이 활약했다. 1586년 1월 이순신이 조산보만호로 부임했을 때 함경도 관찰사였던 정언신은 그 이듬해 이순신을 녹둔도 둔전관에 겸하도록 조정에 천거했다. 훗날 임진왜란이 일어났을 때 장군이 남해안 곳곳에서 둔전(屯田)을 경영, 군졸과 피난민의 양식을 스스로 해결한 것은 이때 경험을 통해서 얻은 노하우의 발현이었다.

그리고 1589년 비변사의 무신불차채용이 있을 때 병조판서 정언신은 이순신을 적극 추천했다. 당시 10명의 대신이 37명의 무관을 추천했는데 이순신은 정언신과 우의정 이산해(李山海)에 의해 추천됐다. 이때까지 류성룡과 같이 동인(東人)이었던 이산해는 후에 북인(北人)의 영수가 되어 남인(南人) 류성룡과 척지게 된다.

그런 정언신이 1589년 정여립(鄭汝立)의 난이 일어났고 그 죄를 묻는 기축옥사의 위관(委官)이 되었다. 그때 서인 정철(鄭澈)이 정언신은 정여립과 9촌간의 친척이고 반란에 연루되었다는 헛된(?) 주장을 폈다. 그래서 의금부 감옥에 갇혔다. 정읍현감이었던 장군은 한성으로 올라와 투옥된 정언신을 면회했다. 목숨을 걸고 은혜를 갚고자 하는 의리를 보인 것이다.

임진왜란이 일어나기 한 해 전 1591년 장군이 전라좌수사에 부임했을 때 77세의 무관 대선배인 정걸(丁傑 1514~1597)에게 참모장인 조방장(助防將)을 맡아달라고 부탁했다. 경상우수사, 전라병마사, 전라우수사 등을 역임한 백전노장의 노하우를 활용하려는 심산이었다. 이에 정걸은 흔쾌히 응했다. 정걸은 조선수군의 주력 군함인 판옥선(板屋船)을 만든 사람으로 알려져 있었다. 1510년(중종5) 삼포왜변, 1544년(중종 39) 사량진왜변, 1555년(명종 10) 을묘왜변 등에서 조선 수군은 조세를 운반하는 조운선인 맹선(猛船)을 운용했는데 군선으로서 제 역할을 하지 못했다. 그러나 판옥선은 소나무 재질에 바닥이 넓은 평저선(平底船)으로 각종 총통을 탑재해 쏘아도 끄덕이 없었다. 조선 수군의 역량을 크게 높인 노장이었다. 나이를 불문하고 실력이 있으면 채용하는 장군의 창의실용정신이 빛나는 대목이다.

1591년 2월 13일 전라좌수사로 부임한 장군은 유비무환의 일환으로 먼저 거북선을 창제했다. 그리고 임진왜란이 일어나기 하루 전까지 총통 발사시험을 했다.

> 1592년 3월 27일. 일찍 아침을 먹은 뒤 배를 타고 소포로 갔다. 쇠사슬을 건너 매는 것을 감독하고 종일 기둥나무 세우는 것을 보았다. 겸하여 거북선에서 대포 쏘는 것도 시험했다.

> 1592년 4월 12일. 식후에 배를 타고 거북선의 지자포(地字砲)와 현자포(玄字砲)를 쏘았다. 순찰사(이광)의 군관 남한이 살펴보고 갔다.

이 거북선은 군관 나대용(羅大用)이 심혈을 기울여 만들어냈다. 판옥선 구조에 지붕인 개판(蓋板)을 덮어 그 위에 칼, 송곳 등 철침(鐵針)을 꽂아 등선백병전(登船白兵戰)에 능한 왜군이 올라타지 못하게했다. 좌우현 각 6문, 용머리 1문, 꼬리 1문 등 총 14문의 총통발사대도 설치했다. 가히 '바다의 탱크', 돌격선의 면모를 갖춘 것이다.

피나는 노력 끝에 정철총통(正鐵銃筒)을 만들어낸 훈련주부 정사준(鄭思竣)도 있었다. 1592년 임진왜란 초기 조선 육군은 일본군의 화승총인 조총(鳥銃, 뎃뽀) 앞에 맥없이 무너졌다. 장군은 정사준과 대장장이, 노비들에게 1583년 니탕개 난 때 큰 공을 세운 승자총통(勝字銃筒)을 보완해 새로운 정철총통을 만들게 했다. 거의 벤처 발명가 수준이다.

전시에 각종 총통을 수도 없이 쏘아야하는 상황이어서 화약은 늘부족했다. 장군은 자급자족을 해야했다. 염초, 목탄, 유황을 구하는데열과 성을 다 했다. '필요는 발명의 어머니!' 훈련 주부인 군관 이봉수(李鳳壽)는 지붕 처마 밑이나 화장실 주변의 흙 등 맵거나 짜거나 쓴토양에서 질소와 알카리 성분을 채취해서 물에 녹인 후 끓이면 염초,즉 질산칼륨(KNO3)이 생긴다는 것을 알아냈다. 그러나 유황이 부족했다. 장군은 1593년 1월26일 "석유황(石硫黃)이 나올 곳이 없으니100여근 쯤 꺼내어 내려보내 주시길 바란다"는 간곡한 장계를 올렸다. 무에서 유를 창조해내는 무중생유(無中生有)의 정신은 곧 창의실용정신이다. 게다가 휘하 군관과 대장장이, 노비들까지 믿고 응원해주는 리더십에 감동한다.

철저한 실용주의자였던 장군의 용인술은 의인물용 용인물의(疑人勿用 用人勿疑), 즉 "의심스러운 사람은 쓰지 말고, 일단 썼으면 의심하지 마라."는 철학이었다. 송나라 사필(謝泌)의 말인데 청나라 강희제와 삼성의 고 이병철 회장, 중국 시진핑 주석이 믿고 있는 용인술이기도 하다. 장군은 이처럼 상하좌우 인간관계에서 충효우제(忠孝友悌)의 리더십을 발휘했다.

10. 이순신(李舜臣)과 원균(元均)의 갈등

원균(元均)은 이순신 장군이 7년 동안 쓴 난중일기에 120여 차례나 언급되어 있다. 연도별로 보면 계사년(1593년)에 49회, 갑오년(1594년)에 46차례나 집중되어 있다. 이때는 임진왜란 초기 3년 연간이다. 대부분 원균의 떳떳하지 못하고 치졸한 모습에 대한 비난과 분노가 주를 이룬다. "음험하고 흉악한 품이 이루 말할 수 없다." 또는 "의논에서 원 수사가 하는 말은 매번 모순이다. 참 가소롭다."라는 표현이 나온다.

진도(珍島)의 지휘선이 왜적에게 포위된 것을 눈앞에서 뻔히 보고도 못 본 척 하는 경상 좌위장과 우부장에 대한 비난과 함께 경상수사(원균)를 원망하고 있다. 또 죽은 왜적의 수급(首級)을 거두려고 적이 가득한 섬 사이를 들락거리는 경상수사의 군관과 가덕첨사의 사후선(伺候船, 정찰탐색선)을 잡아 보냈더니 이순신에게 화를 내더라는 기록이 있다.

1593년 경상우병사 최경회(崔慶會)의 말에 따르면 명(明)의 경략 송응창(宋應昌)이 자신에게 보낸 1천530대의 불화살을 원균 혼자서 다 쓰려고 계책을 꾸미기도 했다. 이순신에게 날 밝는 대로 나가 왜적과 싸우자고 공문을 보내놓고 다음 날 이순신이 왜적을 토벌하는 문제에 대해 공문을 써서 보내자 취기에 정신없다고 핑계를 대며 답하지 않았다. 이순신에게는 복병을 동시에 보내자고 해놓고 자신이 먼저 보내기도 했다. 이밖에 술에 취해 헛소리를 하더라는 등의 비난도 있다.

또한 도원수 권율(權慄)의 질책 앞에서 머리도 들지 못하는 원균의 모습을 두고 우습다고 비웃거나 매도(罵倒)에 가까운 비난을 숨기지 않는다. 심지어 어머니의 상을 당했을 때 문상을 보낸 것과 관련, "음흉한 원균이 편지를 보내 조문한다만 이는 도원수의 명이다"라고 표현할 정도로 원균에 대한 감정의 골은 깊었다.

1593년 4월 20일 의주로 파천했던 선조가 한양으로 돌아오기 전 이순신이 원균에 대해서 장계를 올린 적이 있었다. 원균이 이순신에게 구원병을 요청해 옥포해전에서 적을 물리친 후 이순신에게 두 사람 이름으로 장계를 올리자고 했다. 이순신은 "급할 게 없으니 천천히 올리자"고 말하고는 밤에 혼자 장계를 올렸다. 이순신이 혼자 장계를 올린 것은 지휘체계의 혼선을 막기 위해서였다. 이순신은 장계에서 "원균이 군사를 잃어 의지할 데가 없었고 적을 공격할 때도 이렇다 할 공이 없었다"라고 썼다. 장계마저도 서로 견제하면서 써야하는 불신의 상황이었다.

1594년 1월 18일 맑음. 새벽에 출발하였는데 역풍이 크게 일었다. 창신도에 도착하니 갑자기 바람이 순해졌다. 돛을 올리고 사량에 도착하였는데 다시 역풍이 불고 비가 크게 쏟아졌다. 사량 만호와 수사(원균)의 군관 전윤이 보러 왔다. 전윤이 말하기를 '수군을 거창에서 모집해 왔는데, 이 편에 들으니 원수(권율)가 방해하려 했다고 합니다.' 하였다. 우습구나, 예로부터 남의 공을 시기함이 이러하니 한탄한들 어쩔 것 인가! 여기서 하룻밤을 묵었다.

5월 13일 맑음. 검모포 만호가 보고하기를 '경상 우수사에 속한 포작들이 격군을 싣고 도망하다가 붙들렸는데 포작들은 원수사가 있는 곳에 숨어 있습니다' 하였다. 사복들을 보내어 붙잡으려 하였더니 원 수사가 크게 화를 내면서 사복들을 결박하였다고 한다. 그래서 노윤발을 보내어 풀어주게 하였다. 밤 10시쯤부터 비가 내렸다.

6월 초4일 맑음. 충청 수사, 미조항 첨사 그리고 웅천 현감이 보러 왔다. 승경도(陞卿圖) 놀이를 하게 하였다. 저녁에 겸사복(兼司僕 임금의 호위무사, 정2품)이 왕의 분부를 가지고 왔다. 그 글 가운데 '수군 여러 장수와 경상도의 장수가 서로 화목하지 못하니, 이제부터 예전의 나쁜 습관을 모두 바꾸라'는 말씀이 있었다. 통탄스럽기 짝이 없었다. 이는 원균이 취하여 망발을 부렸기 때문이다.

원균이 이순신과 비교대상이 될 때 항상 불리한 위치에 놓이는 것은 그 자신의 처신에도 문제가 있었기 때문이다.

1593년 7월 15일 전라좌수사였던 이순신은 여수(당시 순천)의 영(營)을 한산도로 옮겨왔다. 이순신은 그곳에 운주당(運籌堂)이란 작전통제소를 지었다. 운주당은 운주유악(運籌帷幄), 즉 '장막 안에서 작전을 계획한다'는 뜻에서 따온 이름이다. 운주당은 오늘날 제승당(制勝堂)이 되었다. 이순신은 운주당의 문을 활짝 열어 소통을 했다. 졸병이라도 군사에 대해서 자기 의견을 자유롭게 말하게 했다. 전투에 앞서서는 반드시 부하 장수들과 충분히 토론하고 작전을 짰기 때문에 실패확률이 그만큼 적었다. 그러나 원균은 그렇지 않았다.

류성룡(柳成龍)의 징비록에 나오는 대목이다.

> 원균은 좋아하는 첩을 데려다가 그 집(운주당)에서 살며, 이중으로 울타리를 하여 안팎을 막아 놓아서 여러 장수들도 그의 얼굴을 보는 일이 드물었다. 그는 술 마시기를 좋아하여 날마다 술주정과 성내는 것을 일삼았고, 형벌에 법도가 없었으므로 군중에서 수군거리를, '만일 왜적을 만난다면 오직 도망가는 수가 있을 뿐이다'라고 여러 장수들은 몰래 그를 비웃었고, 또한 다시 품의하거나 두려워하지도 않았으므로 호령이 행해지지 않았다.

현장 지휘관으로서 체통과 체면이 말이 아니었다. 상하좌우 혼연일체가 되어도 힘겨운 마당에 당연히 패전(敗戰)은 불가피한 상황이었다.

1597년 5월 20일 도체찰사 이원익(李元翼)은 말한다.

"원균이 무고(誣告)하는 소행이 극심한데 임금이 굽어 살피지 못하니 나라가 어찌될꼬?"

영내 엄정한 군기유지와 휘하 장졸들에 대한 신상필벌(信賞必罰)을 원칙대로 행한 이순신 군영은 정리정돈이 잘 된 '준비된 병영'이었다. 그런데 원균이 운주당에 첩을 데려와 살았다니! 그는 도원수 권율(權慄)에게도 밉게 보였던 모양이다.

권율은 7월 11일 부산포 공격을 주저하는 원균을 불러 곤장을 쳤다. 도원수는 현역 군최고봉인 합참의장이고 원균은 삼도수군통제사, 즉 해군참모총장인데 곤장형을 가했다니 어지간히 화가 났던 모양이다.

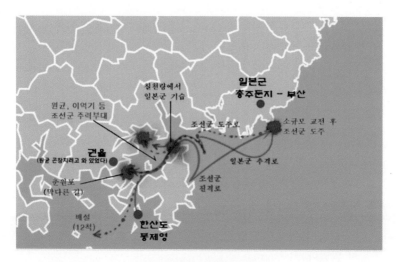

<그림 12> 원균의 칠천량 해전 패전
출처: 전쟁기념관

> 통제사 원균이 전진하려 하지 않고, 우선 안골포의 적을 먼저
> 쳐야 한다고 하지만, 수군의 여러 장수들은 이와는 다른 생각
> 을 많이 가지고 있고 원균은 운주당 안으로 들어가 나오지 않
> 으니, 절대로 여러 장수들과 합의하여 꾀하지 못할 것이므로
> 일을 그르칠 것이 뻔하다.

 이같은 내용은 권율이 선조와 조정에 올린 장계와 이순신이 1597
년 6월 17일자 난중일기에 쓴 내용과 대동소이한 것이다. 이때 이순
신은 백의종군 상황으로 '무등병', 아무런 권한이 없어 그저 돌아가는
형세를 잠자코 지켜봐야 할 때였다.

 원균이 역사적으로 저평가되는 이유 중 가장 큰 것은 1597년 7월
16일 칠천량 해전에서 패한 것인데, 그때 조선수군은 궤멸당했다. 원
균은 볼기에 장을 맞은 뒤 화가 치밀어 올라 거의 이성을 잃은 상태
였다. 게다가 전세가 불리했음에도 불구하고 선조와 도원수는 출전을

재촉했다. 원균은 등 떠밀려 '그냥' 출전했다. 남해 제해권을 쥐려는 와키자카 야스하루(脇坂安治) 등 왜수군은 건곤일척(乾坤一擲)의 기세로 1000여척을 동원, 조선 수군 160척을 겹겹이 포위했다. 치열한 혼전과 기습을 당한 조선전함은 모두 격침됐고 전라우수사 이억기(李億祺), 충청수사 최호(崔湖) 등 지휘관은 전사하고 1만여 전병력은 죽거나 흩어지고 말았다. 한 장수의 분별심을 잃은 화(anger)가 조선수군의 궤멸이라는 거대한 위험(danger)을 초래한 것이다. 원균은 또 아들 원사웅(元士雄)을 데리고 참전했다가 아들마저 잃었다. 패전 후 도망가다 왜군에게 추원포(秋原浦)에서 참살당한 원균은 그 시체도 찾지 못했고 후세에 친척들이 경기도 평택시 부근에 가묘(假墓)를 만들어 주었다.

그런 연후 원균은 조선수군을 궤멸시킨 장본인, 패장(敗將)으로 낙인찍혔다. 그러나 이순신은 칠천량 패전 전날 경상우수사 배설(裵楔)이 가지고 피난한 12척의 배를 겨우 찾아내 명량해전에서 왜군 133척을 물리친 '구국의 명장(名將)'이 됐다. 이처럼 극명하게 대치되는 대척점에 두 장수가 있었다.

이순신과 원균은 서로 다른 점이 많았다. 그 차이점은 갈등의 원인이 되었다.

우선 출신성분부터 달랐다. 나이로 보면 원균이 5살이나 많았고 무과급제도 11년이나 빠른 대선배였다. 게다가 원균의 아버지는 병마절도사를 지낸 원준량(元俊良)으로 무인 집안이었지만 이순신의 할아버지 이백록(李百祿)은 1519년 조광조(趙光祖)의 기묘사화에 연루되어 '역적' 집안이란 꼬리표를 달고 살았다는 설이 있다. 아버지 이정(李貞)은 관직에 나아가지 않고 초야에 묻혀 칩거했다.

1592년 음력 7월 8일(양력 8월 14일) 한산대첩을 이룬 이순신은 승승장구, 그 이듬해 8월 15일에는 삼도수군통제사(종2품)로 임명됐다. 그때 원균은 그 휘하의 경상우수사(정3품)였다. 사사건건 마찰이 있자 선조와 조정은 원균을 육군인 충청절도사 또 다시 전라우병사로 전출시켜 떼어놓았다. 그런데 이순신 장군이 1597년 2월 26일 삭탈관직된 뒤 한양으로 압송당하자 그 후임 통제사로 원균이 부임했다.

성격도 완전히 딴판이었다. 이순신이 정보탐색전으로 적의 상황을 면밀히 살핀 뒤 전투에 임하는 선승구전(先勝求戰)의 햄릿형 전략가였다면 원균은 '왕명이 있으면 불구덩이에도 뛰어든다'는 신념을 가진 용장(勇將)이었다. 원균의 이같은 분기탱천(憤氣衝天)한 '저돌성'은 전장에서 때론 필요하지만 자칫 돈키호테 같이 일을 그르치는 경우도 있다.

1592년 4월 13일 임진왜란이 발발하자 경상우수사였던 원균은 전라좌수사인 이순신에게 긴급지원요청 SOS!를 쳤다. 이순신은 조정에 경상도로 진출할 수 있도록 하는 부원경상(赴援慶尙) 장계를 올렸다. 5월 2일 경상도 구원에 대한 조정의 출정명령이 떨어지자 5월 7일 옥포에 첫출전했다. 그런데 경상우수영의 전선이 거의 없었다. 왜군이 육로로 경상우수영이 있는 오아포(거제도 가배량)로 쳐들어오자 원균은 우수영 병영 및 성 내외 인가에 불을 지르고 정박중인 병선 73척을 파괴, 침몰시켰다. 이른바 청야(淸野)작전이었다. 그리고 남은 전선 4척, 협선 2척을 타고 소비포(고성군 춘암리)에서 기다리고 있는 전라좌수영 이순신 함대와 합류하여 옥포해전에서 승리를 했다. 이후 경상우수영은 남해 노량으로 진을 옮긴다. 이때만 해도 두 사람은 조정의 명령에 의해 합동작전을 수행했다. 그러나 전투가 끝난 뒤 원균은 적의 수급을 베어서 공적으로 삼는데 열중했으나 이순신은 적을 사살하는데 더 중점을 두었다.

이순신은 5월 7일 옥포 해전 승리로 가선대부로 승진(종2품), 6월 2일 당포해전 승리로 자헌대부 승진(정2품 하계), 7월 8일 한산도대첩 승리로 정헌대부(정2품 상계)로 연이어 승진했다. 그런데 원균은 언제나 한 수 밑의 품계에 머물렀다. 이 또한 원균의 울화를 치밀게 하는 요인이었다.

또한 한양 조정에서는 동인과 서인, 북인과 남인 사이로 갈라져 있었는데 동인 세력이 강했을 때 영의정 이산해(李山海), 우의정 류성룡(柳成龍) 등에 의해 이순신은 비호(庇護)되었고 원균은 서인인 좌의정 정철(鄭澈)과 우의정 윤두수(尹斗壽)-윤근수(尹根壽) 형제의 목소리 커졌을 때 두호(斗護)를 입었다. 당쟁 또한 두 사람의 사이를 갈라놓게 했다.

11. 선조와 이순신의 애증(愛憎)

흥히들 우리는 선조와 이순신의 관계가 안 좋았다고 알고 있다. 대체로 그렇다. 하지만 애증(愛憎)이 교차된 사실도 기록되어 있다.

이순신이 살았어도 선조의 명을 어긴 죄 때문에 죽음을 면치 못했을 것이라는 이야기는 의자살설(擬自殺說)을 뒷받침한다. 1598년 11월 19일 이순신 최후의 전투인 노량해전에서 투구를 벗은 채 지휘를 하다가 왜적의 조총 탄환에 왼쪽 가슴을 내주었다는 것이다. 하지만 이것은 정설은 아니다.

임진왜란 초 1592년~1593년 이순신은 바다에서 연전연승(連戰連勝), 왜수군을 수장시켰다. 그래서 그의 인기는 쑥쑥 올라가고 있었다. 그러나 선조는 백성을 버리고 파천한 왕, 여차하면 압록강을 건너 명나라 요동 땅으로 건너가려 했던 무능한 군주로 알려져 있다.

역사에 가정(假定)은 있을 수 없지만, 가정은 오늘을 사는 우리에게 온고지신(溫故知新)의 새로운 지혜를 주기도 한다. 이순신 장군이

1598년 노량해전에서 살아남고 7년 전쟁의 온갖 풍상을 몸으로 때운 영의정 류성룡(柳成龍)과 함께 나라를 다시 만들었다면 조선은 어떻게 되었을까? 그리고 오늘날 우리는 어떤 상황을 맞이하게 됐을까?

이른바 두 영웅이 나라를 다시 만드는 '재조산하(再造山河)'에 관한 이야기다.

전시 재상(宰相)이었던 '경세가' 류성룡이 주창했던 작미법(作米法 공물대신 토지결에 따라 쌀로 세금을 냄), 속오군(束伍軍 양반에게도 군역을 주어 천민과 함께 편성한 군대) 제도 및 정병(精兵)을 만들고자 했던 기무10조의 개혁 등은 너무 멋진 개혁 아이디어였다. 특히 전쟁을 잊으면 반드시 나라가 위태로워진다는 '망전필위(忘戰必危)의 징비(懲毖)정신'은 백미(白眉)로 꼽힌다.

선조도 처음에는 이순신에게 좋은 감정을 가지고 있었다.

임진왜란 발발 약 14개월 전인 1591년 2월 13일 이순신은 전라좌도 수군절도사(정3품)로 임명되었다. 일개 정읍 현감(종6품)에서 무려 7단계를 뛰어넘은 파격적인 조치였다. 그의 나이 47세, 요즘으로 말하면 육군 소령 정도에서 졸지에 해군 소장이 된 것이다. 당시 조정에서는 종6품의 현감에서 정3품의 수사로 무려 일곱 품계를 뛰어넘은 이순신의 파격적인 진출을 두고 세찬 반대 의견들이 있었다.

선조실록(선조 24) 1591년 2월 16일 기록은 다음과 같다.

> 사간원이 아뢰기를, '전라 좌수사 이순신은 현감으로서 아직 군수에 부임하지도 않았는데 좌수사에 초수(招授)하시니 그것이 인재가 모자란 탓이긴 하지만 관직의 남용이 이보다 심할 수 없습니다. 체차시키소서.'하니, 왕이 답하기를, '이순신의 일이 그러한 것은 나도 안다. 다만 지금은 상규(常規)에 구애될

수 없다. 인재가 모자라 그렇게 하지 않을 수 없었다. 그 사람
이면 충분히 감당할 터이니 관직의 고하를 따질 필요가 없다.
다시 논하여 그의 마음을 동요시키지 말라.

이틀 뒤인 2월 18일의 기록이다.

사간원이 아뢰기를, '이순신은 경력이 매우 얕으므로 중망(衆望)
에 흡족할 수 없습니다. 아무리 인재가 부족하다고 하지만 어
떻게 현령을 갑자기 수사(水使)에 승임시킬 수 있겠습니까. 요
행의 문이 한번 열리면 뒤 폐단을 막기 어려우니 빨리 체차시
키소서.'하니, 왕이 답하기를, '이순신에 대한 일은, 개정하는
것이 옳다면 개정하지 어찌 않겠는가. 개정할 수 없다. 두 번
다시 말을 꺼내지 말라(可勿更論)!'

이렇게 이순신은 육군에서 해군으로 보직변경이 됐고 그것도 몇
단계나 높은 특진이었으니 인사권자인 선조의 은혜라 할만하다.
이즈음 선조는 일본의 움직임이 심상치 않다는 생각을 가지고 전
쟁에 대한 우려를 하고 있었다. 그러니 전라좌수사 이순신(李舜臣),
경상우수사 원균(元均), 전라우수사 이억기(李億祺) 등을 남해안 요충
지 방어 장수로 보내게 된 것이다.
1592년 적진포 해전에서 왜선 13척을 분멸(焚滅)시키고 돌아온 장
군은 선조가 북쪽으로 몽진(蒙塵)했다는 소식에 깜짝 놀라 분루(憤淚)
를 삼켰다. 우국충정을 그려낸 장군의 시조다.

천보서문원(天步西門遠)
　나라님 행차는 서쪽 관문으로 멀어지고
동궁북지위(東宮北地危)
　동궁 전하는 북쪽 변경에서 위험에 처해있다.

고신우국일(孤臣憂國日)
　외로운 신하는 날마다 나랏일 걱정하네
장사수훈시(壯士樹勳時)
　장사들은 공을 세울 때이다.
서해어룡동(誓海魚龍動)
　바다에 맹세하니 어룡이 감동하고
맹산초목지(盟山草木知)
　산들에 맹서하니 초목이 알아준다.
수이여진멸(讐夷如盡滅)
　이 원수들을 다 죽일 수 있다면
수사부위사(雖死不爲辭)
　비록 죽을 지라도 사양하지 않으리.

1597년 2월 26일 선조와 이순신의 관계가 깨졌다.

"감히 변방의 장수가 왕명을 거역하다니 잡아다가 죽여야겠다." 선조는 대로(大怒)했다.

삼도수군통제사에서 삭탈관직된 이순신은 3월 4일 한양으로 압송돼 의금부에 갇혔다. 3가지 죄목에 해당됐기 때문이다. 그 첫째는 조정을 속이고 임금을 무시한 죄(欺罔朝廷 無君之罪), 둘째는 가토 기요마사(加藤淸正)를 막지 않은 죄(從賊不討 負國之罪), 셋째는 남의 공을 가로채고 무함(誣陷)하여 죄에 빠뜨린 한없이 방자하고 거리낌이 없는 죄(奪人之功 陷人於罪 無忌憚之罪)였다.

선조실록 1597년 3월 13일 기록에 잘 나타나 있다.

(중략) 이렇게 허다한 죄상이 있고서는 법에 있어서 용서할 수 없는 것이니 율(律)을 상고하여 죽여야 마땅하다. 신하로서 임금을 속인 자는 반드시 죽이고 용서하지 않는 것이므로 지금 형벌을 끝까지 시행하여 실정을 캐어내려 하는데 어떻게 처리할 것인지 대신들에게 하문하라.

이순신이 왕명을 거역한 것은 현장 지휘관으로서 판단 때문이었다. 그리고 이중간첩 요시라(要時羅)의 말만 믿고 출동할 수는 더더욱 없는 일이었다. 요시라의 반간계(反間計)라고 믿고 있었기 때문이었다.

진나라 때 병법의 달인 황석공(黃石公)은 "출정하고 군대를 동원할 때는 장수가 단독으로 행해야 한다. 진퇴에 조정이 견제하면 공을 이루기 어렵다(出軍行師, 將在自專, 進退內御, 則功難成)"고 했다.

손자병법의 손무(孫武)도 비슷한 말을 했다. "전쟁의 형세가 이길 수 없으면 임금의 반드시 싸우라고 해도 싸우지 않는 것이 옳다.(戰道不勝 主曰必戰 無戰可也)."

요시라의 첩보를 처음 접한 경사우병사 김응서(金應瑞)와 도원수 권율(權慄)과 조정 대신들은 이순신 탄핵에 열을 올렸다. 특히 윤근수(尹根壽)는 이순신을 탓했고 대신 원균(元均)을 그 자리에 보내야한다고 목청을 높였다.

급기야 선조는 성균관 사성인 남이신(南以信)을 한산도로 내려 보내 진상을 파악하라고 했다. 남이신이 전라도에 도차하자, 이순신이 모함을 받고 있다면서 하소연을 하는 사람들을 만났다. 서인(西人)인 남이신은 조정에 사실대로 보고하지 않았다. 선묘중흥지(宣廟中興誌)의 나온 기록이다.

> 가등청정(加藤淸正)이 해도(海島)에서 7일 동안이나 머물러 있었는데 만일 우리 군사가 쳐들어갔더라면 청정을 잡아올 수 있었을 것인데 순신이 머뭇거려 그만 호기를 놓쳤다.

이와 관련 류성룡의 징비록은 다음과 같이 기록하고 있다.

요시라는 다시 김응서를 찾아가 '청정이 벌써 상륙했는데 조선에선 왜 막아서 잡지 않았는지 매우 안타까웠다'고 하고 조정에서는 이순신을 잡아와서 국문하기를 청했다. 좌의정 김응남(金應南)도 '원균이 먼저 싸우러 나갔는데 순신이 구하지 않았다.' 급기야 1월 27일 이순신을 잡아오게 하고 대신 원균을 통제사로 삼았다.

선조실록 1597년 1월 27일자 기록이다.

서인인 윤두수(尹斗壽)는 이순신이 조정의 명령을 받아들이지 않고 싸움에 나가기 싫어 한산도로 물러가 지키고 있는 바람에 큰 계책이 실현될 수 없었던 것이니 이에 대하여 신하들로서 누가 통분하지 않을 수 있겠습니까. 이순신은 조용한 것 같지만 거짓이 많고 앞으로 나서지 않는 사람입니다.

선조실록 1597년 2월 4일.

사헌부에서 이순신은 나라에 막대한 은혜를 입어 순서를 뛰어넘어 한껏 높은 자리에 올랐음에도 불구하고 온 힘을 다하여 싸우지 않고 바다 가운데서 군사를 끼고 앉아 이미 다섯 해를 보냈습니다. 마침내 적이 바다를 덮고 밀려와도 길목을 지켰다거나 선봉을 막아냈다는 말을 들어보지 못했습니다. 은혜를 배반하고 나라를 져버린 죄가 큽니다. 붙잡아다가 신문하고 법대로 국문하여 벌을 내려야 합니다.

전쟁 상황 판단을 할 때 '왜군을 한 번도 보지 못한' 조정 대신들의 탁상공론과 현지 지휘관의 상황판단은 훨씬 다를 수 있을 것이다. 이래저래 장군은 닭이 울 때까지 잠을 못 이루는 나날이 많았다.

선조는 조급했다. "어서 빨리 왜놈을 처단하란 말이야!"

저간의 사정을 읽고 있던 전라도 병마사 원균이 1597년 1월 22일 선조에게 "부산 앞바다에서 일거에 왜선을 제압하는 것이 가장 효과적"이라는 서장(書狀)을 올렸다. 선조는 5일 후 1월 27일 다시 원균을 경상 우수사로 임명했다.

절체절명의 군사작전을 기획할 때 군최고통수권자의 의중을 파악해야 하는 것인가, 아니면 조선 전체의 안위(安危)를 생각해서 심사숙고해야하는 것인가?

왜란 초기 동인으로서 이순신을 두호했던 이산해는 북인의 영수가 되고 류성룡과 갈라섰다. 그런 이산해와 윤두수, 운근수 형제는 원균을 엄호했다.

"나는 이순신의 사람됨을 자세히 모르지만 성품이 지혜가 적은 듯하다. 임진년 이후 한 번도 거사를 하지 않았고, 이번 일도 하늘이 준

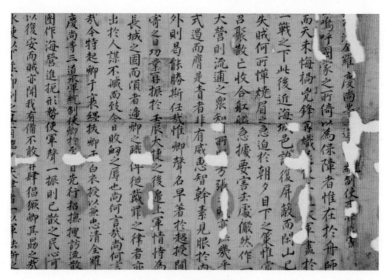

<그림 13> 선조의 기복수직교서
출처: 현충사

기회를 취하지 않았으니 법을 범한 사람을 어찌 매번 용사할 것인가. (삼도수군통제사를) 원균으로 대신해야겠다."

원균은 소원대로 삼도수군통제사가 됐고 그해 7월 16일 칠천량 해전에서 조선수군이 궤멸되는 수모를 겪고 전사했다. 선조는 급하게 이순신을 다시 찾았다.

"그대의 직함을 갈고 그대로 하여금 백의종군하도록 하였던 것은 역시 이 사람의 모책(謀策)이 어질지 못함에서 생긴 일이었거니와 그리하여 오늘 이 같이 패전의 욕됨을 만나게 된 것이라 무슨 할 말이 있으리오(尙何言哉)."

선조는 백의종군 중이던 이순신을 다시 삼도수군통제사로 재임명한다는 기복수직교서(起復授職敎書)에서 미안감을 밝혔다. 기복이란 상을 당한 상황에서 관직에 나아감을 뜻한다. 이리 깨지고 저리 으깨진 이순신의 몸과 마음은 형체만 남아있었다. '아! 영웅은 외롭고 어려운 직업인가.'

12. 아! 치욕의 명령서, 금토패문(禁討牌文)

장군의 일생은 '모진 학대와 수모'의 연속이었다. 개인적으로도 그렇고 7년 전쟁이 가져다준 주변의 환경은 사납고 척박했다. 그러다보니 굴곡진 변곡점(變曲點)이 수도 없이 많았다. 어느 한번쯤은 꺾여서 (아니 피해서) 도망이라도 칠만 한데, 그렇지 않았다.

명나라 황제의 특사인 선유도사(宣諭都司) 담종인(譚宗仁)은 "왜군을 절대 토벌하지 말고 조선군을 모두 해체해 고향으로 돌려보내라." 는 금토패문(禁討牌文)을 장군 앞으로 보내왔다. 왜적이 남해안 곳곳에 성을 쌓고 진을 치고 있는 마당에 이 무슨 뚱딴지같은 소리란 말인가. 하늘이 놀라고 땅이 갈라지는 경천동지(驚天動地)의 위급한 사안이 아닐 수 없었다.

1594년 3월 초6일. 맑다. 새벽에 망대에서, 적선 40여 척이 거제 땅으로 건너온다고 전하였다. 당항포 왜선 21척을 모조리 불태운 일에 대한 긴급 보고가 들어왔다. 늦게 고성 땅에서 배를 출발하였다. 순풍에 돛을 달고 거제로 향하는데 역풍이 불어 닥쳤다. 간신히 흉도에 도착하였더니 남해 현령이 급히 보고를 보내왔다. 곧 명나라 군사 두 명과 왜놈 여덟 명이 명나라 담종인이 보낸 패문(牌文)을 가지고 들어왔다. 적을 치지 말라는 내용이었다. 나는 심기가 매우 괴로워져서 앉고 눕기조차 불편하였다.

1594년 3월 초7일. 맑다. 몸이 매우 괴로워 뒤척이는 것조차 어려웠다. 공문을 아래 사람을 시켜 만들도록 하였더니 글꼴이 말이 아니었다. 원 수사(원균)에게 손의갑을 시켜 지어 보내도록 하였으나 역시 매우 마음에 들지 않았다. 할 수 없이 병을 무릅쓰고 일어나 내가 글을 짓고 군관 정사립(鄭思立)에게 쓰게 하여 보냈다. 오후 2시쯤 출발하여 밤10시쯤 한산도 진중에 이르렀다.

장군은 분하기도 하고 허탈하기도 하고 마음이 괴로웠다. 적을 눈앞에 두고서 적을 치지 못하게 하는 명령이 명나라의 뜻이었기에 더욱 분통이 터질 지경이었다.

그런데다 몸마저 성치 않았다. 이 무렵 장군의 몸은 말이 아니었다. 유행하던 전염병으로 12일 동안 위중한 상태였다(强病十二日).

조카 이분(李芬)이 쓴 행록이다.

공은 열병에 걸려 몹시 중태였음에도 불구하고, 오히려 하루도 눕지 않고 그대로 공무를 보았다. 자식들이 쉴 것을 권유했으나 오히려 '적과 대치하여 승패의 결단이 호흡 사이에 있는데 장수된 자가 죽지 않았으면 누울 수 없다' 하고 참으며 12일 동안 앓았다.

마침 갑오년(1594년)은 전쟁의 피폐함과 죽어 썩은 시체들로 말미암아 전염병이 돌았다. 토사, 설사가 나는 장티푸스 염병(染病)이 유행해 거리마다 시체가 산을 이뤘다.

1594년 1월 21일과 22일 난중일기에는 진영에서 죽은 시체 214구, 217구를 각각 거두어 묻었다고 했다. 장군은 조정에 장계를 올려 역병환자를 구하기 위해 의원을 보내달라는 요청을 했지만 기대할 수 없는 무망(無望)한 일이었다.

금토패문과 관련, 장군은 통분함을 감추지 못하고 갑오년(1594) 3월 6일 도사(都指揮使司) 담종인에게 답담도사종인금토패문(答譚都司宗仁禁討牌文)이란 답서를 보냈다.

조선의 삼도수군통제사 이순신은 삼가 황제의 선유도사 앞에 답서를 올립니다. 왜적이 스스로 실마리를 일으켜 군사를 이끌고 바다를 건너 와 죄 없는 우리 백성들을 죽이고 또 한양으로 쳐들어가 흉악한 짓들을 저지른 것이 말할 수 없이 많으며, 온 나라신하와 백성들의 통분함이 뼛속에 맺혀 이들 왜적과는 같은 하는 아래서 살지 않기로 맹세하고 있습니다. 서불여차적 공대일천(誓不與此賊 共戴一天)

각 도의 배들을 정비하여 곳곳에 주둔하고 동서에서 호응하는 위에, 육지에 있는 장수들과도 의논하여 수륙으로 합동공격해서 남아 있는 왜적들을 한 척의 배도 못 돌아가게 함으로써 나라의 원수를 갚고자 하여(사잔흉여얼 척로불반 의설국가지수원 使殘兇餘孼, 隻櫓不返, 擬雪國家之讐怨) 이달 초사흗날 선봉선 2백여 척을 거느리고 바로 거제로 들어가 그들의 소굴을 무찔러 씨를 없애고자 하였던 바, 왜선 서른 여 척이 고성과 진해 쪽으로 들어와서 여염집들을 불태우고 우리 백성들을 죽이며 또 사로잡아 가고 기와를 나르며 대나무를 찍어 저희 배에 가득 실어갑니다. 그 모습을 생각한다면 통분하기 그지없습니다. 적들의 배를 쳐부수고 놈들의 뒤를 쫓아 도원수에게 보고하여 군사를 거느리고 합세하여 나서려는 이때, 도사 대인(大人)의 타이르는 말씀이 간절하고 족진하기 그지없습니다.

그런데 다만 패문의 말씀 가운데 '일본 장수들이 마음을 돌려 귀화하지 않는 자가 없고 모두 병기를 거두어 저희 나라로 돌아가려고 하니, 너희는 모든 병선들은 속히 각각 제 고장으로 돌아가고 일본 진영에 가까이 하여 트집을 일으키지 말도록 하라'고 하였는데, 왜인들이 거제, 웅천, 김해, 동래 등지에 진을 치고 있는 바, 거기가 모두 우리 땅이거늘(개시아토 皆是我土) 우리더러 일본 진영에 가까이 가지 말라 하심은 무슨 말씀이며, 또 우리더러 '속히 제 고장으로 돌아가라'고 하니, 제 고장이란 또한 어디 있는 것인지 알 길이 없고(위아속회본처지방운 본처지방 역미지재하소야 謂我速回本處地方云, 本處地方, 亦未知在何所耶), 또 트집을 일으킨 자는 우리가 아닙니다. 왜라는 것은 일본 사람인데, 간사스럽기 짝이 없어 예로부터 신의를 지켰다는 말을 들은 적이 없습니다. 흉악하고 교활한 적들이 아직도 포악한 짓을 그만두지 아니하고, 여러 곳으로 쳐들어와 살인하고 약탈하기를 전일보다 갑절이나 더하니, 병기를 거두어 바다를 건너 돌아가려는 뜻이 과연 어디 있다 하겠습니까.

이제 강화한다는 것은 실로 속임과 거짓밖에는 아닙니다. 그러나 대인의 뜻을 감히 어기기 어려워 잠깐 얼마쯤 두고 보려 하오며, 또 그대로 우리 임금께 아뢰려 하오니, 대인은 이 뜻을 널리 타이르시어 놈들에게 하늘을 거스르는 도리와 하늘을 따르는 도리가 무엇인지를 알게 하시면 천만다행일 것입니다.(비지역순지도 천만행심 裨知逆順之道 千萬幸甚). 삼가 죽음을 무릅쓰고 답합니다.

삼도수군통제사 겸 전라좌도수군절도사 이순신(李舜臣), 경상우도 수군절도사 원균(元均), 전라우도수군절도사 이억기(李億祺) 삼가 올림.

당시 명나라는 조선을 빼놓은 채 왜와 강화교섭중이었다. 그런데 감히 번방의 일개 조선 수군장군가 명 황제의 사신에게 항의답서를 올린다는 것은 목숨을 내 놓은 거나 다름없는 처사였다.

장군은 '단 한 척의 적선도 돌려보내지 않겠다'는 '편범불반(片帆不返)'의 정신으로 이런 과감한 일을 결행한 것이다.

왜와 강화협상을 벌이던 명나라는 나라 재정이 충분치 않아 더 이상 전비(戰備) 부담을 하기에 어려운 형편이었다. 그리고 왜의 요구대로 평양 이남의 땅은 아니더라도 한강 이남의 하삼도(충청, 경상, 전라도)는 떼어주고라도 전쟁을 끝내고 싶어 했다. 그래도 조선이라는 완충지대는 있기 때문에 일본과 직접 부딪힐 일은 없다고 판단했다.

그런데 바다의 이순신이 '걸림돌'이었다. 그래서 금토패문이란 청천벽력같은 문서가 나오게 된 것이다. 명군의 총사령관인 경략(經略) 송응창(宋應昌)은 제독 이여송(李如松)에게 평양에서 승리하고 개성까지 내려갔을 때 황제의 기패(旗牌)를 보내 더는 왜와 싸우지 못하게 했다. 그리고 왜에 대한 두려움도 한몫했다. 특유의 거만한 자세로 왜군을 얕보던 명군은 왜군과 15차례 전투에서 2차 평양성 전투를 빼고는 모두 패배했다. 그런데 바다에서의 싸움은 달랐다. 연전연승하는 이순신 수군을 붙들어 매지 못하면 강화협상에 걸림돌이 될 것은 불을 보듯 뻔했다.

1593년 2월 도원수 권율(權慄)이 행주산성에서 대첩을 이루자 경략 송응창은 권율에게 패문을 보내 왜와 싸워 이긴 것을 질책했다. 또 그해 6월 2차 진주성 전투에서 조선군이 참패하고 성내 살아있는 모든 백성들이 도륙당했지만, 사신 심유경(沈惟敬)을 왜군 진영으로 보내 오히려 왜군의 만행을 두둔하는 발언을 하게 했을 정도다. 피아(彼我)가 구분되지 않는 이상한 일들이 연달아 발생했다.

선조실록(1594) 3월 7일 접대 도감에서 왜적에 인질로 잡혀 있는 중국 장수 담종인(譚宗仁)의 상황 등을 보고한다.

접대 도감(接待都監)이 아뢰기를, '상공(相公) 담종인의 사촌 담풍시(譚馮時)가 적진으로부터 나와 어제 밤에 한양에 들어왔는데, 대략 물어보니 담종인의 교대를 재촉하는 일로 서쪽으로 간다고 하였습니다.' 하니, 전교하기를, '도감으로 하여금 술자리를 마련하여 오래도록 적진 중에 있었던 괴로움을 위로하고 적진의 소식을 자세히 질문하여 아뢰도록 하라.'하였다. 접대 도감 당상인 형조판서 신점(申點)과 호조참판 성영(成泳)이 아뢰기를, '신들이 담풍시를 접대 도감으로 맞아들여 다주(茶酒)를 접대하고 조용히 담화하면서 먼저 담 유격(譚遊擊)의 침소와 식사가 편안한지를 물은 다음 무슨 일로 고 군문(顧 軍門)에게 가느냐?'고 물으니, 답하기를 '왜적이 바다를 건너갈 기약이 없으므로 총독(總督)에게 보고하여 자주 차인(差人)을 보내 왜적이 돌아갈 것을 재촉하라고 하기 위해서다.'고 하였습니다.

또 현재 왜적이 얼마나 되며 군량 비축은 얼마나 되는지 물으니, 대답하기를 '군병의 수는 곳곳에 진을 치고 웅거하여 있으니 제대로 확실하게 얼마인지는 알 수 없으나 대략 3~4만이며, 군량은 그들의 나라로부터 계속 운반하여 많이 쌓아 두었으며, 또한 집과 방을 극히 정결하게 꾸며놓고 이 나라의 사람들과 해물(海物)을 팔고 사서 편안히 앉아 잘 먹고 있다. 그들에게 별다른 번요와 해로운 일이 없으니, 어찌 돌아갈 리가 있겠는가. 또한 심유경(沈惟敬)은 왜인과 마음을 같이하여 모든 논의가 있을 때마다 현소(玄蘇)와 소서행장(小西行長) 및 부통사(符通事)라고 이름 하는 사람과만 비밀히 말하고 다른 사람은 알지 못하게 하는데, 그 말하는 것은 필시 이 나라의 3도(충청, 경상, 전라도)를 잘라 준다는 의논일 것이다. 우리 담야(譚爺)는 이치에 의거하여 곧바로 배척하기를 '너희들이 반드시 속히 바다를 건너간 다음에야 어떤 일이든 이룰 수 있을 것이다' 하였는데, 이 때문에 왜인들이 심유경에게는 후한 뇌물을 주고 담공(譚公)은 박대하였다. 심유경은 은냥과 보물을 많이 받아 왔고 담아는 구류한 채 내보내지 아니하여 그 고통이 막심하니, 이는 반드시 심유경이 이간질을 하여 그러할 것이다.' 하였습니다.

협상은 정치외교가들이 하는 것이고 전투는 장수가 하는 것이다. 얼마 전까지만 해도 북한군의 공격이 있을 때마다 현장 지휘관들은 윗선에 "쏠까요 말까요?"를 물어봤다. 그 사이에 당하는 쪽은 항상 최일선의 우리 장병들이었다. 군인의 본분은 초전박살(初戰撲殺)이다.

장군은 명나라의 선유도사 담종인의 금토패문에 항의하는 답문을 올린 뒤 9월 29일 장문포의 왜군을 공격하기 위해서 의병장 곽재우(郭再祐)와 김덕령(金德齡) 등과 함께 수륙 합공작전을 펼쳤지만 왜군이 성안에서 웅크리고 나오지 않아 이렇다할 전과(戰果)는 올리지 못했다. 그렇지만 장군은 10월 1일에는 영등포 해전, 10월 4일에는 제2차 장문포 해전을 계속해서 벌여나갔다.

13. 진린(陳璘)의 '갑질'

1598년 8월 명나라 병부상서(국방장관)겸 총독군무 형개(邢玠)는 조명연합군을 결성하여 남해안에 웅거하는 왜군을 일거에 섬멸할 방책으로 사로병진책(四路並進策)을 구상했다. 육군을 전라도 방면의 서로(西路), 경상우도 방면의 중로(中路), 경상좌도 방면의 동로(東路) 세 갈래로 나누고 여기에 수로군을 편성하여 네 갈래로 총공격을 하는 작전이었다. 육군은 8월 18일 한양을 출발했고 진린(陳璘)이 맡은 수군은 이보다 앞선 7월 16일 충청도에서 서해로 남하하여 완도 옆 고금도(묘당도)의 이순신 수군 진영에 합류했다.

동로군 총병관 마귀(麻貴)는 한성에서 출발, 충주와 안동을 거쳐 경주에서 조선군의 선거이(宣居怡)와 합류하여 울산의 가토 기요마사(加藤淸正)를 친다(제2차 울산성 전투). 중로군 제독 동일원(董一元)은 한성에서 출발, 청주와 상주를 거쳐 성주에서 남하, 사천의 시마즈 요시히로(島津義弘)를 친다(사천성 전투). 서로군 제독 유정(劉綎)은 한성에서 출발, 공주를 거쳐 전주에서 조선군의 권율(權慄)과 합류하여 순천의 고니시 유키나가(小西行長)를 친다(왜교성 전투). 수로군 도독 진린(陳璘)과 등자룡(鄧子龍)은 충청도에서 출발, 전라도 남해안에서 이순신(李舜臣)과 합류하여 배후에서 서로군을 지원하는 방안이었다.

그러나 동로군의 울산성 전투는 승리 직전까지 갔으나 결국 패배했고, 사천성 전투 역시 패배했다. 그리고 왜교성 전투의 경우 서로군과 수로군의 손발이 맞지 않아 조명연합군은 3천여 명의 사상자가 발생하는 큰 피해를 입었다. 그리고 최종 결전인 11월 19일 노량해전에서 시마즈군을 궤멸시켰으나 나머지 고니시 유키나가 등 일본군은 탈출에 성공했고 조선 수군통제사인 이순신 장군이 전사했다. 이로써 7년 전쟁은 어느 한쪽의 승자(勝者)도 없이 끝이 났다.

명나라는 1596년 말, 명과 왜의 오랜 강화협상이 깨지고 1597년 2월 왜군이 재침(정유재란)하자 바짝 긴장하지 않을 수 없었다. 게다가 1597년 12월 22일부터 이듬해 1월 4일까지 양호와 권율의 연합군은 울산성을 공격했는데 끝내 실패하고 말았다.

위기의식을 느낀 명군은 사로병진책이란 최후의 일격을 가할 비책을 마련한 것이다. 조선과 명나라는 입술이 없으면 이가 시린 순망치한(脣亡齒寒)의 관계였기 때문이었다.

이순신 장군은 진린의 수로군에 소속되었다. 실제 조선의 총책은 경리 양호로 그는 한양에 부임하자마자 경리아문(經理衙門)을 설치하고 선조가 이양한 전시작전권을 행사했다. '천자(天子)'의 나라인 명나라를 극진히 섬기는 선조는 양호는 물론 명군 장수들을 접견할 때마다 먼저 절을 하는 등 굴종의 자세를 취했다. 그러니 조선군 수뇌부 앞에 선 명군의 기세는 등등했고 마치 하인 부리듯 거만을 떨었다.

진린은 1598년 4월 요동에 도착했고 중순 한성에 들어왔다가 7월 16일 이순신의 진영이 있는 고금도에 도착하여 조선수군과 합류했다. 그리고 진린의 임무는 등자룡, 이순신과 함께 순천왜성의 고니시 유키나가를 사로잡는 것이었다.

포악하고 사나운 성품의 진린에 대해 류성룡은 징비록에서 다음과 같이 전하고 있다.

> 상(上)이 청파까지 나와서 진린을 전송하였다. 나는 진린의 군사가 수령을 때리고 욕하기를 함부로 하고 노끈으로 찰방 이상규의 목을 매어 끌어서 얼굴이 피투성이가 된 것을 보고 역관을 시켜 말렸으나 듣지 않았다. 나는 같이 있던 재상들에게 말하기를 '장차 이순신의 군사가 안타깝게도 패하겠구나. 진린과 진중에 함께 있으면 행동을 견제당할 것이고 의견이 맞지 않아 반드시 장수의 권한을 빼앗기고 군사들이 학대당할 것이다.'

1598년 6월 26일 선조실록에도 진린에 대한 기록이 있다.

> 상(上)이 동작강(東雀江) 언덕까지 행행하며 진린 도독을 전별하면서 두 번 읍(揖, 공경예의)하고 다례와 주례를 행하였다. 진린이 말하기를, '배신(陪臣 제후국의 신하)들 중에 혹 명을 어기는 자가 있으면 일체 군법으로 다스려 절대로 용서하지 않을 것입니다.'하니, 상이 신식(申湜)에게 이르기를 '이 말은 매우 중요한 일이니 비변사에 일러서 의논하여 조처하게 하라'고 하였다. 상이 진린과 두 번 읍하고 물러나와서 환궁하였다.

망해가는 나라를 다시 세워주었다는 재조지은(再造之恩)! 진린에게서 가히 점령군과 같은 거만스런 위세를 충분히 느낄 수 있다. 그러니 그 윗선인 형개와 양호에게 선조가 취한 굴욕의 자세는 상상이 어렵지 않다. 이런 진린이 원리원칙의 '깐깐한' 이순신 장군과 함께 진영에서 작전을 수립한다면? 분명히 마찰이 벌어질 가능성이 농후했다. 그러나 이순신은 자신을 버리고 대의를 따르는 멸사봉공(滅私奉公)의 낮은 자세를 취했다.

이충무공전서 권9의 기록이다.

> 7월 16일 진린이 고금도에 도착한다는 소식을 접한 장군은 조선수군의 함대를 이끌고 먼 바다까지 나가서 진린의 명수군을 안내했다. 그리고 술과 안주를 성대히 마련하여 구원군에게 대한 감사의 표시를 했다. 호의를 받은 진린은 '이순신이 과연 훌륭한 장수로다'라며 감탄했다.

선조 수정실록 1598년 8월의 기록이다.

> 진린이 고금도에 내려온 지 3일 만인 7월 19일 절이도(折爾島, 거금도) 해전이 벌어졌다. 18일 적 함대 100여 척이 금당도(고금도와 거금도 중간의 섬)로 침범해 온다는 급보에 접하고서 이순신 장군은 전함대에 출동 태세를 갖추도록 한 다음 그날 밤에 길목인 금당도로 전진 결진하여 철야했다. 그러나 이때 명나라 수군은 합세하지 않고 안전해역에서 후행하면서 관전하는 자세를 취하였다. 7월 19일 새벽에 일본함대가 절이도(거금도)와 녹도(소록도 근처) 사이로 뚫고서 금당도로 나올 때 이순신 함대는 이를 요격하여 적선 50여 척을 분멸시켰다.

이때 진린은 구경만 하고 있다가 전과(戰果)에 욕심이 나서 이순신에게 협박을 함에 할 수 없이 적의 목 벤 것 40개를 진린에게 넘겨주었다. 당시 '천군(天軍)'이라는 대국의 원군(援軍)이 전투에 참가하지도 않고 소국의 전과를 탈취하는 것은 비일비재한 일이었다.

<그림 14>. 정왜기공도 명나라 화가가 그린 순천왜성전투도 부분
출처: 국립중앙박물관

이충무공전서 권9의 기록이다.

'대감(진린)은 명나라 대장으로 이곳에 와서 왜적들을 무찌르
는 것입니다. 따라서 이곳의 모든 승첩은 바로 대감의 승첩인
것입니다. 하여 우리가 베어온 적의 머리를 대감에게 드리는
것이니 황제께 이 공을 아뢴다면 얼마나 좋아하시겠습니까.'
하니 도독이 크게 기뻐하며 이순신의 손을 잡고 '내가 본국에
서부터 장군의 이름을 많이 들었더니 과연 허명(虛名)이 아니었
소'하고 종일토록 취하며 즐거워했다.

이순신 장군은 수급(首級)은 주돼 진린과 합동해서 왜의 퇴로를 막
을 심산이었다. 허나 명군은 적극적이지 않았다. 강건너 불구경하는
자세로 남의 일보듯 했다.

이순신 군영은 고금도 덕동에, 진린은 묘당도에 진을 치고 있었다.
지금은 고금도와 묘당도 사이의 좁은 해협이 연육(聯陸)되어 걸어서

갈 수 있다. 그래서 고금도는 묘당도의 다른 이름이다. 명군이 주둔한 인근 조선수군 및 백성들은 명군의 약탈과 행패에 분통을 터뜨렸지만 갑(甲)의 농간을 막을 재간이 없었다. 먹을 것을 빼앗는 것은 물론, 아녀자들이 겁탈당하고 은비녀, 은수저, 옷감 등 값나가는 것이라면 무엇이든 빼앗겼다. 민폐가 심해지자 장군은 마지막 카드를 꺼냈다.

역시 이충무공전서 기록이다.

> 명나라 군사들이 자못 약탈을 일삼기 때문에 우리 군사와 백성들이 몹시 고통스러워 한다. 참다못한 이순신은 부하 장졸들에게 모든 가옥을 한꺼번에 헐어버리라고 명령하고 자신의 옷과 이부자리도 배로 끌어내어 싣게 했다. 이상하게 생각한 진린이 부하를 시켜 그 연유를 물었다. 이순신이 답하기를 '우리 작은 나라 군사와 백성들은 명나라 장수가 온다는 말을 듣고 마치 부모를 기다리듯 하였는데 오히려 귀국의 군사들은 행패와 약탈을 일삼고 있으니 도저히 견딜 수 없어 피해서 달아나려고 하는 것이다. 그래서 나도 대장으로서 혼자 여기 남을 수 없어 같이 배를 타고 다른 곳으로 가려는 것이다.'고 했다.

부하의 보고를 받은 진린은 깜짝 놀라 달려와서 이순신의 손을 잡고 만류를 청했다. 그러자 이순신 장군은 "대인이 내 말을 들어준다면 다시 생각해보겠습니다"라고 하니 도독이 "어찌 내가 안 들을 리가 있겠소"라고 했다. 이순신은 "귀국의 군사들이 나를 속국의 장수라 하여 조금도 거리낌이 없소. 그러니 만일 내게 그들을 처벌할 수 있는 권한을 허락해준다면 서로 보존할 도리가 있겠소이다"하니 진린이 쾌히 승낙했다. 그 이후로부터 이순신은 명군의 처벌권을 가지게 됐고 범법자는 가차없이 처벌하니 명나라 군사들도 이순신을 도독보다 더 무섭게 알게 돼 백성들이 편해졌다.

전공(戰功)을 두고 명나라 장수들 사이에 견제가 심하였다. 1598년 9월 10일 선조실록이다.

> 진 도독이 신을 불러 '육군은 유정 제독이 총괄하여 통제하고 수군은 내가 당연히 총괄하여 통제해야 하는데 지금 듣건대 유 제독이 주사(舟師 수군)를 관장하려한다 하니 사실인가?' 하기에 신은 모른다고 대답했습니다. 신이 주사를 정돈하여 바다로 내려가서 기회를 틈타 왜적을 섬멸하려 하여도 매번 도독에게 중지당하니 걱정스럽기 그지없습니다.

이렇듯 이순신 장군은 유정과 진린 사이에 끼어 운신의 폭이 아주 좁았다. 그런데다 순천왜성의 고니시 유키나가는 부하들을 시켜 금과 비단, 술과 고기, 장검 등 선물을 가져와서 진린에게 안기고 갔다. 그러면서 "이순신이 길을 가로막고 있어 철군이 불가능하다"는 말을 전했다.

진린 입장에서는 왜군의 선물도 듬뿍 받고 이순신이 바치는 적의 수급도 받아 꿩 먹고 알 먹는 재미를 보는 게 최상이었다. 전투는 어차피 지역사정을 잘 아는 승전(勝戰)의 장수인 이순신에게 맡겨놓아도 된다는 심산이었다. 이순신은 명실상부한 연합작전의 수행을 위해서 진린의 마음을 살 필요가 있었다. 그래서 술을 좋아하는 진린을 위해 술자리를 자주 베풀었다.

1598년 9월 15일 난중일기 기록이다.

"명나라 도독 진린과 함께 일시에 군대를 움직여 나로도(고흥군 봉래면)에서 잤다."

9월 16일 "나로도에 머물면서 도독과 함께 술을 마셨다."

9월 21일 "왜적들의 배에서 여러 가지 물건들을 빼앗아 와서 즉시 도독 진린에게 바쳤다."

진린의 마음이 점차 움직이기 시작했다. 장군의 우국충정에 감동을 한 것이다. 진린은 이순신을 부를 때도 존칭인 '이야(李爺)'라고 불렀다. 야(爺)는 남자의 존칭으로 아버지라는 뜻이다.

"이야(李爺)같은 장수가 조선에 있는 게 아깝소. 명나라에 가서 장수를 해야하는데…."라고 아쉬워했다. 장군이 노량해전에서 전사했을 때 진린은 명나라 황제 신종(神宗)과 선조에게 이순신의 뛰어난 전공을 알렸다. 신종은 이순신에게 도독(都督)의 직함을 내리고 명조팔사품(明朝八謝品)을 하사했다. 장군에게는 이렇듯 '사람을 변화시키는 힘'이 있었다. 그것은 오로지 진실된 우국충정의 성심(誠心)이 있었기 때문이었다.

14. 장군의 죽음

음력 11월, 동짓달 바닷바람은 유난히 맵다. 가없이 펼쳐진 회색 바다에 간간이 출렁이는 파도소리는 더욱 을씨년스럽다. 점점이 박힌 섬들 너머에서 적군이 어느 순간 바다를 까맣게 뒤덮고 몰려온다면 당장 무엇부터 해야 할 것인가?

1598년 음력 11월 19일은 장군이 노량해전에서 전사한 날이다. 양력으로 치면 12월 16일이 된다. 이날 장군의 전사로 7년 임진왜란의 유혈극은 대미(大尾)를 장식하고 끝이 났다.

8월 18일 토요토미 히데요시(豊臣秀吉)가 병으로 사망하자 왜군 철군령이 내려졌다. 그때 순천 왜성에 갇힌 고니시 유키나가(小西行長)는 고립무원에 빠졌다. 육지와 바다에서 수륙협공을 받고 있던 고니시 군대 1만 5000여명은 식량과 의복 등 군수물자를 보급받을 수 없었다. 무엇보다 왜군들은 조선의 매서운 칼바람의 겨울추위를 견디지 못하고 동상(凍傷)에 걸려 수도 없이 쓰러졌다.

이순신 장군은 명나라 진린(陳璘) 도독과 함께 1598년 9월 전라도 완도 옆 고금도(古今島) 진영을 떠나 남해 노량 근해에 이르렀다. 명나라 육군 총병 유정(劉綎)과 수륙합동작전을 펴 왜교(倭橋 순천왜성)에 주둔하고 있는 고니시 유키나가(小西行長)의 부대를 섬멸하기 위해서 였다. 일패도지(一敗塗地)의 수모를 겪지 않으려는 양측은 예리한 창과 두꺼운 방패를 앞세워 한판 승부를 겨뤘다.

조선 수군의 판옥선에서는 천자, 지자, 현자, 황자 등 각종 총포가 불을 뿜었고 이에 맞선 왜군은 조총으로 사정거리(50m 정도)내 조준 사격을 했다. 고막이 찢어지는 듯한 굉음, 화약 냄새 진동하는 검붉은 연기속에 양측 병사들의 고함과 북, 징소리, 수장되는 적군의 비명으로 바닷물이 출렁였다. 조선수군의 불화살을 맞아 분멸되는 세키부네(關船)의 수는 이루 헤아릴 수 없었다.

고니시는 부하 8명을 진린(陳璘)에게 보내 돼지와 술, 조선군 수급(首級) 등 뇌물을 바치고 도망갈 길을 터 달라며 애원했다. 진린은 손쉬운 전공을 세우려는 탐욕을 가졌으나 이순신의 강경한 반대에 부딪혔다. 이에 진린은 고니시가 마지막 요청한 통신선 1척을 빠져 나가게 하고, 이순신에게 그 사실을 뒤늦게 알렸다. 고니시는 통신선으로 사천(泗川)의 시마즈 요시히로(島津義弘)와 연락해 남해, 부산 등지에 있는 왜군 구원을 받아 조명 연합수군을 협공하면서 퇴각하려 했다.

초서체일기(草書體日記)에 따르면 조명연합군이 예교(曳橋 순천왜성)의 적을 장도 뒤에서 10월 2일부터 나흘 동안 맹공격을 했으나, 불행히도 사선(沙船) 25척, 호선(號船) 77척, 비해선(飛海船) 17척, 잔선 9척 등 모두 128척을 가진 명나라 수군은 그 중 39척이 불에 타는 피해를 입었다. 조선 수군도 제포만호 주의수(朱義壽), 사량만호 김성옥(金聲玉), 해남현감 유형(柳珩), 진도군수 선의문(宣義問), 강진현감 송상보(宋相甫) 등 5명이 조총에 부상을 입었고, 사도첨사 황세득(黃世得)과 군관 이청일(李淸一) 등 2명은 전사했다. 수병도 29명이 전사했다.

드디어 11월 18일 밤 노량 수로와 왜교 등지에는 500여척의 왜선이 집결해 조명연합수군 200여척과 대치했다. 예교성에 갇힌 왜군은 횃불 신호로 남해 등지에 있는 그들의 아군과 소통했다. 이에 호응하는 횃불이 여기저기서 번득였다. 고성의 다치바나 시게무네(立花宗茂), 사천의 시마즈 요시히로(島津義弘), 남해의 소 요시토시(宗義智) 등이 모두 노량 앞바다로 집결하여 고니시를 구출하고, 일본으로 되돌아갈 최후의 전투를 감행할 작정이었다. 이순신 역시 최후의 결전을 할 요량이었다. 이순신은 18일 밤 자정이 되자, 문득 대야에 깨끗한 물을 떠와 손을 씻었다. 그리고 혼자 갑판 위로 올라가 무릎을 꿇고, "이 원수 놈들을 무찌른다면 지금 죽어도 여한이 없겠습니다."라며 천지신명(天地神明)께 빌었다. 이 기도는 '차수약제 사즉무감(此讎若除 死則無憾)'이란 명언으로 길이 남아있다.

운명의 날인 19일 새벽, 싸움은 막바지에 이르고 이순신과 진린은 서로 위급함을 도와주면서 전투를 독려해나갔다. 왜 수군 선박 200여척이 불에 타 침몰하거나 파손되고 100여 척이 이순신함대에 나포되었으며 나머지 패잔선들이 남해 관음포(觀音浦) 쪽으로 겨우 달아났다.

장군은 오전 관음포로 도주하는 마지막 왜군을 추격하던 중 총탄을 맞고 쓰러졌다.

'전방급 신물언아사(戰方急 愼勿言我死).' 즉 "싸움이 한창 급하니 내가 죽었다는 말을 하지 말라."는 유언 또한 후세에 길이 남아 심금

<그림 15> 일본서적에 나온 이순신의 조총피격장면
출처: 에혼 다이코기

을 울리고 있다.

이 해전에서 명나라 부총병 등자룡(鄧子龍)과 가리포첨사 이영남 (李英男), 낙안군수 방덕룡(方德龍) 등이 전사했다. 한편 순천 왜교에 서 봉쇄당하고 있던 고니시와 그 군사들은 번잡한 틈을 타서 남해도 남쪽으로 퇴각해 시마즈 군과 함께 부산에 집결, 본국으로 철수했다.

남원출신 의병장 조경남(趙慶南 1570~1641)은 난중잡록에서 "장군 은 친히 북채를 쥐고 북을 치면서 선두에서 적선을 추격하였다. 이때 적선의 선미에 엎드려 있던 왜병 조총수가 일제히 조준발사를 하여 총을 맞았다"고 했다.

장군이 유언을 남기고 숨을 거두자 곁에 있던 아들 회(薈)와 조카 완(莞)은 활을 잡고 있다가 울음을 참고 서로 말하기를 "결국 일이 이렇게 되다니! 참담하구나!"하며 울분과 탄식을 쏟아냈다. 그야말로 '사지어차 망극망극(事至於此 罔極罔極)!'한 상황이었다.

우의정 이항복(李恒福)은 전라좌수영 대첩비에서 "나중에 명의 수군 도독 진린이 공의 죽음을 배에서 듣고 의자 밑에서 세 번이나 엎어지면서 밑바닥을 치고 통곡하였다. 이제는 같이 일할 사람이 없다고 말했다."고 기록하고 있다.

장군의 유해는 남해 이락사(李落祠 이충무공 유허지)에 잠시 안치한 후 남해 설천면 노량리 화전에 있는 현 충렬사(1633년 초가 한 칸으로 세운 사당)로 옮겨졌다. 도독 진린 및 명나라 여러 장수들은 만사(輓詞)를 짓고 애통해 하며 백금 수백냥을 모아서 장제를 치렀다. 이때 명나라 군사들은 조상하여 고기를 먹지 않고 조선백성들은 늙은이, 어린이 할 것 없이 달려나와 거리에서 통곡하여 글을 지어 제사를 지냈다. 남해 이락사(李落祠) 현판과 비각의 '큰 별이 바다로 떨어지다'는 뜻의 대성운해(大星殞海) 현판은 1965년 박정희 전 대통령이 친필 휘호를 내린 것으로 1973년 4월부터 이 사적지가 정화되어 '호국의 성지'로 보존되었다.

선조실록 11월 23일자 기록이다.

승정원에서 군문도감의 낭청(郎廳 종6품 실무관)이 보고하는 바 '진린의 차관(差官)이 와서 이순신이 죽었다'고 하자 선조는 '알았다'고 대답했다. 또 진린이 '이순신이 죽었으니 그 후임을 즉시 임명하여 달라고 요구하였다'고 말하자 '알았다. 오늘은 밤이 깊어 말할 수 없다'고 했다.

그 다음날 선조는 "통제사 후임을 비변사에서 천거하라"고 하고 11

월 25일 충청병사 이시언(李時言)을 후임으로 임명했다. 11월 30일 선조는 "이순신을 증직하고 관에서 장사를 도우라"고 했다. 12월 1일 비변사는 선조에게 "장례를 치러 주고 자식들에게 관직을 주었다"고 보고하고 12월 4일 이순신을 우의정으로 증직하고 12월 11일에는 이순신의 영구(靈柩)가 남해에서 아산에 도착할 것이라고 선조에게 보고했다. 또 선조는 명군의 수장 형개(邢玠)의 권유로 남해로 내려 보낸 이순신 사제문(賜祭文)을 끝내면서 "실은 나는 그대를 버렸으나 그대는 나를 버리지 않았다. 이승, 저승 맺힌 원한을 무슨 말로 다 하리오." 즉 '여실부경 경불부여 통결유명 운하기우(予實負卿 卿不負予 痛結幽明 云何其吁)'라고 회한을 비쳤다. 이순신을 그렇게 핍박했던 선조는 이승과 저승을 달리한 장군에게 마지막 애도의 뜻을 표했다.

12월 1일 발상(發喪)하여 장군의 시신이 붉은 명정을 앞세우고 남해에서 아산으로 운구 길에 오르자 소달구지에 실은 목관을 보고 천리길의 많은 백성들이 거리에 나와 여읜 듯 통곡했다. 이른바 천리통곡이다.

이순신 연구가인 이종락 작가의 『이순신의 끝없는 죽음』(71p)에서는 이상한 점을 제기했다.

1598년 11월 19일 장군이 남해 관음포에서 전사한 뒤 시신은 이락사로 옮겨졌다가 충렬사로 다시 가매장되었다. 그리고 12월 11일 남해에서 아산으로 도착할 것이란 비변사의 보고도 있었다. 그런데 시신이 1599년 2월 11일 아산의 금성산 얼음목에서 반장(返葬 객사한 사람을 고향에서 장사지냄)할 때까지 약 80일이 소요되었다. 남해 충렬사 가묘에서 최장 12일 안치되어오다가 1598년 12월 1일경 발상하여 아산으로 바로 이장하였다(약 8일 소요)고 전하므로 남는 60일의 공백기간은 어떻게 되는가. 여기서 위장전사설의 근거가 된다.

이종락 작가는 또 '시신이 왜 고금도(묘당도)로 갔을까'를 제기한다. 1597년 7월 원균의 수군이 칠천량에서 궤멸되자 위기의식을 느낀 명나라 조정은 수군 도독 진린에게 5000명의 수군을 붙여 조선에 파병했다. 명 수군은 목포 앞바다의 고하도를 거쳐 1598년 7월 16일 고금도(묘당도)에 도착하여 이순신 통제영과 함께 조명 연합수군의 본영으로 삼았다. 묘당도는 고금도와 좁은 해협 사이로 매립돼 연륙된 작은 섬이다. 현재 등자룡(鄧子龍)을 제향하는 옥천사가 있고 충무사 옆에는 관왕묘비가 있으나 관우(關羽)를 모신 사당은 일제 때 파괴되었다. 이곳 월송대(月松臺) 가묘터에는 장군의 시신이 2개월 동안 가매장되었다고 설명되어 있다. 아마도 60일 동안의 공백은 이곳에서 초분(草墳)을 하기 위해서 이장된 것이 아닌가 생각된다. 완도군 청산도에서는 지금도 시신을 초분한다고 하는데 초분은 마을 밖 가묘에서 시신을 짚이나 이엉으로 덮고 3년 동안 부패시켜 조상의 불경스런 썩는 냄새를 없앤 다음 백골이 된 시신을 선영에 이장하는 풍습이다.

마침 이 궁금증을 풀어주는 대목이 발견되었다. 선조실록 31년 (1598년) 12월 11일의 기록이다.

선조에게 예조판서가 말한다. '등총병(鄧總兵)의 치제관(致祭官 임금이 죽은 부하의 제사를 관리하도록 한 관리)을 이미 차출하였으므로 곧 내려보낼 것입니다. 그러나 듣건대 이순신의 상구(喪柩, 상여)가 이미 전사한 곳에서 출발하여 아산의 장지에 도착할 예정으로 등총병의 상구와 한 곳에 있지 않다고 합니다. 제사를 올리는 순위는 서로 구애된다고 생각되지 않아 이순신에게는 예조의 낭청(郎廳 종6품 실무관)을 먼저 보냈고 등

총병에게는 이축(李軸)을 오늘이나 내일 보내려고 합니다. 어떻게 하면 좋겠습니까? 선조는 말한다. '중국 장수를 먼저 장사지내고 우리 장수는 뒤에 하는 것이 예의상 옳다. 등총병에게 먼저 치제관을 보내라'고 하였다.

관음포 전투에서 같이 전사한 이순신과 등자룡의 시신은 남해 충렬사에 함께 안치하였으나 장례절차나 선영운구 등 우선 순위는 등자룡이 먼저였으므로 장군은 뒤로 밀렸다. 등 부총병의 시신이 한양을 향해서 운구되자 비로소 묘당도에 가매장된 장군의 시신이 아산으로 운구되었을 것이다. 선조는 2월 25일 한성에 도착 한 등 부총병의 시신을 3월 6일 국장으로 장례토록 하고 몸소 거둥하여 극진하게 문상했다. 그후 등자룡 시신은 명나라로 운구되었다.

재조지은(再造之恩), 즉 망해가는 나라를 살려준 명나라에 대한 존명사대(尊明事大) 사상이 뼛속까지 박힌 선조에게 '소방(小邦)의 장수' 이순신은 눈에 보이지 않았다. 7년 동안 남해 제해권 장악을 위해 고군분투했던 장군의 눈물겨운 노력은 절대적으로 과소평가되었다.

15. 이순신 죽음의 미스터리

 1595년 12월 27일 조정에서는 이순신(李舜臣)과 원균(元均) 사이의 불화를 염려하여 원균을 충청병사로 전직시켰으나, 이듬해 원균의 중상과 모함이 조정 내의 분당적(分黨的) 시론에 심상치 않게 파급되고 있었다. 또 1596년 12월 11일 고니시 유키나가(小西行長)의 막하 간첩 요시라(要時羅, 가케하시 시치다유 梯七太夫)는 경상우병사 김응서(金應瑞)를 통하여 도원수 권율(權慄)에게 "가토 기요마사(加藤淸正)가 오래지 않아 다시 바다를 건너 올 것이니, 그날 조선수군의 백승의 위력으로 이를 잡지 못할 바 없을 것인즉…" 하며 간곡히 권유했다. 이 요시라의 헌책(獻策)이 조정에 보고되자 조정 또한 그의 계책에 따를 것을 명했다.

 1597년 1월 21일 도원수 권율(權慄)이 직접 한산도에 와 요시라의 헌책대로 출동 대기하라고 명을 전했으나, 이순신은 그것이 왜군의 간계(奸計)임을 확신했기 때문에 출동하지 않았다. 도원수가 육지로 돌아간 지 하루 만에 웅천(熊川)에서 알려오기를 "지난 정월 15일에 왜장 가토 기요마사가 거제도 장문포에 와 닿았다"고 했다. 일본측 기록에는 정월 14일(일본력 1월 13일) 울산 남쪽 서생포(西生浦)에 상륙한 것으로 되어 있다. 즉 가토 기요마사는 도원수 권율이 독전 차 한산도에 내려온 것보다 6일전에 이미 상륙했던 것이다.

"왜장을 놓아주어 나라를 저버렸다"는 조정의 비열한 모함으로 파직된 이순신은 군량미 9914석, 화약 4000근, 총통(銃筒) 300자루 등 진중의 군수품을 신임 통제사 원균에게 인계한 후 2월 26일 서울로 압송되어 3월 4일 투옥되었다. 가혹한 문초 끝에 숨통을 끊자는 주장이 분분했으나, 판중추부사 정탁(鄭琢)이 올린 신구차(伸救箚 구명탄원서)에 크게 힘입어 도원수 권율 막하에 백의종군(白衣從軍)하라는 하명을 받고 특사되었다. 4월 1일 28일간의 옥고 끝에 석방된 뒤 권율의 진영이 있는 경상도 초계(합천)로 백의종군의 길을 떠났다. 4월 13일 충남 아산에 이르렀을 때 어머니의 부고를 받았다. 그러나 죄인의 몸으로 잠시 성복(成服 초상났을 때 상복을 입음)하고 바로 길을 떠나야만 했다. 엎친 데 덮친 격으로 10월 14일 막내아들 면(葂)이 아산에서 왜군에게 저항하다가 전사한 사실 등으로 장군은 몸과 마음이 피폐해져 초주검의 상태였다.

난중일기에 따르면 이순신은 고문당한 후 병든 몸으로 141일 동안 아팠으며 176회 고통을 하소연하였다. 특히 1597년 7월 16일 원균이 칠천량해전에서 패한 날부터 9월 16일 명량해전까지 58일간 고통으로 병 치료를 받았다.

자신의 처지를 생각하면 백번 천번 통곡(慟哭)해도 모자랄 판이었다. 그럼에도 세상은 장군에게 한순간의 휴식이나 한 치의 개인적인 여유도 허락하지 않았다. 어서 일어나 나라의 안위(安危)를 책임져야 한다는 주문이 쇄도했다.

선공후사(先公後私)! 함부로 울어서도 안 되고 스스로 죽을 수도 없는 운명이 되고 말았다. 아! 참으로… 모진 삶이었다. 결국 1598년 11월 19일 노량해전에서 온몸을 던짐으로써 나라를 지켜내는 살신성인(殺身成仁)으로 산화(散華)했다.

장군의 처지가 이렇다 보니 그의 전사(戰死)와 관련 분분한 의견이 있는 것도 사실이다. 자살설, 의자살설(擬自殺說), 위장순국설(僞裝殉國說) 등이 그것이다.

자, 하나의 가정이다. 노량해전에서 살아서 개선장군(凱旋將軍)이 된들 온전히 영웅대접을 받을 수 있었을까. 그 치솟는 인기는 곧 선조에게 불안감을 심어주는 불충(不忠)의 근거가 될 뿐이었다. 세자 광해군에 빌붙은 북인 세력으로 볼 때 또 다른 영웅의 탄생은 자파세력 확장에 '걸림돌'이 될 것이다. 절대왕조시대에 지존(至尊)을 위협하는 그 모든 것은 다 대역죄에 해당하는 것이었다. 당시 조선 최고의 군사력을 운용하는 이순신이 반역(反逆)이라도 꾀한다면? 한성을 포위하고 왕위를 이양시키는 군부 쿠데타라고 일으킨다면? 이 시나리오는 선조에게 최악의 악몽(惡夢)이 될 것이다. 선조는 어느 한 세력이 커지는 것에 매우 민감했다. 그래서 때론 견제하고 때론 돌직구를 던지기도 했다. 하늘에 태양은 오로지 자신 하나로 족했기 때문이다.

제2차 세계대전 때 태평양 전쟁의 영웅 맥아더 원수는 일본의 항복을 받아냈고 미국 국민의 절대적인 환호와 박수갈채를 받았다. 만약 그가 1948년 미 대통령 선거에 나서 인기 폭풍몰이를 한다면 트루먼 대통령의 심기가 과연 편했을까. 그래서 트루먼은 히든카드로, 맥아

더와 가장 친한 유럽군 총사령관 출신 아이젠하우어 장군(1952년 대통령이 됨)을 늘 염두에 두고 있었다. 끝까지 군인이었던 맥아더 원수는 정치권을 기웃거리지 않았지만, 트루먼은 또 다른 다크호스를 통해 맥아더를 견제했다. 상대가 오랑캐는 아니지만 이른바 동양의 이이제이(以夷制夷) 전법을 구사한 것이다.

다시 돌아와서, 장군이 전사한 뒤 80년 후 숙종 때 대제학 이민서(李敏敍 1633~1688)는 김충장공(의병장 김덕령 金德齡) 유사에서 "북을 치던 부관 송희립(宋希立)이 적탄을 맞고 쓰러지자 이순신은 스스로 투구를 벗고 돌격북을 치면서 싸움에 맞서다가 탄환에 맞아 죽었다(李舜臣方戰 免冑自中丸以死)."고 했다. 그는 또 통제사 충무이공 명량대첩비 비문에서 "이순신이 스스로 죽음을 택한 원인은 당파(동인과 서인) 간의 대립과 항쟁으로 점철된 당쟁의 희생물(黨禍)"이라고 했다. 그후 1678년 편찬한 시문집 서하집(西河集) 17권 '김장군전'에서 "의병장 김덕령이 옥사하자(1596년 역모했다는 무고로 처형됨) 모든 의병들은 스스로 목숨을 보전할 수 없다고 생각했다. 곽재우(郭再祐)는 군대를 해산하고 군직을 떠나 벽곡(辟穀 곡식을 끊고 솔잎, 대추, 밤 등으로 생식한다는 뜻으로 은둔하여 신선이 됨)을 하며 당화를 피했고 이순신은 싸움이 한창일 때 갑옷과 투구를 벗고 적탄에 맞아 죽었다"고 했다. 이 말에서 의자살설(疑自殺說)의 미묘한 뉘앙스를 느낄 수 있다.

숙종 때 좌의정인 판부사(判府事) 이이명(李頤命 1658~1722)은 가승발(家乘跋)에서 말한다.

공은 용의주도하게 방비하여 자기 몸을 아끼지 않고 왜 몸을 버리고 죽어야 했을까. 세상 사람들이 말하되 공이 성공한 뒤에도 몸이 위태해질 것을 스스로 헤아리고 화살과 탄환을 맞으면서도 피하지 않았다고 했다(當矢石而不避). 어허! 참으로 슬프도다. 과연 그랬을까.(嗟乎或其然乎今)

한 술 더 떠 위장순국설(僞裝殉國說)까지 나오는 판이다. 죽음을 위장했다는 것인데 남천우 전 서울대 물리학과 교수는『이순신은 죽지 않았다』(미다스북, 2008)에서 위장전사를 주장했다. 1598년 11월 19일 전사했을 때 배 안에는 아들 회(薈 32세)와 조카 완(莞 20세), 그리고 몸종 김이(金伊)밖에 없었다. 이순신은 살아남기 위해서 이들과 모의하여 전사한 것처럼 위장했다는 이야기다. 따라서 이순신이 아산 어라산에 실제로 죽어서 묻힐 때까지 15년 80일 동안 은둔 칩거하여 더 살았다는 것이다. 따라서 남해 충렬사 가묘(20일), 묘당도 월송대 가묘(2개월), 아산 금성산 묘(15년)는 모두 가매장한 것이 아니고 남의 눈을 속이기 위해서 고의로 만든 가짜 묘(僞墓)라는 말이다. 과연 그랬을까. 보는 눈이 수도 없이 많았고 명나라 수군 도독 진린(陳璘)은 전투에도 같이 참전했는데 과연 위장이 가능했을까.

<그림 16> 남해 충렬사 이순신 가묘　　　<그림 17> 묘당도 월송대 이순신 가묘터

다음은 명과 왜, 조선 3국의 전사설을 뒷받침하는 기록이다.

선조실록 1598년 11월 25일. 진린(陳璘)의 게첩(揭帖)에서 '한창 왜적이 포위할 때 내 배는 큰 북을 치고 먼저 진격하고 등자룡(鄧子龍), 이순신(李舜臣) 두 장수가 좌우에서는 협공할 때 두 장수는 죽었다.'

노량해전에 참전한 해남현감 류형(柳珩 1566~1615)은 장군이 전사한 15년 후 "장군은 추격중 왜적선의 선미에 엎드린 조총수로부터 6발의 총상을 입고도 전투를 지휘하였다"고 하였다.

왜의 시각을 담은 일본사(日本史)에선 다음과 같이 기록되어 있다.

"노량해전에서 이순신은 시마즈 요시히로(島津義弘) 군대를 선두에서 추격하다 선미에 엎드린 철포병(鐵砲兵)의 일제사격으로 심장 왼쪽 가슴에 피탄하여 전사했다. 이 싸움에서 시마즈 함선 300척 가운데 250척이 침몰하고 겨우 50척이 빠져나왔다. 시마즈는 그의 아타케부네(安宅船)가 대파하자 다치바나 시게무네(立花宗茂)의 배로 옮겨 탔다."

다음은 정조 때 오경원(吳慶元 1764~?)이 쓴 명과의 외교록인 소화외사(小華外史) 기록이다.

등자룡이 큰 공을 탐내 선봉에 서서 분격하는데 뜻밖에 뒷배에서 화기를 잘못 발사하여 등자룡 배의 돛에 불이 붙었다. 그러자 왜군들이 배에 올라타 등자룡을 칼로 마구 쳐죽였다. 이순신은 나아가 앞서가던 진린이 포위되자 이를 구하려고 금빛 갑옷을 입은 왜장을 활로 쏘아 맞히니 왜병이 진린을 놓아주었다. 이순신이 와서 구출하여 진린은 탈출했으나 이순신은 총을 맞았다.

광해군 때 영의정 박승종(朴承宗 1562~1623)은 충민사기(忠愍祠記)에서 "진린이 26일 개선하여 한양에 올라오자 선조는 한강진까지 출영하였으며 이순신의 충렬(忠烈)에까지 이야기가 미치자 나는 얼굴에 눈물이 가득하였다."고 말했다. 이때 진린은 선조에게 "성(城)을 버리고 군사를 잃은 무리들이 공신이라 자임하여 자기 방창(房窓) 아래에서 늙어죽건만 이순신에게는 그 혁혁한 충렬과 큰 공에도 불구하고 스스로 몸을 버림에까지 이르니 이것이 어찌 하늘의 보답인가?"하고 한탄하였다.

장군의 죽음과 관련 여러 설이 난무하는 것은 따지고 보면 이순신을 불신했던 선조라는 '거대한 절벽'이 자리 잡고 있었기 때문이었다.

선조실록 1597년 10월 20일. 명량대첩 후 기사다. "경리 양호는 이순신은 (원균의 칠천량 패전 후) 군량과 병선을 조처하여 명량해전에서 승첩을 올린데 대해 황상(明神宗)에게 상문(上聞)하여 성단(聖斷)을 받아 포상하겠다"고 하자 선조는 "우리의 도리로서 미안하여 사양한다"고 양호에게 말함으로써 성사되지 못했다.

1598년 4월 14일 남해에서 활약중인 이순신이 보낸 치계(馳啓 파발 보고서)를 보고 경리 양호와 선조의 시각은 전혀 달랐다.

경리분부왈(經理分付曰)
　양호가 말하기를
이순신용력살적(李舜臣用力殺賊)
　이순신이 그처럼 전력을 다해 왜적을 참살하고 있으니
이차아심가희(以此我甚嘉喜)
　나는 이를 매우 가상히 여겨 기쁘게 생각하고 있다.
급속장상고무(急速獎賞鼓舞)
　급히 명황제의 포상을 요청하고 사기를 고무시킬 것이다.

전왈(傳曰)

　선조는 말한다.

국군신불능토적 상번천조(國軍臣不能討賊 上煩天朝)

　우리나라 장수들은 능히 왜적을 토벌하지 못하고 천자의 조
정을 번거롭게 만들고 있다

유죄당사 무공가록(有罪當俟 無功可錄)

　이의 유죄를 기다릴지언정 무슨 기록할만한 공적이 있단 말인가

수혹포참소령적(雖或捕斬少零賊)

　비록 사소한 왜적을 잡거나 참살하였다 하더라도

차불과변장직분내사(此不過邊將職分內事)

　변방의 수장으로서 당연히 할 일을 했을 뿐이지

이불능섬일적진(而不能殲一賊陣)

　아직까지 하나의 적진도 섬멸하지 못하고

참일적장 당재가치지중(斬一賊將 當在可治之中)

　한 명의 적장도 참수하지 못하였으니 당연히 죄를 받아야할
입장이다.

우하감이위공(又何敢以爲功)

　그런데 어찌 감히 공적을 만든다는 말인가.

　이렇듯 선조는 대국 명나라가 불쌍한 소방(小邦)을 구해준 은혜, 즉
재조번방(再造藩邦)과 사대지성(事大至誠)으로 똘똘 뭉쳐있었으므로
이순신의 23전 23승으로 남해 제해권을 확립한 것도 가볍게 여겼다.
그런데 왜적을 때려잡지도 못한 주제에 포상을 올리는 일은 황제를
괴롭히는 것이라고 믿고 있었다. 그러나 오히려 명나라 장수들은 이
순신의 전공을 높이 평가했다. 노량해전이 끝난 뒤 도독(都督) 진린
(陳隣)의 보고로 명 황제 신종(神宗)은 이순신에게 팔사품(八賜品)을
수여했고 수군도독(水軍都督)으로 임명했다. 다만 죽은 자는 말이 없
을 뿐이다. 사자무언(死者無言)!

16. 진실게임, 부산 왜영(倭營) 방화(放火)사건

매사 바르게 판단하고 올곧게 행하던 장군이 오해에 휩싸인 사건이 발생했다. 일생일대 최대 위기라고 볼 수 있는 부산 왜영(倭營) 방화사건이다.

1597년 정유년 초하루인 1월 1일에 다음과 같은 이순신의 보고가 조정에 올라왔다.

1596년 12월 27일 성첩(成貼)한 통제사(統制使) 이순신(李舜臣)의 서장은 다음과 같다.

신의 장수 가운데 계려(計慮)가 있고 담력과 용기가 있는 사람 및 군관(軍官), 아병(牙兵)으로 활을 잘 쏘고 용력(勇力)이 있는 자들이 있는데, 항상 진영에 머물면서 함께 조석으로 계책을 의논하기도 하고 그들의 성심(誠心)을 시험하기도 하고 함께 밀약(密約)하기도 하였으며 또 그들을 시켜 적의 정세를 정탐(偵探)하게도 하였습니다. 그러던 터에 거제 현령 안위(安衛) 및 군관 급제(及第) 김난서(金蘭瑞), 군관 신명학(辛鳴鶴)이 여러 차례

밀모(密謀)하여 은밀히 박의검(朴義儉)을 불러 함께 모의했습니다. 그랬더니 박의검은 아주 기꺼워하여 다시 김난서 등과 함께 간절하게 지휘(指揮)하면서 죽음으로 맹세하고 약속하였습니다. 같은 달 12일, 김난서 등은 야간에 약속대로 시간되기를 기다리는데 마침 서북풍이 크게 불어왔습니다. 바람결에다 불을 놓으니, 불길이 세차게 번져서 적의 가옥 1천여 호와 화약이 쌓인 창고 2개, 군기(軍器)와 잡물 및 군량 2만 6000여 섬이 든 곳집이 한꺼번에 다 타고 왜선(倭船) 20여척 역시 잇따라 탔으며, 왜인 24명이 불에 타 죽었습니다. 이는 하늘이 도운 것이지만 대개 김난서가 통신사(通信使)의 군관(軍官)에 스스로 응모하여 일본을 왕래하면서 생사를 돌보지 않았기에 마침내 이번 일을 성공한 것입니다. 안위(安衛)는 평소 계책을 의논하다가 적에 대해 언급할 경우 의분에 분개하여 자신이 살 계책을 돌보지 않았으며, 그의 군관 김난서와 신명학 등을 거느리고 적진으로 들어가 갖가지로 모의하여 흉적의 소굴을 일거에 불태워 군량, 군기, 화포 등 제구(諸具)와 선박 및 왜적 34명을 불태워 죽게 하였습니다. 부산(釜山)의 대적을 비록 모조리 다 죽이지는 못했지만 적의 사기를 꺾었으니 이 역시 한 가지 계책이었습니다.

이순신의 휘하 장수인 안위, 김난서 등이 부산왜영에 불을 질러 큰 피해를 주었다는 보고서였다. 정유재란을 준비하는 왜의 진영에 타격을 주었다는 사실만으로 큰 공을 세웠기에 포상을 받아야 마땅할 상황이었다.

그런데 바로 다음날 1월 2일 또 다른 보고서가 올라왔다. 이조 좌랑(吏曹 佐郞) 김신국(金藎國)이 서계(書啓)하였다.

선조실록 1597년 1월 2일자 기사다.

지난날 부산의 적 소굴을 불태운 사유를 통제사 이순신이 이미 장계하였다고 합니다. 그런데 도체찰사(都體察使) 이원익(李元翼)

이 거느린 군관 정희현(鄭希玄)은 일찍이 조방장(助防將)으로 오랫동안 밀양(密陽) 등지에 있었으므로 적진에 드나드는 사람들이 정희현의 심복이 된 자가 많습니다. 적의 진영을 몰래 불태운 일은 이원익이 전적으로 정희현에게 명하여 도모한 것입니다. 정희현의 심복인 부산 수군(水軍) 허수석(許守石)은 적진을 마음대로 출입하는 자로 그의 동생이 지금 부산영성 밑에 살고 있는데 그가 주선하여 성사시킬 수 있었으므로 정희현이 밀양으로 가서 허수석과 몰래 모의하여 기일을 약속해 보내고 돌아와 이원익에게 보고하였습니다. 날짜를 기다리는 즈음에 허수석이 급히 부산영에서 와 불태운 곡절을 고했는데 당보(塘報)도 잇따라 이르렀습니다. 그래서 이원익은 허수석이 한 것을 확실하게 알게 된 것입니다. 이순신의 군관이 부사(副使)의 복물선(卜物船)을 운반하는 일로 부산에 도착했었는데 마침 적의 영이 불타는 날이었습니다. 그가 돌아가 이순신에게 보고하여 자기의 공으로 삼은 것일 뿐 이순신은 당초 이번 일의 사정을 모르고서 치계(馳啓)한 것입니다. 허수석이 작상(爵賞)을 바라고 있고 이원익도 또 허수석을 의지해 다시 일을 도모하려 하고 있습니다. 그렇다고 지금 갑자기 작상을 내리면 누설될 염려가 있으니 이런 뜻으로 유시(諭示)하고 은냥(銀兩)을 후히 주어 보내소서. 조정에서 만일 그런 곡절을 모르고 먼저 이순신이 장계한 사람에게 작상을 베풀면 반드시 허수석의 시기하는 마음을 일으키게 될 것이고, 적들도 그런 말을 들으면 방비를 더욱 엄하게 할 것입니다. 그렇게 되면 도모한 일을 시행할 수 없을 것입니다. 그래서 이원익이 신에게 계달하도록 한 것입니다. 또 이번 비밀리에 의논한 일은 이미 이원익의 장계에 있기 때문에 서계하지 않습니다.

부산성의 왜군 소굴을 불태운 것은 허수석이라고 콕 짚어서 김신국이 아뢴 것이다. 이조 좌랑 김신국은 선전관(宣傳官 왕명을 수행하는 관리)으로 경상도에 파견돼 우의정이자 도체찰사인 이원익 아래서 근무하고 있었다. 김신국의 서계에 따르면 이순신은 명백히 거짓 보고를 한 것으로 되어 있다.

자, 그러면 조정에 올라온 서계 중 내용이 서로 다르다면 이건 보통일이 아니다. 진위(眞僞)여부를 판단해야 하고 어느 하나는 거짓임이 판명나면 목을 내놓아야 하는 긴급 사안이다. 바로 이 사건 때문에 선조는 이순신이 왕을 기망한 죄를 지었다고 판단하고 대로(大怒)했다.

사안의 중대성을 감안해서 이 사건이 어디로 귀결되는지 더 살펴보도록 한다.

1596년 12월 25일 조선 조정 회의 내용이다.

> 상(上)이 이르기를, '승지가 어렵게 여기는 것 또한 옳으나, 지금 이 거사는 뜻밖에 군대를 동원하는 예가 아니다. 우리나라가 방어한다는 소문이 이미 전파되었으니, 비록 급하게 군대를 동원하더라도 적은 반드시 놀라지 않을 것이다. 저번에 내가 몸소 군사를 독려한다고 한 것도 역시 이러한 뜻에서이다. 지금 군대를 동원하는 것이 하나의 기회이고 하늘의 뜻이 이와 같은 것이 또 하나의 기회이다. 다만 두려운 점은 군사 기밀이 누설될까 하는 것이요, 또한 일본에서 중국 장수들을 구류할까 하는 것이다. 전일에 의정한 것을 혹 시행한다 해도 도원수(권율)와 도체찰사(이원익)에게 알리지 않을 수 없으니, 말을 잘 타는 문신(文臣)을 급히 보내 의논하도록 해야 할 것이다.'라고 하였다. 이에 호조판서 김수(金晬)가 아뢰기를, '김신국(金藎國)을 보내야 합니다.'

그런데 위 내용을 보면 김신국은 1596년 12월 25일에 한양에 있었던 것으로 나온다. 부산왜영 방화 사건은 1596년 12월 12일에 벌어진 일이고, 이것을 1596년 12월 27일자로 이순신이 보고한 것이다.

그런데 사건 당시 김신국은 현장에 있지도 않았으며 1596년 12월 25일에도 한양에 있던 것으로 보아 이듬해인 1597년 1월 2일에 올라

<그림 18> 한양으로 압송되는 이순신
출처: 현충사 십경도

온 김신국의 보고서는 이순신의 보고보다 하루가 늦은 것이다. 물론 파발 전달과정에서 시간 차이가 있을 수는 있다. 그러나 김신국의 서계의 내용에 나와 있듯이 "이순신은 당초 이번 사실을 모르고 치계했다"라고 단정한 것을 보면 자신에 차있다. 김신국의 보고대로라면 이순신은 허위보고를 한 셈이다. 조정에서는 1월 27일 조정회의에서 김신국의 서계를 사실로 받아들였다.

1597년 1월 27일 조정회의에서 선조가 말했다.

나는 이순신의 사람됨을 자세히 모르지만 성품이 지혜가 적은 듯하다. 왜영을 불태운 일도 김난서(金鸞瑞)와 안위(安衛)가 몰래 약속하여 했다고 하는데, 이순신은 자기가 계책을 세워 한 것처럼 하니 나는 매우 온당치 않게 여긴다. 그런 사람은 비록 청정(淸正, 가토 기요마사)의 목을 베어 오더라도 용서할 수가 없다.

김수는 '부산 왜영을 불사른 일은 원래 이순신이 안위와 비밀히 약속하였는데 다른 사람이 앞질러 먼저 하였습니다. 그런데 이순신이 도리어 자기 공로라 하였다고 하지만, 그 일은 자세히 알 수 없습니다.'라고 하자 이정형(李廷馨)도 '변경에서 생긴 일을 멀리서 헤아릴 수 없으니 천천히 처리해야 할 것입니다.'라고 아뢰었다.

과연 진실은 무엇일까.

가설1) 우연의 일치이지만 양쪽 모두가 동시에 거사를 하려다 허수석이 선수를 먼저 쳤고 이순신의 군관이 부산에 도착했을 때 불기둥이 올라가는 것을 보고 절호의 기회를 빼앗겼다고 분한 마음을 가진 나머지 이순신에게 허위보고를 했을 수도 있다.

가설2) 그리고 부하들의 말만 믿은 이순신은 부하들의 공을 세워주려는 의도에서 그대로 보고를 한 것일 수도 있다. 그렇다 하더라도 이 처사는 엄연한 조정기만이 된다.

가설3) 김신국은 체찰사 이원익 휘하 선전관이다. 이원익의 재가를 거쳐 서계를 올렸을 터인데, 방화의 기획자인 이원익이 이순신이 하루 먼저 '허위보고'를 한 것에 대해서 죄를 묻고자 김신국을 시켜 서계를 올렸을까. 만일 그게 사실이라면 이순신은 목을 내놓아야 한다. 이원익과 이순신, 두 사람의 인간관계를 보면 왜란 7년 동안 이원익은 언제나 이순신을 도와주는 편에 섰던 후원자였다. 따라서 음해하거나 무고하는 일은 없었을 것이다. 선조실록 1596년 10월 5일자에 보면 "이원익은 '이순신은 졸렬한 사람이 아니며 경상도 여러 장수들 가운데 가장 훌륭한 인물입니다'라고 아뢰었다."는 기사가 나올 정도다.

가설4) 그렇다면 이원익 휘하에 있던 김신국(1572~1657)을 주목해 볼 필요가 있다. 1593년 별시문과 병과급제를 한 김신국은 정유재란 때 류성룡을 탄핵했던 북인세력이었다. 그리고 그는 후일 소북(小北)의 영수가 된다. 류성룡과 이원익은 남인(南人)이었다. 이순신도 굳이 따지자면 남인의 지원을 받는 남인 쪽에 가까운 인물이었다. 그러니 방화 현장에도 없었던 김신국의 서계를 액면 그대로 믿을 수 없다는 의구심이 남는다.

이상의 가설은 예전에 사회부 사건기자의 경험을 되살려 기자의 촉(觸)으로 추정해본 것이다.

김신국의 서계에 담긴 "이번 비밀리에 의논한 일은 이미 이원익의 장계에 있기 때문에 서계하지 않습니다."를 주목하고 싶다. '비밀리에 의논한 일이 이원익의 장계에 있다?'면 '누가? 언제? 어디서? 무엇을? 어떻게? 왜?'라는 6하 원칙 하에 주동자, 참여자, 방화일시, 방화방법, 그리고 경과 및 결과 등이 구체적으로 명시되어 있을 것이다. 그러나 끝내 이원익의 장계는 공개되지 않았고 당시 선조는 이순신에 대한 불신이 극도로 높았을 때였다.

또 임금이 보낸 선전관 김신국(북인)과 현장 책임자인 이원익(남인)과의 원만한 대화가 이뤄졌을까. 당색(黨色)이 다른 두 사람 사이에 헤집고 들어온 또 다른 의견은 없었을까?

당시 조선은 명나라 선유도사 담종인(譚宗仁)이 보낸 금토패문(禁討牌文 1594년 3월 6일 시달) 때문에 드러내놓고 왜군을 공격해서는 안 되는 상황이었고 명과 일본과의 강화협상이 결렬돼 일촉즉발의 위급한 상황이었다. 따라서 부산 왜영 방화사건을 드러내놓고 공론화하지 못하고 쉬쉬 덮었을 가능성은 충분히 있다.

따라서 김신국의 손을 들어준 선조에게 이순신은 거짓말쟁이로 낙인찍혔다. 이순신의 죄목은 탈인지공 함인어죄 무비종자 무기탄지죄(奪人之功 陷人於罪 無非從恣 無忌憚之罪)였다. 즉 남의 공을 빼앗고 무함하여 곤경에 빠뜨린 한없이 방자하고 거리낌없는 죄였다. 사형감이다.

정유재란으로 나라는 또 다시 누란(累卵)의 위기에 처했지만 삭탈관직당한 이순신은 한성으로 압송돼 고문을 받아야 했다. 한번 실수는 병가지상사(兵家之常事)라고 했지만 선조에게 시시비비(是是非非)를 가리자고 따질 수도 없는 일. 절대 지존(至尊)에게 밉보인 이순신의 '괘씸죄'는 그렇게 마무리됐다. 오호 애재(哀哉)라!

17. 두 자루의 칼

　좌우명(座右銘)이 있는가. 그렇다면 그것을 늘 바라보고 지키려는 마음가짐은 되어있는가. 그리고 그 좌우명이 나에게 어떤 영향을 미치고 있다고 보는가. 내가 설정한 좌우명이 반드시 손에 만져지는 실익(實益)을 가져다주지 못할지라도 그것과 나와의 보이지 않는 관계 소통이 이뤄지고 있다면? 그리고 서로를 믿고 격려해주고 있다면? 일단 성공한 것이다.

　실제로 최근에 작고한 전직 대통령(YS)은 10대 중학교 시절부터 책상머리에 '미래의 대한민국 대통령 김영삼'이란 글씨를 써놓고 열과 성을 다한 결과, 정말 대통령이 되었다. 재임기간 공과(功過)를 차치하고서라도 일단 뜻을 이룬 것이다. 간절히 바랐던 좌우명이 가져다준 심상사성((心想事成)의 기적이다.

　세계 IT 혁명을 주도한 도전, 창조, 혁신의 아이콘인 고(故) 스티브 잡스는 'Stay hungry(항상 부족함을 느껴라)!' 'Stay foolish(항상 어리석음을 깨달아라)!'라는 말을 곧잘 인용했다. 그 창조 개척정신으로 많은 재물을 쌓았던 부호(富豪)는 암투병 말기에는 다음과 같은 명언을 남겼다. 'Treasure Love for your family, love for your spouse, love for your friends(가족과 배우자, 친구들을 보물처럼 사랑하라).', 'The wealth I have won in my life I cannot bring with me(내 한평생 벌은 재산을 결코 가져갈 수 없다).'고도 했다.

멋진 좌우명을 가졌다는 것은 멋진 인생을 만들어가는 것이다. 복잡다기한 세상살이 망망대해(茫茫大海)에서 일엽편주(一葉片舟)같은 우리네 인생, 좌우명이란 목표를 세움으로써 비로소 자신의 정체성이 실현되기 시작한다.

장군의 좌우명은 두 말 할 것도 없이 위국헌신(爲國獻身)의 충(忠)이었지만 그 실천방법은 두 자루 칼에 새겨진 말로 대변된다. 삼척서천산하동색(三尺誓天山河動色)에 일휘소탕혈염산하(一揮掃蕩血染山河)다.

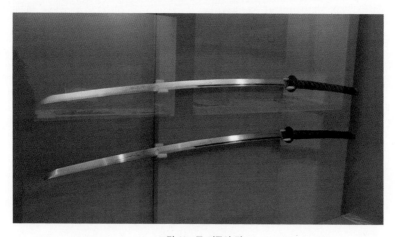

<그림 19> 두 자루의 칼

삼척서천산하동색(三尺誓天山河動色)은 '세척 길이 칼로 하늘에 맹세하니 산과 강도 빛이 변하도다'는 뜻이다. 즉 북로남왜(北虜南倭), 북방의 여진 오랑캐와 남쪽의 왜구를 상대해야 했던 장군은 강토를 침범한 원수들을 가만두지 않겠다는 맹서를 하늘에 알리니 천지산하가 움직이며 감응(感應)했다는 것이다. 또 일휘소탕혈염산하(一揮掃蕩血染山河)는 '크게 한번 휩쓰니 피로써 산과 강을 물들인다.'는 뜻이다. 무단 침입한 오랑캐들에 대한 나라와 백성의 원수를 갚아주고 말겠다는 결연한 결기가 담겨져 있다. 역시 무장으로서의 그의 좌우명은 오로지 나라의 안위를 걱정하는 충성보국(忠誠保國)으로 귀결된다.

아산 현충사에 보관된 장검은 1594년 4월 대장장이 태귀연과 이무영이 만들어 장군에게 바친 것이고 장군은 두 개의 칼에 각각의 좌우명을 새겨 넣었다. 칼의 길이가 전장 197cm에 칼날만 137cm이다. 그래서 이 긴 칼을 실제로 휘두른 게 아니고 좌우명을 담아 마음을 갈고 닦는 증표로 가지고 있었다.

장군은 외로울 때나 모함을 받아 화가 치밀었을 때나 강토가 왜적에 짓밟혀 쑥대밭이 됐을 때나 전투에 나가기 전날 밤이나 언제고 좌우명을 신주 모시 듯 했다. 특히 아침에 눈이 떠졌을 때 가장 먼저 좌우명을 담은 두 자루의 칼을 바라보았다. 두 자루의 칼은 장군에게는 수호신(守護神)이자 보검(寶劍)이었다.

1593년 8월15일 장군이 삼도수군통제사를 제수 받아 한산도에 통제영 본영을 설치했을 때 지금의 제승당(制勝堂) 자리에서 막료 장수들과 작전 회의를 하는 운주당(運籌堂)을 세웠다. 운주(運籌)는 운주유악(運籌帷幄)에서 따온 말인데, 장막 안에서 계책을 세운다는 뜻이다. 그리고 제승(制勝)은 손자병법의 다음과 같은 말에서 따왔다.

'수인지이제류(水因地而制流)' 물은 앞에 놓여있는 지형에 따라 물
줄기를 바꾼다. '병인적이제승(兵因敵而制勝)' 군대도 상대방의 모습
에 따라 승리의 전술을 바꾸어야 한다.

다음은 류성룡(柳成龍)의 징비록 내용이다.

> 이순신이 한산도에 운주당(運籌堂)이란 집을 짓고 밤낮을 그 안
> 에서 지내면서 여러 장수들과 함께 전쟁에 대한 일을 의논하였
> 는데 비록 졸병이라도 군사에 관한 일을 말하고자 하는 사람이
> 면 와서 말하게 하여 군사적인 사정에 통하게 하였으며, 늘 싸
> 움을 하려 할 때 장수들을 모두 불러서 계교를 묻고 전략이 결
> 정된 다음에 싸운 까닭으로 싸움에 패한 일이 없었다.

이때 두 자루의 장검은 운주당의 한켠을 지키며 장군이 세우는 모
든 계책을 듣고 있었다. 장군은 선승구전(先勝求戰)의 이기는 전략을
세울 때마다 칼에 새겨진 좌우명을 바라보며 굳게 다짐하곤 했다.

1593년 장군은 수루에 올라 한산도 야음(閑山島 夜吟)이란 시조를
지었다.

> 수국추광모(水國秋光暮) 한 바다에 가을빛 저물었는데
> 경한안진고(驚寒鴈陣高) 찬바람에 놀란 기러기 높이 떴구나
> 우심전전야(憂心輾轉夜) 가슴에 근심 가득해 잠 못 드는 밤
> 잔월조궁도(殘月照弓刀) 새벽달이 칼과 활을 비추네

남해안 곳곳 요충지에 진을 친 왜군은 물러갈 기미를 보이지 않고
언제 또 다시 불시에 기습을 해올지 모르는 때 가슴 절절한 진중음
(陣中吟)을 읊었다. 장군의 어지러운 심사는 새벽달에 비친 두 자루의
칼날이 뿜어내는 섬광(閃光)으로 나타났다.

삼가현감 고상안(高尚顏 1553~1623)의 태촌집(泰村集)에 따르면 충무공 원운(原韻)에 보태어(附忠武公原韻) 운을 밟은 시조들이 잇달아 나왔다. 지금말로 화답시(和答詩)가 이어진 것이다. 갑오년 1594년 4월 통제영에서 실시된 무과 별시 시관(試官)으로 무사를 뽑는 일을 마친 통제사 이순신(李舜臣)은 도원수 권율(權慄), 전라 좌수사 이억기(李億祺), 충청수사 구사직(具思稷), 장흥부사 황세득(黃世得), 고성군수 조응도(趙凝道), 웅천현감 이운룡(李雲龍) 등과 함께 자리를 했다. 이통제사의 '한산도 야음' 한 수에 화답하여 통제사에게 시를 지어 바쳤다. 특히 고상안은 이순신과 같은 해(1576년) 문과에 급제해 각별한 인연을 가졌던 사람이다.

고상안의 시조이다.

충렬추상름(忠烈秋霜凜)
　　충성과 절의는 가을 찬 서리에 늠름하고
성명북두고(聲名北斗高)
　　명성은 북두성에 드높은데
성진소미진(腥塵掃未盡)
　　더러운 먼지 아직 다 쓸어버리지 못해
야야무용도(夜夜撫龍刀)
　　밤마다 용검을 어루만지네

장군의 진중음에 더해 고상안은 '더러운 먼지(왜적)를 다 쓸어버리지 못해서 밤마다 용검을 어루만진다.'며 장군의 분함과 애통함을 표현했다.

이후로도 끊임없이 이충무공을 기리는 시조들이 쏟아져 나왔다.

1656년 통제사 유혁연(柳赫然)이 남긴 '삼가 이순신 한산도 차운(謹

次李忠武(舜臣) 閑山島韻’이다.

> 호령산하동(號令山河動) 한번 호령하니 산하가 요동하고
> 공명일월고(功名日月高) 공명은 해와 달 같이 높았다네
> 여금파벽상(如今破壁上) 이제는 깨어진 벽 위에 걸려있어도
> 야후구룡도(夜吼舊龍刀) 밤이면 옛 쌍룡도가 울부짖누나

17세기 효종 때 경상 관찰사인 남용익(南龍翼)은 '존경하는 이순신 한산도 차운(敬次李忠武公(舜臣) 閑山島韻) 본가의 문서에 적다(題本家帖)'에서 다음과 같은 시조를 남겼다.

> 문적수양영(聞笛睢陽詠) 수양성 노래하는 피리소리 들리는데
> 천추절병고(千秋節並高) 오랜 세월 변방의 절개 높았다네
> 시위억량장(時危憶良將) 위태로운 때 훌륭한 장수를 추억하며
> 중야무룡도(中夜撫龍刀) 깊은 밤 쌍룡도만 어루만지네

장군을 추모하며 '깊은 밤에 쌍룡도를 어루만지는 기분'은 어떠했을까. 여기서 수양성(睢陽城)은 당나라 안녹산(安祿山)의 난 때 장순(張巡), 허원(許遠)이 수양성(睢陽城)을 지키다가 성이 함락되어 죽었다.

후세의 차운(次韻)은 계속된다.

임홍량(任弘亮 1634~1707)의 '이충무한산도 차운(次李忠武公(舜臣) 閑山島韻)'이다.

> 덕수인호정(德水人豪挺) 덕수 이씨 뛰어난 호걸
> 한산운갱고(閑山韻更高) 한산도 시운 뛰어나다
> 삼한재조열(三韓再造烈) 강건한 삼한을 다시 세우매
> 간취구룡도(看取舊龍刀) 옛 쌍룡검 보며 깨닫네
> 기작산하장(氣作山河壯) 기세 일으킨 산하는 웅장한데

명현우주고(名懸宇宙高) 명성 헛되이 우주만 높구나
천추창해상(千秋滄海上) 오랜 세월 푸른 바다에
여로재룡도(餘怒在龍刀) 남은 분노 쌍룡도를 살피네
추광입해타(秋光入咳唾) 가을햇살 방긋 웃듯 들어오는데
충의가쟁고(忠義可爭高) 충의는 다툴 만큼 고상하다
선열지무첨(先烈知無忝) 선열은 더럽힘이 없었음을 알겠고
성도즉색도(晟刀卽愬刀) 밝은 칼이 곧 두려워 할 칼이로다

마지막 절 성도즉색도(晟刀卽愬刀), '달빛 받아 밝은 칼이 곧 앞으
로 왜적들이 두려워 할 칼이로다.'가 백미(白眉)다.

17세기 후반 신익상(申翼相)의 '충무공한산도 차운(次忠武公閑山島
韻)'이다.

운해장성락(雲海將星落) 구름 낀 바다 장군별 떨어진
인대훈업고(麟臺勳業高) 인대(麟臺)의 공적 높도다
영웅만금루(英雄滿襟淚) 영웅의 옷깃에 눈물 흥건하니
유한읍룡도(遺恨泣龍刀) 남은 원한에 쌍룡도가 울린다

역시 쌍룡도는 못다 푼 영웅의 원한에 못 이겨 흐느낀다. 여기서
인대(麟臺)는 중국 한나라 때 장안(長安)에 세운 누각 이름이다.
이렇듯 장군의 좌우명을 담은 보검 두 자루는 이후로도 많은 사람들
의 시제(詩題)로 읊어졌다. 그리고 이 애장품(愛藏品)은 현재 보물 제 326
호로 지정되었다. 장군은 선조로부터 사인검(四寅劍 공이 있는 장수에게
내리는 검)을 받은 기록이 없지만 전사 후, 명 황제 신종으로부터 팔사품
중 하나인 참도(斬刀) 1쌍과 귀도(鬼刀) 1쌍을 받았다. 지금 경남 통영 충
렬사에 소장되어 있다. 비록 장군의 육신은 사라졌지만 그의 정신은 두
자루의 칼에 오롯이 새겨져 내려오고 있다. 때론 빛으로, 때론 울음으로

18. 이순신의 창의력(創意力), 격물치지(格物致知)

　우선 이 어려운 말, 격물치지(格物致知)의 정의를 알아보자. 교육학 용어사전의 설명이다. '사물에 대하여 깊이 연구하여(格物) 지식을 넓히는 것(致知)이다. 격물과 치지는 사서(四書)중 하나인 대학(大學)에서 밝힌 팔조목에 속한다. 주자학으로 불리는 정주학파(程朱學派: 程伊川·朱熹)에서는 격물의 목적은 영원한 이치에 관한 우리의 지식을 넓히는 데 있다고 하면서 치지가 격물보다 먼저라고 생각하였으나, 양명학으로 알려진 육왕학파(陸王學派: 陸象山·王陽明)에서는 오히려 격물이 치지보다 더욱 먼저라고 하였다.

　주자(朱子)는 이렇게 말하였다. 인간의 마음은 영특하여 알지 못하는 것이 없고 천하에는 이치를 담지 않은 사물도 없으나, 그 이치를 다 궁구하지 못했기 때문에 그 지식 또한 다 밝히지 못한 것이다. 그러므로 이 세상의 사물을 이미 자기가 아는 이치에 따라서 더욱 추구하여 그 끝에 이르도록 해야 하며, 꾸준히 노력하면 어느 날 통달하여 모든 만물이 정교하거나 거칠거나 표면적인 것이거나 이면적인 것이거나 두루 미치어 자기 마음의 전체에 그 모습이 밝혀진다고 하였다. 그러나 왕양명(王陽明)은 지식을 넓히는 것은 사물을 바로 잡는 데 있다(致知在格物)고 하였다.'

주자의 격물치지가 지식 위주인 것에 반해 왕양명은 도덕적 실천을 중시하고 있어 오늘날 주자학을 이학(理學)이라 하고, 양명학을 심학(心學)이라고도 한다.

장군의 창의를 담은 실사구시(實事求是) 정신은 '사물에 대하여 깊이 연구하여 지식을 넓히는 것', 곧 격물치지(格物致知)에서 비롯된 것이다.

'맨주먹으로 호랑이를 치지 않고 걸어서 황하를 건너지 않는다'는 포호빙하(暴虎馮河)는 곧 무모한 행동을 하지 않는다는 뜻이다. 여기서 '꾀(智謀)를 써서 일을 성공시킨다'는 호모이성(好謀而成)이라는 말이 나온다. 장군의 주특기인 선승구전(先勝求戰)의 전략, 즉 '이기는 싸움'과도 맥이 통한다.

장군은 1592년 7월 8일(음력) 거북선을 활용한 학익진(鶴翼陣) 전법으로 한산도대첩에서 대승을 거뒀다. 1591년 2월 전라좌도 수군절도사(정3품)로 부임하자마자 3월부터 거북선 창제에 나섰다. 임진왜란 발발 14개월 전이었다. 또 1577년 전라좌수사를 역임한 31세 대선배인 '백전노장' 정걸(丁傑)을 찾아가 조방장(助防將 참모장)으로 모시겠다고 청했다. '까마득한 후배장수'의 청을 기꺼이 받아들인 정걸은 판옥선을 만든 주역으로 알려진 인물이다. 그는 판옥선에 철익전 및 불화살 등을 쏠 수 있는 대총통을 설치해 조선수군을 최강의 함대로 만들었다.

'싸우면 반드시 이긴다'는 정신으로 임했던 장군은 사전에 철저한 준비를 했다. 유비무환(有備無患)정신이다. 원균(元均)이 맨주먹으로 호랑이를 때려 눕히려는 만용(蠻勇)을 부리다 그만 칠천량 해전에서 조선수군을 모두 궤멸시킨 것과 대조적이다.

장군이 활용한 '돌격선'인 거북선의 직충(直衝)전술과 학익진이라는 포위전술은 당시만 해도 획기적인 것이었다. 상대편 배에 근접하여 올라탄 뒤 칼춤을 추는데 익숙한 왜군의 등선 백병전(登船 白兵戰)을 막아내려면 거북선의 지붕에 덮개를 두르고 철침으로 무장해야 한다. 그리고 거북선을 적진 한복판에 진격시켜 종횡무진으로 휘저으며 방포(放砲)함으로써 전열을 흩뜨려 놓아야 한다. 그리고 적의 조총 사정거리(50m) 바깥에서 각종 총포로 원거리 집중 포격을 함으로써 '이기는 전략'을 구사했던 것이다.

단병전(短兵戰)에 약한 조선수군의 약점을 장점으로 만드는 이 입체적인 화력전은 근대 해전에서나 볼 수 있는 것이다. 300년 후 19세기 후반 메이지 유신(明治維新)을 단행한 일본은 영국에서 군함을 도입하고(하드웨어) 임진왜란 때 23전 23승의 승리를 거둔 이순신 장군의 전략(소프트웨어)을 집중적으로 연구했다. 거북선의 직충(直衝)전술과 판옥선과의 합동으로 쌍학익진(雙鶴翼陣)을 펼쳐 포위한 뒤 일시 집중타법(Salvo타법)을 구사한 것이 주요 과제였다. 그야말로 실패에서 배우는 체험적 교훈이었다. 일본은 이순신의 쌍학익진(雙鶴翼陣) 전술을 더욱 발전시켜, 적의 함대를 빙 둘러 에워싸고 일제히 포사격을 하는 원진법(圓陣法)이라는 신개념의 전술을 개발했다. 도고 헤이하치로(東鄕平八郞) 일본제독은 청일해전(1894~1895년)과 러일전쟁(1904~1905년)에서 학익전을 응용한 T자 진법으로 청나라 북양

함대와 러시아 발틱함대를 모두 수장시켰다.

거북선의 직충(直衝) 전법은 적의 배에 돌진해서 깨트리는 당파(撞破)전술이다. 오늘날 현대전에서 래밍(Ramming)전법으로 활용되고 있다. DJ, 노무현 정권 때 NLL에서 북한 경비정이 남하, 월경(越境)하면 우리 해군 경비함은 곧바로 함포사격하지 않고 적선의 측면을 밀어 냈는데 그 또한 당파전술의 하나이다.

장군의 창의성은 정철총통의 개발에서도 빛났다. '필요는 발명의 어머니' 정신이다. 장군은 왜란 초기 조선육군이 왜 조총(鳥銃 뎃뽀) 공격에 '무(無)뎃뽀'로 대응하다 모두 당하고 도망치는 것에 착안, 1593년 8월 정철 총통을 개발했다. 군관 정사준(鄭思竣)에게 책무를 맡겼다. 정 군관은 대장장이와 종 등 천민들과 함께 기어코 정철총통을 만들어냈다. 아랫사람에게 묻기를 부끄러워 하지 않는 장군의 불치하문(不恥下問) 정신의 발현이다. 거북선도 마찬가지로 감조군관 나대용(羅大用)에게 맡겨 훗날 세계 해전사에 기록되는 영광을 안았다.

장군은 상대적으로 강한 전함인 거북선과 판옥선의 장점을 살려, 왜선단을 들이받아 깨뜨리는 직충전(直衝戰)을 생각해 실전에서 효력을 발휘했다. 그리고 임진왜란 발발 하루 전날까지 거북선에서 함포 사격훈련을 실시했다.

또 화약을 만들 때 쓰는 염초(焰硝 질산칼륨 KNO3)를 구하기 위해서 지붕 처마나 화장실 주변 흙에서 질소성분과 알칼리 성분을 채취했다. 세종실록 등에서 군사기술에 관한 기록을 샅샅이 뒤진 것은 물론이다. 이처럼 사물의 이치를 궁구(窮究)하는 진지한 학인(學人)의 자세, 즉 격물치지(格物致知)의 정신으로 일관했다.

또한 장군은 지형지물의 활용에 있어 달인(達人)이었다. 따라서 평소 지형지세를 남달리 살펴두는 관찰력이 뛰어났다. 그리고 기록했다. 그냥 말로 하고 끝내는 것이 아니라, 기록을 했다는 사실은 매우 주목할만한 전략가적 사고다.

지도에 밝은 장군의 이야기다.

1583년 7월 함경도 남병사 군관(종8품), 10월 건원보 권관(종9품) 시절 장군은 여진족 방어에 전념하고 있었다.

임진왜란 이전이므로 난중일기가 아니라, 함경도 일기의 기록이다.

"아침에 은성부사와 작별하고 성을 나와 5리 쯤 왔을 때 큰 솔들이 길 양 옆으로 10여리나 된다. 또 30여 리를 더 가니 큰 고갯마루가 서쪽에서 뻗어와 바다 어귀에 가로질러 있는데 이름은 만령(蔓嶺)이다. 이시애(李施愛)가 반역하여 이 고개에 웅거하고 관군에 항거할 적에 이 고지를 점령하고 진을 벌리고 돌과 활을 비 퍼붓듯 하므로 관군이 전진하지 못했다. 이때 어유소(魚有沼)가 몰래 해정(海丁)을 경유하여 적군의 후방을 돌아서 공격하자 적들이 깃발과 북을 내버리고 도망친 곳이다. 그런데 지형을 보니 적이 고개에 웅거해 있었다면 해정길이란 것이 바로 눈 아래 보이는 지척인지라 군사 수십 명만으로 막고 있었어도 관군이 비록 수천 명이라도 험관을 넘기가 어려웠을 것이다. 그러나 평삭방서(平朔方序 북방을 평정한 글의 서문)에는 몰래 해정을 경유했다고 되어 있는데 이는 납득이 잘 되지 않는다. 그리고 고갯마루의 한 가닥이 가운데로 뻗어 해안에 닿아서 절벽으로 끊어진 데가 이른바 시중대인데 송림이 울창하고 바다가 가득하여 경치가 매우 좋다. 잠깐 쉬면서 혼자서 술 몇 잔을 들고 일어나 거산역(居山驛)에 이르니 해가 저물었다. 또 잠깐 쉬고서 말을 재촉하여 북청(北靑) 고을에 당도하니 날이 어두워졌다."

1597년 5월 백의종군 시절 도원수 권율(權慄)이 있는 초계(합천)를 향해 전라도 구례의 섬진강 땅에 발을 디뎠을 때였다. 4도체찰사(총사령관) 이원익(李元翼)이 편지를 보내왔다.

1597년 5월 24일. 체찰사가 군관 이지각을 보내어 안부를 묻고 경상우도 연해안 지도(낙동강 하구에서 노량에 이르는 한려수도 해역)를 그리고 싶으나 그릴 방도가 없다고 하니 본 대로 그려서 보내주면 고맙겠다고 했다. 그래서 나는 거절할 수가 없어서 그려서 보내주었다.

열흘 뒤쯤 초계 땅 갯벼루 고개에 다다랐을 때 장군은 지형지세를 눈여겨 보았다.

1597년 6월 4일. 기암절벽은 천 길이나 되고 강물은 굽이치고 깊기도 하다. 길 또한 험하고 위태로우니 만약 누가 있어 이 요해처(要害處)를 지킨다면 만 명의 용사라도 지나가기 어려울 것이다.

수군이었지만 육지의 천험(天險) 요해처를 그냥 지나치지 않고 꼼꼼히 기록해 두었다.

1597년 7월 19일. 단성(산청)의 동산산성에 올라 그 형세를 살펴보니 매우 험준하여 적이 엿볼 수 없을 것 같다. 그대로 단성에서 잤다.

몸은 비록 백의를 입은 무등병(無等兵) 신세였지만 훗날 육군으로 배속되어 육전을 치러야할 사정도 감안한 듯 눈앞에 보이는 지형지세를 하나도 놓치지 않았다. 장군의 눈썰미가 예사롭지 않음을 이미 확인된 바 있다.

1580년 7월 발포만호(종4품)로 재직할 때 전라감사 손식(孫軾)이 이순신을 전라감영으로 불러 진법에 대해 시험 삼아 물은 적이 있었다. 당시 장군은 직속상관인 전라좌수사 성박(成鎛)이 객사 뜰의 오동나무를 베다가 거문고를 만들고 싶어 했지만 일언지하에 거절했다. 그 소문을 들은 손식이 이순신이 어떤 사람인가 떠볼 겸 감영으로 부른 것이다. 그런데 이순신이 그린 진법도가 너무나 정교하자 손식은 내심 놀라면서 "내가 잘못 봤소. 일찍이 그대를 바로 알아보지 못했던 것이 후회스럽소"라고 손을 잡고 사과했다.

이런 장군의 관찰력과 예지력은 1597년 9월 16일 명량대첩 때 울돌목이라는 천혜(天惠)의 지형을 발견해내고 그 지세와 물길을 적극 활용, 13대 133이란 중과부적(衆寡不敵)의 불가능을 가능케 만들었다. 이것을 어디 하늘이 준 행운(天幸)이라고만 생각할 수 있을까.

금신전선 상유십이(今臣戰船 尙有十二) 신에게는 아직 12척의 전선이 있사옵니다.

고립무원(孤立無援)의 절박한 상황이었지만 그 불굴의 투지로 끝까지 물러서지 않고 당당히 맞서 이김으로써 세계 해전사에 또 하나의 신기록을 남겼다.

이 대목에서 임진왜란 초인 1592년 4월 삼도도순변사 신립(申砬)이 천험의 요해처인 문경 새재(鳥嶺)를 버리고 허허 벌판인 충주 탄금대에 배수진을 쳤다가 고니시 유키나가(小西行長)의 제1선봉군에게 무참히 몰살당한 사실을 떠올리게 한다. 훨씬 이전에 조선의 기마부대로 여진족을 깨부쉈던 신립은 과거의 추억과 명성에서 헤어나지 못했다.

부산에 상륙해 파죽지세로 북상하던 고니시는 조령을 통과하면서 "조선 장수는 이 천혜의 지역을 피해서 대체 어디로 도망갔단 말인 가"라며 조롱했고 왜군들은 풍악을 울리면서 유유히 지나갔다.

200여년 후인 1801년 실학자 다산 정약용(丁若鏞)은 문경새재를 지나치면서 "신립에게 묻고 싶다. 왜 나라의 문을 그리 쉽게 열어주었는지…"라고 한탄했다.

19. 명-왜 강화협상과 조선분할론

1592년 4월 13일 고니시 유키나가(小西行長) 선봉군 1만 6천명이 부산포에 상륙한 뒤 파죽지세로 북상하자 선조는 4월 30일 한성을 떠나 몽진(蒙塵 임금이 먼지를 뒤집어쓰고 피난감) 길에 올랐다. 그리고 천신만고 끝에 5월 8일 평양성에 도착했다. 그러나 6월 2일 고니시의 제1군과 구로다 나가마사(黑田長政)의 제3군이 선조의 뒤를 쫓아오자 다시 평양성을 서둘러 떠나 7월 3일 의주에 가까스로 도착했다.

며칠 후인 7월 10일 명나라 조승훈(祖承訓)은 5천여 명의 선발대를 이끌고 압록강을 건너와 17일 평양성을 공격했으나 패하고 말았다. '대국의 천군(天軍)'이란 자만심을 내세운 채 적의 상황을 제대로 파악하지 못한 실책이었다.

손자병법에서 말한 '부지피부지기 매전필태(不知彼不知己 每戰必殆)'를 모르는 무지에서 비롯된 것이다. 즉 적을 모르는 상황에서 나조차도 모르면 싸움에서 반드시 위태롭다는 뜻이다.

한편 가토 기요마사(加籐淸正)의 제 2군은 7월 24일 함경도 험지를 거쳐 여진족이 있는 두만강 언저리까지 도착했다. 그 즈음 임해군과 순화군 두 왕자가 왜군에 투항한 순왜(順倭)인 국경인(鞠景仁)의 밀고로 가토 군에게 사로잡혔다. 조선의 운명은 언제 꺼질지 모르는 절체절명의 풍전등화(風前燈火) 형세였다.

그동안 명나라 조정에 애걸복걸한 결과 1593년 1월 7일 제독 이여송(李如松)이 본진 5만여명을 이끌고 압록강을 건너왔다. 그리고 패장 조승훈과 조선군과의 연합으로 평양성을 마침내 함락시켰다. 명군은 불랑기포(佛狼機砲), 멸로포(滅虜砲), 호준포(虎砲) 등 화포를 발사하여 평양성을 타격했다. 이때 승기(勝機)를 잡은 이여송 제독은 그 여세를 몰아 개성을 거쳐 벽제까지 남하했다. 그러나 1월 27일 경기도 고양의 여석령(礪石嶺)에 매복해 있던 왜군의 기습을 받아 벽제관(碧蹄館) 전투에서 대패하고 말았다. 겁을 잔뜩 집어먹은 명군은 개성으로 물러났다가 멀찌감치 평양으로 후퇴했다. 이때 '전시재상' 류성룡(柳成龍)은 이여송 제독에게 후퇴해서는 안 되며 전열을 정비한 후 한양의 왜군 총본부를 쳐부숴야한다고 애원하며 간청했으나 소귀에 경 읽기였다.

조승훈의 1차 평양성 패배로 왜군의 세력이 생각보다 만만치 않음을 간파한 명나라 병부상서 석성(石星)과 경략 송응창(宋應昌)은 유격 심유경(沈惟敬)을 고니시 유키나가에게 보내 평양 강복산에서 강화협상을 시작하였다. 밀고당기는 우여곡절 끝에 1592년 9월 1일부터 50일 동안 휴전협정을 맺기로 결정했다. 그후 이여송이 벽제관 전투에서 패배하자 1593년 4월 8일 용산에서 두 번째 회담이 열렸다. 그런데 이 두 회담에서 심유경과 고니시 사이에 어떤 이야기가 오갔는지 조선 조정은 까마득히 모르고 있었다. 다만 류성룡 등 몇몇 대신은 조선강토를 가지고 찧고 까부는 거래를 하고 있다는 사실을 어렴풋이 감지하고 있었다. 심증은 가나 물증이 없는 형편이어서 당당히 따지고 들 수도 없는 노릇이었다.

1593년 6월 28일 진주성 2차 공방전 중에 강화교섭차 명나라 사신 사용재(謝用梓), 서일관(徐一貫)과 함께 왜장 고니시 유키나가가 일본 나고야성(名護屋城)에 갔을 때 도요토미 히데요시는 명나라 사신에게 화건 7조(和件 7條)를 제시했다.

화건 7조는 다음과 같다.

첫째, 명황제의 왕녀를 일본천황에게 시집보낸다.

둘째, 감합(勘合)무역(조공형식 제한무역)을 부활한다.

셋째, 일, 명 양국의 대신은 우호의 서사(誓詞)를 교환한다.

넷째, 조선 8도 중 북 4도와 한성(서울)은 조선에게 돌려주고 남 4도(경기, 충청, 전라, 경상)는 일본에 할양한다.

다섯째, 북 4도를 돌려주는 대신 조선의 왕자와 대신을 일본에 인질로 보낸다.

여섯째, 포로로 잡은 두 조선 왕자를 돌려보낸다.

일곱째, 조선의 대신은 일본을 배반하지 않을 것을 맹세한다.

명나라와 일본의 강화목적은 명군은 싸우지 않고 서둘러 전쟁을 끝내는 것이고 일본은 전쟁을 확대하지 않고 조선 남부 4도를 할양받아 조선 지배를 위한 영토를 확실하게 보장받는 것이었다. 그러나 문제가 있었다. 도요토미 히데요시의 화건 7조는 명황제가 결코 받아들일 수 없는 것임을 알고 명 사신 심유경(沈惟敬)과 왜장 고니시 유키나가, 군승 겐쇼(玄蘇)는 화건 7조 대신에 일본의 항복문서를 위작(僞作)하여 명황제(神宗)에게 바쳤다.

1594년 4월 도사 담종인(譚宗仁)과 도독 유정(劉綎)은 조선군에게 금토패문(禁討牌文)을 내려 왜군을 공격하지 못하게 했다. 이때 이순신 장군의 반박문은 유명하다.

그러나 이와같은 저간의 사정을 잘 모르는 명황제 신종(神宗)이 '항복한' 도요토미 히데요시(豊臣秀吉)를 일본왕(日本王)으로 임명하자 1596년 9월 2일 도요토미 히데요시는 화가 머리끝까지 올라 강화교섭을 결렬시켰다. 그리고 조선 남부 4도를 점령하기 위하여 정유재란을 일으켰다. 도요토미 히데요시는 명나라에 대한 보복조치로 조선 땅, 특히 전라도(赤國) 지방에 대한 보복살육전을 벌여 피의 쑥대밭으로 만들었다. 수백차례 분탕질과 노략질이 자행되었고 전라도 백성들의 수급(首級) 대신 코와 귀를 잘라 도요토미에게 전과(戰果)를 보고했다. 왜병 1인당 3개 이상씩 할당을 했는데 조선 관군과 명군은 물론이고 수훈을 세우기 위해 일반 백성들의 코와 귀까지 무자비하게 잘라갔다. 교토(京都)의 도요토미 히데요시 위패가 안치되어 있는 도요꾸니 진자(豊國神社)의 정문 앞에 조그마한 봉분이 있는데 그것이 귀무덤(耳塚)이다.

1597년 7월 5일 강화협상에서 심유경(沈惟敬)과 고니시 유키나가의 사기연출이 들통나자 심유경은 경남 의령에서 명나라 장수 양원(楊元)에게 체포되어 목이 잘렸다.

하루빨리 전쟁을 끝내고 싶어하는 명나라와 일본은 조선 땅을 놓고 흥정하는 동안 조선은 어디에도 존재감이 없었다. 1953년 한국전쟁 때 휴전회담의 당사자는 미군과 중국-북한군이었다. 정작 당사자가 돼야할 대한민국 당국은 자신의 운명(DMZ 남북분할)을 그저 멀리서 넋 놓고 바라볼 수밖에 없는 신세였다.

명나라에 외교권(外交權)과 군통수권(軍統帥權)을 빼앗긴 채 강 건
너 불구경하듯 하던 조정은 나름대로 묘책을 짜냈다. 바로 의승장(義
僧將)을 동원, 적장과의 교섭에 나섰다. 1594년(선조 27) 조선대표 유
정(惟政, 四溟大師)이 단신으로 서생포왜성에 가서 가토 기요마사(加
藤淸正)와 4차례 걸쳐 휴전을 위한 강화회담을 벌였다. 그러나 가토
는 조선 남부 4도 할양 등 얼토당토않은 무리한 요구를 했으므로 결
렬되었다. 승병인 유정 사명당은 '의승군(義僧軍)의 원조'인 서산대사
(西山大師) 휴정(休靜)의 제자이다. 불교를 억누르고 유교를 숭상했던
'억불숭유(抑佛崇儒)' 정책을 폈던 선비의 나라 조선이 서산대사와 사
명당을 전란 때 적절히 활용하고 있음을 알 수 있다.

1595년 2월 10일 선조실록은 다음과 같이 기록했다.

> 명의 유격장군 진린(陳璘)이 선조 28년 1월 12일 죽도(김해)왜
> 성에 도착한 뒤 이곳에서 하루 숙식(宿食)한 후 13일 아침에 출
> 발하여 오후 1시에 고니시 유키나가(小西行長)가 있는 웅천왜성
> 에 도착했다. 여기서 명의 대표인 진린, 담종인, 유대무와 고니
> 시 유키나가, 현소, 죽계 등 일본대표는 상호 철군을 위한 화의
> (和議)를 시작했다.

이 때 시종수행원인 접반사(接伴使)로 따라 간 이시발(李時發)이 쓴
당시의 상황 기록을 보면 죽도왜성 및 웅천왜성의 모습을 생생하게
엿볼 수 있다.

> 정월 12일 일찌감치 진 유천에서 출발하여 밀양을 지나 김해
> 에 정박하였는데 죽도의 진영에 있는 소장이 배 위에 와서 보
> 고 식사를 청하여 그대로 그곳에서 잠을 잤다. 그 진영의 넓이

가 평양성 정도나 되었고 삼면이 강에 임해 있었으며 목책과 토성으로 둘러싸였고 그 안에 석성을 쌓았다. 웅장한 누각은 현란할 정도로 화려하고 크고 작은 토우(土偶)가 즐비하게 늘어서 있었다. 1만여명의 병사를 수용할 만한 크기였다. 성 밑에는 크고 작은 선박들이 줄지어 있었고 그들에게 붙어사는 우리 백성들은 성 밖에 막을 치고 곳곳에서 둔전(屯田)을 일구거나 물고기를 잡아 생활하였다.

1594년 명과 화의가 진척되자 1595년 6월 28일 도요토미 히데요시의 명령으로 부산포, 죽도, 가덕도 왜성 등 몇 개를 남겨두고 나머지는 불태우고 왜군은 일본으로 철수한다. 이때 가토 기요마사(加藤淸正)는 서생포 왜성에서 기장의 죽성리 왜성으로 옮긴 뒤 1596년 6월 다시 일본으로 철수하여 후시미로 갔다가 정유재란 때 선봉장으로 재입성했다.

가토는 1597년 1월 14일 정유재란 때 제1번대 선봉장으로 1만4700명의 왜군을 이끌고 300척의 배로 부산포에 상륙해 양산을 거쳐 서생포 왜성에 다시 주둔했다. 곧이어 새로 축성된 울산왜성으로 옮긴 후 1598년 1월 5일 울산왜성(도산성) 전투에서 고전(苦戰)을 면치 못한 뒤 서생포로 도망해간 가토는 울산전투에서 겪은 치욕을 삭히지 못하고 할복자살을 시도했다. 그러나 그의 앙숙인 고시니 유키나가의 만류로 서생포에서 농성하다가 부산포 왜성으로 옮겨갔다.

정유재란 때 조명연합군과 왜군간의 치열한 공방전이 벌어진 곳이 울산성 전투다. 1597년 10월 울산에 도착한 왜병 1만 6000명은 울산읍성 및 병영성을 헐어서 40일만에 왜성을 축성, 최후의 보루로 삼았다. 그러나 축성한지 3일 만인 1597년 12월 23일(선조 30)부터 다음 해 1월 4일까지 류성룡, 권율, 양호가 이끄는 4만 4000명의 조명연합군이 성을 포위, 맹공격하자 가토 기요마사와 왜병 3000명은 성안으로 후퇴하여 농성 항전했다. 이때 식량과 식수는 다 떨어지고 추위가 혹독해 아사자와 동사자가 속출했다. 밤에 몰래 성밖으로 나가 태화강 물을 떠왔으나 시체가 썩은 물이었다. 말을 잡아먹고 말의 피와 오줌을 마시고 심지어 벽에 바른 종이를 삶아먹는 등 극한 상황이 계속되었다.

1598년 1월 4일 서생포에서 제 3군 구로다 나가마사(黑田長政)의 1만 3000명 구원군이 도착하여 배후를 공격하자 쌍방 6000여명의 사상자가 나왔다. 이 혈전 끝에 조명연합군이 경주로 퇴각하자 왜군은 성벽을 삼중으로 쌓고 수비하면서 싸우려 하지 않았다.(1차 도산성전투)

다시 1598년 9월 조명연합군의 전면 포위공격에 항전하다가 도요토미 히데요시가 사망하고 전투가 소강상태에 있을 때 가토는 1598년 11월 18일 야밤에 성을 불태우고 서생포 왜성으로 도주했다. 1차 도산성 전투에서 겪은 쓰라린 경험으로 가토는 일본 구주(九州)의 구마모토성(熊本城)을 축성할 때 다다미 속에 짚 대신 고구마줄기를 넣어 비상식량으로 하고 성내 우물도 120개를 팠다고 한다. 1598년 8월 18일 도요토미 히데요시가 사망하자 10월 27일 도쿠가와 이에야스(德川家康 1543~1616)의 퇴각 명령에 따라 구로다 나가마사(黑田長政)는 서생포성 안의 모든 집을 불태우고 부산으로 철수했다. 11월 24일 명(明)의 제독 마귀(麻貴)는 울산과 서생포 왜성에 입성했다. 임진왜란 7년 전쟁에서 울산왜성전투가 마지막 육상결전이었고 해상에서는 이순신 장군이 순국(殉國)한 노량해전이었다.

경상도 민속 농악중 신나는 구절, '쾌지나 칭칭 나네'는 "쾌재라! 청정(淸正)이 쫓겨나가네"라고 한다. 백성들은 청정(淸正 가토 기요마사)을 '맑고 정의롭다'는 본래 뜻과는 다르게 '(鬼)요마사' 또는 '살인, 약탈의 화신(化身)'이라고 불렀다.

20. 선조의 피난길 밥상

선조실록 1592년 4월 14일부터 16일까지 3일 동안 역사기록은 공백으로 남아있다. 이는 전쟁이 일어난 당시 조선의 급박한 상황을 웅변으로 증명해주는 방증(傍證)이기도 하다.

4월 13일 부산포에 상륙한 고니시 유키나가(小西行長) 제 1군(1만 6천여명)은 20일 동안 단숨에 무인지경(無人之境)으로 달려 5월 3일 한양에 무혈입성했다.

아연실색(啞然失色)한 선조는 당시 명장이라는 신립(申砬)과 이일(李鎰)에게 "어서 빨리 가서 왜군을 막으라!"는 긴급한 명령을 내리고 급히 도성을 빠져나갈 계책을 세웠다.

부산포에 왜군이 대거 상륙했다는 급보를 전한 사람은 경상좌수사였던 박홍(朴泓)이었다.

선조실록 4월 17일 기록이다.

포시(晡時 저녁 때)에 변방의 급보가 한양에 도착했다. 즉시 이일(李鎰)을 순변사로 임명하여 3백 명의 정예병사들을 데리고 상주로 내려가서 적을 막도록 했으나 패하여 종사관 박지(朴篪), 윤섬(尹暹) 등은 죽고 이일은 혼자 말을 타고 도망쳐서 죽음을 면하였다.

이어 퇴각한 이일이 조정에 급보를 올렸다. 선조실록이다.

신립(申砬)을 삼도 순변사에 임명하였다. 임금이 직접 나와서 그를 전송하면서 보검(寶劍) 한 자루를 주며 말하기를 '이일(李鎰) 이하 그 누구든 명령을 듣지 않는 자는 경(卿)이 모두 다 처단하라'고 하였다. 중앙과 지방의 정예병을 모두 동원하고 자문감(紫門監 궁궐보수, 각종 기물을 제작하는 관청)의 무기들을 있는 대로 전부 다 꺼냈는데 도성 사람들은 모두 저자를 파하고 나와서 구경하였다.

4월 20일 병조판서에 김응남(金應南), 병조참판에 심충겸(沈忠謙), 체찰사에 류성룡(柳成龍)이 임명돼 일단 '전시내각'이 짜여졌다. 병조판서 김응남은 어가를 호종(扈從)하는 총책임자가 됐다.

초조하고 다급해진 선조는 대신들과 백성을 안심시킨답시고 점술 이야기를 늘어놓았다. 1592년 4월 28일자 선조실록 기록이다.

사람들이 두려워하는 마음을 가지기 때문에 임금이 대신들에게 말하기를 '목성(歲星)이 비치는 나라를 치는 자는 반드시 그 재앙을 받는 법이다. 지금 목성이 연(燕) 분야(천문학에서 중국 전역을 9개 주로 나눌 때 연나라는 동북지방으로 조선은 연나라 지역에 속했다)에 있으니 적은 반드시 스스로 멸망하고 말 것이다.'

오죽 믿을 구석이 없었으면 점술 이야기를 꺼냈을까. 처량하고 눈물겨운 장면이다.

그토록 믿었던 이일과 신립이 모두 패했다는 소식에 선조는 한양을 떠날 수밖에 없었다. 백성 입장에서는 '도망'이 되겠지만, 전략상 이보(二步) 전진을 위한 일보(一步) 후퇴라고 볼 수도 있다. 일단 구심점인 왕이 살아있어야, 대명(對明) 외교와 군사관계 및 왜군을 섬멸시킬 계책을 세울 수 있기 때문이다.

선조는 도성을 떠나기 전 징병체찰사 이원익(李元翼)과 최흥원(崔興源)을 불러 이원익은 청천강 입구 안주로 보내 민심을 다독이도록 하고 최흥원은 해서지방으로 보냈다. 4월 29일 윤두수(尹斗壽)에게 행차를 호위토록 하고 김귀영(金貴榮)과 윤탁연(尹卓然)에게는 임해군을 모시게 하고 한준(韓準)과 이기(李墍)에게 순화군을 모시고 함경북도로 빨리 가라고 지시했다. 그런 뒤 선조는 4월 30일 경복궁을 나와 돈의문을 통해 사현(沙峴 무악재)에 올랐을 때 도성을 뒤돌아보니 검은 연기를 내며 벌겋게 불타고 있었다. 경복궁, 창덕궁, 창경궁과 노비문서를 보관한 형조와 장례원(掌隷院)이 성난 백성들의 주요 공격 대상이었다. 왜적이 한양에 들어오기 3일 전이었다.

궁인들은 쫓기는 사람의 황망한 심정에 임금의 수라상(水刺床)은커녕 주먹밥조차 챙길 경황(景況)이 없었을 것이다. 선조는 놀랄 틈도 없이 다급하게 걸음을 재촉해 홍제천을 지나 고양 벽제관을 거쳐 임진나루로 향하고 있었다. 하늘도 조선의 비운(悲運)을 통탄했던지 마침 억수로 비를 쏟아냈다.

선조실록에 따르면,

그날 큰 비가 내렸는데 임금과 세자(광해군)는 말을 타고, 왕비는 지붕있는 가마를 탔다. 숙의(淑儀 종2품) 이하는 홍제원에 이르러 비가 너무 세차게 퍼붓는 바람에 가마를 버리고 말을 탔다. 궁녀들은 모두 통곡하며 걸어갔고 종친들과 문관, 무관들 합쳐서 그 수가 100명도 채 되지 않았다.

명줄이 경각(頃刻)에 달렸다 해도 '배꼽시계'는 여지없이 소리를 냈다. 그것은 어쩌면 살아있다는 증거이기도 했다. 점심은 고양의 벽제관에서 먹게 되었는데 왕과 왕비의 밥상만 겨우 소식(小食)으로 준비하고 세자(광해군)는 끼니를 걸렀다. 미숫가루나 누룽지, 주먹밥 등 비상식량이 없었기에 호종하는 사람들은 하늘만 쳐다보았다. 이 틈에 허기진 가마꾼들은 하나 둘씩 도망갔다.

류성룡의 징비록을 보면,

> 파주 혜음령을 넘으니 비가 더욱 심하게 왔다. 궁인이 약한 말을 타고 소매로 얼굴을 가리면서 울고 있었는데 울부짖는 소리를 차마 들을 수 없었다. 파주의 마산역을 그냥 지나치는데 밭 가운데 어떤 사람이 울부짖으며 말하기를 '나랏님이 우리를 버리고 가시면 우리들은 누구를 믿고 살라는 겁니까' 하였다.

그즈음 한성을 지키던 도원수 김명원(金命元)과 경성 도검찰사 이양원(李陽元)은 궁궐을 불태운 성난 백성들이 돌팔매질을 하려하자 김명원은 사복으로 갈아입고 황급히 도망쳤다. 징비록을 보면,

> 임진강에 이르니 날은 이미 저물었고 비는 조금 그쳤다. 임금께서 배 안에 계시면서 영의정 이산해(李山海)와 나를 불러보시고 울고 계셨다. 신하들 또한 울었다. 임금께서 '내가 평일에 주색(酒色)에 빠지기까지는 하지 않았는데 이런 일을 만났구나'

하시었다. 이 날은 임금께서 종일토록 음식을 드시지 않았는데 내관을 돌아보시고 손수 장과(長瓜 기다란 오이) 두 개를 집어서 두 신하에게 내리시고 또 소주를 술잔에 부어내리도록 하셨으나 나는 술을 마실 수 없었다. 북쪽 언덕으로 건너오니 날이 캄캄하게 어두워서 어떤 물체도 분별할 수 없었다. 노 젓는 사공이 없어서 배가 떠날 수 없었다. 내가 몸소 나가 노 젓는 사람을 불러와야 했는데 입술이 타고 목소리가 쉬고 나서야 겨우 모시고 떠날 수 있었다.

이 대목에서 산해진미(山海珍味)의 진수성찬(珍羞盛饌) 수라상을 받던 임금의 입장은 더 말해 무엇하랴.

임금의 밥상인 수라상(水剌床)은 하루에 아침과 저녁 두 차례에 걸쳐서 받았으며, 아침 수라는 오전 10시경, 저녁 수라는 오후 5시경에 들었다. 수라상은 12첩 반상차림으로 원반과 곁반, 책상반의 3상으로 구성되어 있다. 원반에는 흰수라, 곽탕(미역국), 조치(찌개), 찜(선), 전골, 김치, 장과 함께 12가지 반찬을 놓았다. 곁반에는 팥수라, 곰탕, 별

<그림 20> 강화협상을 기록한 징비록
출처: 국립중앙박물관

식 육회, 별식 수란, 찻주발, 차관, 은공기 3개, 은접시 3개이고 책상반에는 전골, 장국, 고기, 참기름, 계란, 각색채소 등을 놓았다. 12첩은 더운구이(육류, 어류)와 찬구이(김, 더덕, 채소), 전유어, 편육, 숙채, 생채, 조리개(조림), 젓갈, 장과(장아찌), 마른찬(자반, 튀각), 별찬, 생회 또는 숙회로 구성되었다.

이때 임진나루 남쪽 언덕에 승청(丞廳 역사)이 있었는데 선조는 왜적이 이곳을 헐어 뗏목을 만들어 강을 건너올까 염려하여 불태우게 했다. 그 불빛이 수 리(里)를 비추어서 간신히 길을 찾아 갈 수 있었다. 일설에는 율곡 이이(李珥)가 말년을 보낸 임진나루 부근 화석정(花石亭)이란 정자를 태워서 불을 밝혔다고 한다. 이이는 자신의 상소가 선조에게 받아들여지지 않자 먼 훗날을 생각하며 화석정의 서까래, 기둥, 마루 등 나무에 들기름을 발라놓았다. 행여 난이 일어나 선조가 이곳을 지난다면 불쏘시개라도 하라는 뜻이었으리라. 이 이야기를 생각해낸 한성판윤 이항복(李恒福)이 화석정에 불을 내 선조의 파천길을 밝혔다고 한다. 아무리 이이의 선견지명(先見之明)을 담은 이야기라고 하지만 불운을 암시한 것이어서 못내 찜찜하다.

쪽배에 실려 어두컴컴한 임진강을 건너던 선조는 무슨 생각을 했을까.

임진왜란이 일어나기 10년 전 1583년에 이이는 진시폐소(陳時弊疏)라는 상소문을 올렸다.

> 옛날에 정치를 논의하였던 사람들은 반드시 격물치지(格物致知)와 성의(誠意), 정심(正心)을 국정의 근본으로 삼았습니다. 앎이 이치에 밝지 못하면 사정(邪正)과 시비(是非)를 분별할 수 없고 마음이 이치를 따르지 못하면 어진 사람을 등용해서 백성을 편

안히 해줄 방도를 시행할 수 없습니다. 전하께서 즉위하신 지 16년이 되었는데 정치는 나아짐이 없고 오히려 위태롭고 쇠망해 가는 양상이 앞에서 지적한 바와 같습니다.

이이는 목숨을 내걸고 선조에게 폐정(弊政) 개혁에 대한 서릿발 같은 충간(忠諫)을 했다. 이이는 그보다 앞서 왜란 18년 전인 1574년 상소문 만언봉사(萬言封事)를 올린 적이 있었다. 그중에 "군정(軍政)을 개혁함으로써 안팎의 방비를 굳건히 하는 것입니다."가 들어있다. 이이의 상소문대로 선조가 격물치지의 실학사상을 가지고 '10만 양병(養兵)'을 준비했더라면 지금처럼 외롭고 괴로운 형세는 면하지 않았을까. 역사에 가정은 없지만….

다시 징비록을 보면,

> 동파(東坡)에 도착하여 임금께서 동헌에 드시니 파주목사 허진(許晉)과 장단 부사 구효연(具孝淵)이 지공차원(支供差員 임금의 수라상 담당자)의 임무로 와서 기다리고 있었다. 그런데 하인들이 주방 안에 들어가서 음식을 함부로 훔쳐 먹고 가버렸으므로 임금에게 진상할 음식이 없게 되었다. 이에 두 사람은 겁이 나서 모두 도망쳐버리니 윗사람이건 아랫사람이건 모두 밥을 먹지 못했다.

> 때마침 황해감사 조인득(趙仁得)이 군사를 거느리고 장차 한양으로 들어가 구원하려고 하였는데 서흥부사 남억(南嶷)이 군사 3백여명을 거느리고 먼저 이르니 말이 1백 여필이나 되었다. 마침내 이 군사들을 짐꾼으로 충당하고 궁인들은 그 말을 나누어 타고 곧 길을 떠나려는데 사약(내관)이 나와서 임금의 명령을 전했다. '하인들이 아직까지 밥을 먹지 못하였으니 쌀을 구하여 요기를 해야만 길을 떠날 수 있을 것이다.' 남억을 불러 군인들이 지닌 양식을 찾아내게 하니 헤어진 전대에 쌀과 좁쌀

이 3, 4말이었다. 사약이 이것을 받아서 안으로 들어가 하인들
에게 밥을 지어 먹이고 길을 떠나게 되었다.

드디어 5월 7일, 천신만고 끝에 평양성에 들어온 선조는 다소 안정
을 찾은 듯 다음과 같이 하명했다. 1592년 5월 8일 선조실록 기록이다.

> 수라는 생물(生物)로 할 것이며 수량도 풍족하게 하라. 세자 이
> 하도 다 이에 따르도록 하라. 정빈(貞嬪) 홍씨, 정빈(靜嬪) 민씨,
> 숙의(淑儀 종2품) 김씨, 숙용(淑容 종3품) 김씨와 신성군(信城君),
> 정원군(定遠君) 및 그 부인 두 사람에게는 각각 하루에 세 끼니
> 씩, 시녀와 수모(水母)와 그 아래 나인들에게는 하루에 두 끼니
> 씩 이날부터 지급하였다.

'황금수저'로 태어나 피난길에 배고픔을 처음 알았고 시장이 반찬
이던 때 선조는 한 어촌에서 잡아온 '묵'이라는 생선을 먹고 맛있다
며 '은어'라고 불렀다. 일 년 후 한양으로 돌아온 뒤 은어의 맛이 피
난시절과 다르자 "에이, 도로 묵이라 불러라"해서 '도루묵'이 됐다는
설이 있다. 선조는 이후 피난길에 반찬이 없어 신하들이 맨밥 먹는
것을 본 뒤 '비상 반찬'인 된장, 간장에 많은 관심을 가졌다고 한다.
한편 초근목피로 근근이 연명하던 백성들은 배가 등가죽에 붙을 때
가 많았다. 왜군에게 짓밟히고 으깨져 어육(魚肉)이 다 된 사람들은
눈이 뒤집혀 사람을 서로 잡아먹는 인상식(人相食)을 하게 되었다.

21. '군량미(軍糧米) 공급책' 류성룡

'참으로 오늘의 걱정은 군사가 없는 데 있지 않고 식량이 없는 데 있다.'

1592년 7월 왜란이 한창 절정에 달하던 때 선조로부터 '겸찰군무(兼察軍務) 위무진정(慰撫鎭定)'이란 교지를 받은 도체찰사 류성룡(柳成龍)의 어깨는 너무도 무거웠다. '전시재상(戰時宰相)'으로서 군관민을 총체적으로 다스려야하는 소임을 맡았는데 특히 군량 조달업무가 가장 큰 일이었다. 그래서 그는 선조에게 올리는 보고서 끝에 '가슴을 치고 답답해 울부짖어도 달리 어떻게 해볼 수 없는 형편입니다.' 또는 '진실로 어찌할 도리가 없습니다.'라는 '우는 소리'를 빼놓지 않았다. 이는 그저 글이나 읽는 백면서생(白面書生) 선비 또는 군사를 모르는 문약(文弱)한 문신으로서 당장의 어려움을 벗어나려는 '잔꾀'가 아니라는 것을 역사는 증명해주고 있다.

류성룡은 평안도의 전략적 요해처(要害處)인 안주(安州)에 자리 잡앉다. 그곳은 위로는 선조가 있는 의주, 아래로는 고니시 유키나가(小西行長)가 진을 친 평양성 사이에 있었다. 그리고 명나라 구원군이 온다면 안주에 주둔할 가능성이 컸다. 무엇보다도 사통팔달의 안주는 사방으로 연결되어 평안도의 곡식이 쌓이는 병량지지(兵糧之地)였다. 군관민을 총지휘하는 '전시재상(宰相)'으로서 명나라 군사와 군마(軍馬)의 먹거리를 확보해야하는 임무가 우선이었다.

<그림 21> '전시재상(戰時宰相)' 류성룡
출처: 국립중앙박물관

선조가 의주에 파천해 있을 즈음인 1592년 7월 17일 명나라 조승훈(祖承訓)이 이끄는 선발대 5천여 명이 압록강을 건너왔다. 자만심에 가득 찬 명군은 평양성을 공격했으나 조총의 위력만 실감한 채 패하고 다시 요동 땅으로 되돌아갔다. 패잔병이지만 그래도 이들의 삼시 세끼 식량을 공급해줘야 하는 게 류성룡의 임무였다.

지난번에 왔던 명나라 5천명의 군병(軍兵)과 전마(戰馬)에 공급한 수용도 동쪽 것을 쪼개서 서쪽에 보충하고 저쪽 것을 옮겨서 이쪽으로 가져와 겨우 군량(軍糧)이라는 모양을 갖추었습니다. 진실로 온 마음과 정성을 다 쏟아서 이제 남은 여력이라고는 아무 것도 없습니다. 지금 명군이 다시 병마를 재조정해서 나오게 될 것입니다. 지금의 힘으로는 계산이 안 되어 도무지 어떻게 대책을 세우고 어떻게 조처해야 할지 전혀 모르겠습니다.

그때 정주에 있는 군량을 다 합쳐도 고작 1500석이고 이는 1만 명 군사의 5일분 식량밖에 되지 않았다. 아산과 삼화, 용강에서 안주로 옮겨온 것을 모두 합친다 해도 2천여 석으로 1만 군사의 10일치 양식밖에 되지 못했다.

그래서 류성룡은 선조에게 명의 구원병 숫자를 조정해서 식량부족으로 인한 서로의 고통을 더 이상 겪지 말 것을 주청했다. 그리고 명나라 군사에게 지급하는 양식도 줄여야 한다고 호소했다.

애초 명군은 선조가 너무 우대한 나머지 식량을 '1일 1인 3되'씩 지급했는데 류성룡은 2되로 줄이는 게 마땅하다고 주장했다. 명군은 지급된 3되를 다 먹지 못해 남긴 쌀로 백성들과 다른 물건으로 바꾸는 거래를 하고 있었다.

그때 조선군의 실상은 어떠했는가?

명군에게 양식을 주고 나니 오직 좁쌀과 물에 젖은 썩은 쌀만 남았습니다. 이것도 우리 군사들에게는 하루에 한 사람당 겨우 1되 7홉밖에 주지 못합니다. 군사들은 이 양식으로 굶주린 처자와 나눠 먹습니다. 그나마 이마저도 줄 수 없어 모두 굶주렸으니 얼굴은 누른빛만 띠고 기력이라곤 하나도 없습니다. 설사적을 토벌할 분기심과 용기가 있다고 해도 발휘할 방도가 없습니다. 너무나 원통하고 절박해서 어떻게 해야 할지 알지 못하겠나이다.

평양성에서 패하고 돌아온 명군 패잔병들에게 군량은 물론 숙소까지 제공해야 했다. 그러나 안주 난민들이 난리를 일으켜 모두 불태우고 피난 갔기 때문에 여름 장마에 명군들은 비를 맞으며 노숙(露宿)할 수밖에 없었다.

그런데 1593년 1월 제독 이여송(李如松)이 이끄는 명군의 본진 4만 5천의 대군이 압록강을 건너왔다. 의주에 있는 선조는 물정(物情)을 아는지 모르는지 류성룡에게 명군의 식량과 말 먹이를 충분히 공급하라는 지시만을 연거푸 내렸다.

4만5천명의 대군을 먹이려면 1년 치 군량만 해도 무려 50만석이 필요했다. 이는 명군 1만 명의 한 달 치 식량이 1만석이면 1년 치는 12만석이고 4만5천명의 1년 치 군량은 무려 54만 석이 필요하다는 셈이 나온다.

당시 조선의 평상시 세입(稅入)은 60만석이었다. 그런데 전쟁통이라 농사지을 땅이 많이 피폐해졌고 농사지을 사람도 모자라는 판에 어떻게 54만석을 마련할 수 있을 것인가.

류성룡은 이순신 장군을 통해서 전라도와 충청도의 곡식을 서해해로를 통해서 받기는 했지만 그마저도 여의치 않았다. 도저히 답이 안 나오자 선조는 류성룡의 건의를 받아들여 드디어 전시비상체제하에 곡식 총동원령을 내렸다.

성균관, 4학, 지방의 주부군현(州府郡縣)의 향교에 지급된 학전(學田), 각 서원의 서원전(書院田), 각 사찰의 사위전(寺位田), 궁전의 해택전(海澤田) 등의 곡식을 거둬들이는 것이다. 그래봤자 6천여 석으로 1만 군사의 한 달 치 식량에 불과했다.

사람이 먹는 군량 말고도 군마의 사료공급도 만만치 않았다. 왜군은 보병위주인데 반해 이여송의 요동 명군은 몽고의 유목민과 싸웠던 기마병 위주였다. 말 한 마리당 하루 사료는 1말로 조선병사에게 지급되는 양식의 10배에 이르렀다. 당시 보유한 말먹이는 3만5천여

석의 콩이었다. 이는 동원된 말 1만 필의 한 달분 정도가 됐다. 말먹이는 콩이 위주였고 수수와 조, 기장 등 잡곡도 들어있었다. 그나마 평안도 산지에서 구할 수 있는 사료였다. 하지만 전쟁이 장기전을 간다면 말 먹이 또한 커다란 부담이 아닐 수 없었다.

이여송이 1593년 1월 26일 백제관 전투에서 왜군에게 대패하고 파주를 거쳐 동파에 머물며 개성으로 철수하려 했을 때다. 류성룡과 명군 접대사 이덕형(李德馨)은 이여송을 찾아가 이곳에 좀 더 머물렀다가 한양의 왜군을 공격해줄 것을 간곡히 부탁했다.

그러나 이여송은 이 제안에 버럭 화를 내며 "식량도 못 구하는 주제에 무슨 공격을 하라는 것이냐?"며 일언지하에 거절하면서 면박(面駁)을 주었다.

내가 어찌 물러날 뜻이 있겠는가. 그대들은 일이 어떻게 되어가는지 알지도 못하면서 말만 그리 수다스러운가. 이곳에는 군량도 없고 마초도 없으니 대군이 굶고 있는 형편이다. 군량과 마초만 조치해준다면 나는 마땅히 이곳에 머무를 것이다.

류성룡은 어찌 할 바를 몰라 그만 물러설 수밖에 없었다.

마초가 완전히 없어져 공급할 수 없고 길옆 들판은 왜병들이 모두 불을 질러 사방의 산이 깡그리 불타 한 치의 풀도 남기지 않았습니다. 파주 경내가 더욱 심하여 100리 안에는 촌락이 없습니다. 그 참혹함을 눈뜨고 볼 수가 없습니다. 명나라 대군이 행군 중인데 군량과 마초는 모두 떨어졌습니다. 말은 죽어 길에 널려 있고 살아남은 말도 너무 야위어서 전쟁터로 나갈 수가 없습니다. 신은 가슴을 치고 답답해 울부짖어도 달리 어떻게 해볼 수 없는 형편입니다.

이렇듯 류성룡에 있어서 임진왜란은 '식량전쟁'이었다.

고금동서를 막론하고 양식이 떨어지는 순간 군은 반드시 패망한다는 것은 삼척동자(三尺童子 철없는 어린 아이)도 아는 사실이다. 현대전에서도 병참보급의 중요성은 아무리 강조해도 지나침이 없을 것이다.

류성룡은 장기전을 대비해 이런 저런 궁리 끝에 둔전(屯田) 경작을 생각해냈다. 하지만 둔전에서 소출되는 곡식이 얼마 되지 않았고 그나마 곡식의 질이 문제였다.

1595년 경기도, 황해도 감사에게 보낸 공문이다.

> 둔전에서 생산되는 곡식은 모두 피곡(皮穀 겉곡식)이므로 군량
> 으로 마땅히 쓸 수가 없다. 그러나 이 또한 곡식이므로 반드시
> 수량을 알아서 보고하도록 하라. 쌀과 콩이 모자라는 것에 대
> 비해서 장차 군량으로 쓸 수가 있을 것이다.

또 궁여지책 끝에 공명첩(空名帖)을 발행하게 됐다. 이는 나라가 관직을 파는 매관매직(賣官賣職) 형태이다. 이른바 '처함(處銜)'이라 하는데 실제로 벼슬은 주지 않고 임명장을 주는 대신에 식량을 받는 것이다. 그러나 이마저도 별 실효가 없었다.

엎친 데 덮친 격으로 1593년 6월 이후에는 흉년으로 기근(飢饉)과 전염병마저 돌아 영남지역은 쑥대밭이 됐다. 문경 이남에서 밀양 지역까지 수백 리 사이에 집집마다 굴뚝에서 연기가 사라지고 개미 한마리 볼 수 없게 됐다.

류성룡은 또한 작미법(作米法)을 시행해 공물을 쌀로 바꾸어 세금을 내게 했다. 공물은 물품공물과 인적공물이 있었는데 물품공물은 지방의 토산물을 세금으로 바치는 것으로 선조 때부터 수미법(收米

法)을 시행해서 모두 쌀로 대납하도록 했다. 인적 공물은 하층민과 병사(兵士)에게 가하는 세금으로 몸으로 때우는 부역(負役) 대신에 쌀로 바치게 했다. 그러나 기득권세력의 반대와 걷힌 쌀이 조금이고 쌀이 아닌 물건으로 받을 때가 많아서 제대로 시행이 되지 않고 1년도 채 안 돼 흐지부지됐다.

명나라 군대의 군량과 마초를 책임졌던 류성룡은 육지에서 동분서주 가슴을 치고 있을 때 남해안의 이순신 장군은 '곡창지대'인 전라도의 영향과 둔전(屯田) 경영을 통해서 그나마 형편이 좀 나았다.

군량미 보급은 물론 전국의 전장을 누비던 류성룡은 1593년 6월 충북 제천 청풍의 한벽루에 올라 모처럼 가슴에 품은 회한을 토해냈다. 문집 서애집(西厓集)에 수록되어 있다.

숙청풍한벽루(宿清風寒碧樓)
낙월미미하원촌(落月微微下遠村)
　　지는 달은 희미하게 먼 마을로 넘어가고
한아비진추강벽(寒鴉飛盡秋江碧)
　　까마귀 흩어지고 가을 강만 푸르네
누중숙객불성면(樓中宿客不成眠)
　　한벽루 나그네 잠 못 이루어
일야상풍문락목(一夜霜風聞落木)
　　온 밤 서리 바람에 낙엽 소리만 들리네
이년표박간과제(二年飄泊干戈際)
　　두 해를 전란 속에 떠다니느라
만계유유두설백(萬計悠悠頭雪白)
　　온갖 계책 떠날 날 없어 머리만 세었네
애루무단수행하(哀淚無端數行下)
　　슬픈 눈물 끝없이 흘러내리고
기향위란첨북극(起向危欄瞻北極)
　　높은 난간 기대어 북극(의주의 선조)만 바라보네

전쟁 7년을 하루같이 살았던 류성룡 대감은 1598년 11월 19일 이순신 장군이 노량해전에서 전사하던 날, 정인홍(鄭仁弘)과 남이공(南以恭) 등 북인이 '일본과의 화의를 주장해서 나라를 망쳤다'는 주화오국(主和誤國)죄를 물어 탄핵했고 그만 삭탈관직(削奪官職)당했다. 그는 고향(안동)으로 내려온 뒤 1607년 눈을 감을 때까지 9년 동안 부용대의 옥연정사에서 저술에만 집중했다. 국보 제132호인 징비록(懲毖錄)은 조선에서보다 일본에서 더 많이 읽혔다. 그 일관된 주제는 망전필위(忘戰必危)! 즉 '전쟁을 잊으면 반드시 위태로워진다.'는 징비(懲毖)정신이었다. 그밖에 서애집(西厓集), 난후잡록(亂後雜錄), 진사록(辰巳錄), 근폭집(芹曝集) 등의 책을 남겼다.

22. '농사꾼' 이순신의 둔전(屯田) 경영

살다가 어려움을 겪지 않는 사람은 아마 없을 것이다. 글로벌 브랜드 현대(現代 HyunDai)를 만들어낸 고 정주영 회장은 생전에 '시련은 있어도 실패는 없다'는 자서전을 낸 적이 있다. 강원도 통천에서 가난한 농부의 6남 2녀 중 장남으로 태어나 가난을 털어버리기 위해 보리쌀 한 말을 둘러메고 집을 나온 그는 젊은 시절 인천부두에서 하역노동자생활 등 밑바닥 인생을 전전했다. 그 후 울산의 허허벌판 갯벌에 조선소를 지으려고 '해양의 나라' 영국을 찾았다. 자금을 빌리기 위해서였다. "가난하고 조그만 당신네 나라에서 대형선박을 만든다니 제 정신이냐."는 지청구를 들어야 했다. 고 정 회장은 바클레이스 은행담당자를 찾아가 지푸라기 잡는 심정으로, 주머니에서 5백원짜리 지폐를 꺼내 보였다. 이순신 장군 영정과 거북선이 그려져 있는 종이돈이었다.

"우리나라는 400년 전에 이런 배를 만든 경험이 있다." 천신만고(千

辛萬苦) 끝에 돈을 빌려와 오늘날 세계적인 현대 조선소를 만들었다.

1960년대 아프리카 여느 국가와 마찬가지로 세계 최고로 가난한 나라의 국민은 매년 봄철이면 '보릿고개'를 넘어야 했다. 즉 여름철 곡식인 보리가 여물지 않은 상태에서 지난해 가을에 걷은 식량이 다 떨어져 굶주릴 수밖에 없게 되었는데 4~5월의 춘궁기(春窮期)를 '보릿고개'라고 했다. 박정희 전 대통령은 '우리도 잘 살 수 있다'는 구호를 내걸고 단위당 벼 수확량이 많은 통일벼를 연구하게 해(1965~1971년) 1970년대부터는 국민들은 배를 곯지 않아도 됐고 쌀막걸리도 마실 수 있었다.

곤궁한 처지에서 헤쳐 나오려 치열한 몸부림을 치는 도전정신을 우리는 궁즉통(窮卽通)이라고 부른다. 궁즉통은 궁즉변(窮卽變) 변즉통(變卽通) 통즉구(通卽久)의 준말이다. 즉 궁하면 변해야 하고 그 변한 것이 통하면 그것은 오래 간다는 뜻이다. 유학의 시조(始祖) 공자가 일곱 번이나 읽어 책을 묶은 끈이 닳아 없어졌다는 주역(周易)에 나오는 말이다.

20만 왜군의 기습공격으로 임진왜란이란 미증유(未曾有)의 난리를 맞이한 장군에게 당장 휘하 군사들을 먹일 양식이 필요했지만 여의치 않았다. 그래서 수많은 병사들은 굶주림에 시달렸고 영양실조로 누렇게 뜨는 황달기를 보였다. 또 저항력이 약해진 나머지 전염병에도 쉽게 감염됐다. 당시 조선의 식량사정은 최악이었고 백성들은 먹을 것이 없어 급기야 사람을 잡아먹는 인상식(人相食)을 거림낌 없이 자행했다.

찢어지게 가난한 병영의 책임자인 장군은 궁리 끝에 둔전(屯田)을 경영할 생각을 해냈다. 사정이 곤궁하므로 온갖 궁리를 해서 변통하는 길은 바로 실사구시(實事求是)의 격물치지(格物致知)를 활용하는 방안이었다.

장군이 둔전을 머릿속에 떠올린 것은 지난 초급장교 시절 함경도에 근무할 때 둔전경영의 경험이 있었기 때문이었다. 장군이 직접적으로 둔전(屯田)과 인연을 맺은 것은 조산보 만호 시절인 1587년 8월 녹둔도 둔전관을 겸하면서 부터다. 그러나 그 자리에 오래 머무를 수 없었다. 바로 다음달 9월 녹둔도에 오랑캐 여진족이 침입했고 그들을 물리쳤음에도 불구하고 함경북병사 이일(李鎰)의 무고로 파직되어 백의종군을 당했기 때문이다.

장군은 1576년 2월 무과급제 후 1598년 11월 노량해전에서 전사할 때까지 22년 군복무 기간 중 전반부 12년 동안에 함경도 변경(邊境)에서 근무한 기간이 무려 67개월, 5년 반이나 되었다. 근무했던 함경도 북방의 동구비보, 건원보, 조산보는 험준한 산악지역으로 쌀을 경작할 논이 없는 곳이었다. 따라서 군사들의 식량을 해결하기 위해서 군둔전(軍屯田)을 경작해야 했다.

이러한 북방에서의 직간접적인 둔전관리 경험은 이후 여수의 전라좌수영, 한산도의 삼도수군통제영을 운영하고 관리하는 데 요긴하게 활용되었다. 여기서 신경과학자 다니엘 레비틴(Daniel Levitin)이 말한 '1만 시간의 법칙'이 떠오른다. 어느 분야든 관심을 갖고 최소 1만 시간만 투자하면 그 분야에서 성공할 수 있고 전문가가 될 수 있다는 이론이다. 1만 시간이란 하루에 3시간씩 투자했을 때 10년이면 가능한 일이다.

고 정주영 회장이 "이봐, 해보기는 해봤어."라고 물었던 그 말도 "해보지도 않고 어렵다, 안 된다."고 생각하는 나약한 마음을 경계한 것이다.

1592년 4월 13일 임진왜란이 발발했다. 조선은 절대열세의 상황에서 호남을 제외하고는 전 국토가 왜군에게 유린당해 전투에 나서는 군사들의 군량이 절대적으로 부족했다.

1593월 1월 26일 장군은 피난민에게 여수 돌산도에서 농사를 짓도록 명령해주기를 청하는 장계(請令流民入接突山島耕種狀)를 올렸다.

> 당장 눈앞에서 피난민들이 굶어 죽어가는 참상을 차마 눈 뜨고 볼 수 없습니다. 전일 풍원부원군 류성룡(柳成龍) 대감에게 보낸 편지로 인하여 비변사에서 내려온 공문 중에, '여러 섬 중에서 피난하여 머물며 농사지을 만한 땅이 있거든 피난민을 들여보내 살 수 있도록 하되 그 가부(可否)는 참작해서 시행하라' 하였기에, 신이 생각해본바 피난민들이 거접(居接)할만한 곳은 돌산도(突山島)만한 데가 없습니다. 이 섬은 여수 본영과 방답 사이에 있는데 겹산으로 둘려 쌓여 적이 들어올 길이 사방에 막혔으며, 지세가 넓고 편평하고 땅도 기름지므로 피난민을 타일러 차츰 들어가서 살게 하여 방금 봄갈이를 시켰습니다.

장계에 따르면 1593년 휘하 수군은 굶주림과 전염병으로 10% 가까이 사망했다. 살아남은 수군들조차 하루에 불과 2~3홉 밖에 먹지 못해 병사들은 굶주려 활을 당기고 노를 저을 힘조차 없다고 한탄했다. 당시 사람들은 한 끼니에 보통 5홉(한 줌), 많게는 7홉을 먹었다. 아침과 저녁 두 끼를 먹는 조선시대의 관습으로 보면, 하루에 10홉의 곡식을 먹어야 했는데 수군들은 그저 죽지 않을 정도인 2~3홉으로 버티고 있었다.

장군은 이어 1593년 윤11월 17일 삼도수군통제사 자격으로 둔전을 설치할 수 있도록 청하는 장계(請設屯田狀)를 올렸다. 여기에는 이전보다 더 상세한 둔전경영의 방법이 들어있었다. 즉 조선수군의 생존을 지키기 위한 내용으로 둔전을 설치할 장소, 농군을 동원할 방법, 소득을 분배할 방법까지도 세밀하게 건의했다.

여러 섬 중에 비어있는 목장에 명년 봄부터 밭이나 논을 개간하여 농사를 짓되, 농군은 순천, 흥양의 유방군(留防軍)들을 동원하고, 그들이 전시에는 나가서 싸우고 평시에는 들어와 농사를 짓게 하자는 내용으로 올렸던 장계는 이미 승낙해주셨고, 그 내용을 하나 하나들어 감사와 병사에게 공문을 보냈습니다. (중략) 순천(여수)의 돌산도 뿐만 아니라 흥양의 도양장, 고흥의 절이도, 강진의 고이도(완도군 고금면), 해남의 황원목장 등은 토지가 비옥하고 농사지을 만한 땅도 넓어서 무려 1천여 섬의 종자를 뿌릴만한 면적이니, 갈고 씨뿌리기를 철만 맞추어 한다면 그 소득이 무궁할 것입니다. 다만 농군을 동원할 길이 없으니 백성들에게 나누어 주어 경작하게 하고, 그 절반만 거두어들이더라도 군량에 큰 도움이 될 것입니다. (중략) 그리고 20섬의 종자를 뿌릴만한 면적의 본영 소유 둔전에 늙은 군사들을 뽑아내어 경작시켜 그 토질을 시험해 보았더니, 수확한 것이 정조(正租 벼)로 500섬이나 되었습니다. 앞으로 종자로 쓰려고 본영 성내 순천창고에 들여놓았습니다.

장군의 치밀한 둔전경영 계획은 순조롭게 진행됐지만 이전에 여타 지역에서 둔전 경영의 폐해도 만만치 않았다. 예를 들어 토지는 지급하지 않고 종자만 지급한 채 몇 배에 해당하는 둔조(屯租)를 수취했고, 풍년과 흉년에 관계없이 조세를 갈취하여 농민들의 반발현상까지 있었던 것이다. 게다가 농민 노동력의 강제동원과 영아문(營衙門 지방관청)과 경작자 간의 대립관계가 형성되었다. 그러니 둔전의 수확물을 국가와 경작자가 나누어 갖는다고 해도 농민들이 마냥 좋아할 상황이 아니었던 것이다.

그래서 조정에서는 둔전경영에 대한 찬반양론이 팽팽했다. 선조실록 1593년 10월 22일 기록이다.

> 심충겸(沈忠謙)이 '옛날 제갈량도 싸움을 하려면 반드시 둔전을 경영하여 군량을 보충하였는데, 지금 우리나라에서는 모든 것이 거덜 난 뒤여서 군량을 마련할 길이 없으니 반드시 둔전을 경영해야만 군량을 공급할 수 있습니다'하니, 선조가 '둔전에 관한 의견은 훌륭하나 우리나라는 중국과 달라서 병사나 수사들이 단지 수백 명의 죽다 남은 군사들을 거느리고 있으니 무슨 군사로 둔전을 경영하겠는가'하였다. 이에 이시언(李時言)이 '심충겸이 제의한 문제는 옳지 않습니다. 황해도에서 인심을 잃은 것이 둔전 때문이었는데 이제 또다시 둔전을 설치해서는 안 될 것입니다'라고 했다.

둔전을 놓고 아옹다옹하는 이들이 누구인가? 심충겸은 문과 장원급제자로 바로 몇 달 뒤 병조판서에 오르고, 이시언은 무과급제자로 이순신의 뒤를 이어 전라좌수사겸 삼도수군통제사에 올랐던 인물이었다. 당장 군졸들의 민생고(民生苦)를 해결해야할 장군으로서는 조정에서 갑론을박(甲論乙駁)하는 탁상공론이 한심해 보였을 것이다.

장군은 1594년 1월10일 흥양목관 차덕령(車德齡)을 교체해줄 것을 요청하는 장계(請改差興陽牧官狀)를 올렸다.

> 흥양감목관 차덕령(車德齡)은 도임한지 벌써 오래되었는데, 이루 말할 수 없이 제멋대로 하면서 목자(牧子 말과 소를 기르는 사람)들을 괴롭히고 학대하여 그들이 편히 붙어 살 수 없게 하기 때문에, 그곳 경내의 백성들로서 탄식하지 않는 자가 없다고 합니다. 신도 그리 멀지 않은 곳에 있기 때문에 벌써 그런 소문을 들었습니다. 그러므로 농사짓는 일을 이 사람에게 맡겼다가는 그것을 빌미로 폐단을 일으켜서 백성들의 원성이 더욱

높아질 것이니 하루 속히 차덕령을 갈아치우고 다른 청렴하고 능력있는 사람을 골라 임명하여 빠른 시일 안에 내려 보냄으로써 힘을 합쳐 농사일을 감독하게 하여 시기를 놓치지 않도록 해주시기를 바라나이다.

1594년 6월 15일 난중일기다.

"이날 밤 소나기가 흡족하게 내리니 이 어찌 하늘이 백성을 가엾게 여긴 것이 아니겠는가." 1595년 6월 6일 난중일기다. "도양장의 농사 형편을 들으니 흥양 현감이 심력을 다했기에 추수가 잘 될 것이라고 했다.

이런 가운데도 장군은 피난민 구제 양식인 구휼미(救恤米) 만큼은 꼭 남겨 빈민을 구제했다. 경상도 지역의 경우 직접적으로 왜군의 침략을 당한 지역이기 때문에 군량 확보가 더욱 어려웠다. 경상우수사 원균(元均)은 매년 장군에게 군량을 빌릴 수밖에 없었다.

1595년 7월 8일. 경상우수사의 군관 배영수가 그 대장의 명령을 가지고 와서 군량 20섬을 빌려갔다.

1596년 윤 8월 20일 장군은 체찰사 이원익(李元翼), 부제찰사 한효순(韓孝純)과 함께 하루 종일 배를 타고 득량도를 거쳐 보성군 명교마을 백사정으로 향하고 있었다. 득량도(得糧島)는 보성과 고흥 바다 사이로 정찰활동을 위해서 꼭 들렸던 해상전투길이었다. 해상전투를 자유롭게 전개하기 위해서는 화살과 화약 이외에도 식량과 물, 땔감이 필요했다. 득량(得糧)이란 장군이 이곳에서 식량을 구하게 되면서 '얻을 득(得) 곡식 량(糧)'이라 해서 이름 붙였다.

당시 장군은 고흥 도양 둔전에서 벼 300석을 거두어 들였다. 이곳에서 경영이 원활했던 것은 보성과 고흥 육상의병이 연합작전으로 후방을 사수하고 있었기 때문이었다. 목민관(牧民官)으로서 사람과 마소(馬牛)를 위한 목마구민(牧馬救民)의 정신이 놀라울 따름이다.

23. '사업가' 이순신의 자급자족(自給自足) 경영

조선왕조 500년은 주희(朱熹)의 '성리학(性理學)'이 주류를 이루었다. 사서오경(四書五經)을 줄줄 외우는 선비가 대접받는 문치(文治)의 세상이었다. 그래서 동반(東班)인 문신들의 사변(思辨) 철학이 발달했고 '공자왈 맹자왈' 글줄이나 외우고 쓰는 선비들의 시문놀이인 기송사장(記誦詞章)이 번성했다. 이에 비해 서반(西班)인 무신은 상대적인 열등한 위치에 있었다. 무관들은 왕과 조정의 경호 및 수문장 또는 변방의 북로남왜(北虜南倭), 즉 여진족과 왜구를 막는 수비대 역할에 머물렀다. 그나마 무인의 존재감이 빛났던 것은 격물치지(格物致知)의 실용사상을 가진 세종대왕 때였다. 북방의 4군6진을 개척한 김종서(金宗瑞) 장군, 대마도 정벌을 주도한 이종무(李從茂) 장군이 세종 때 활약했던 무인들이었다. 그 후 임진-정유재란으로 풍전등화(風前燈火)의 위기를 맞은 선조 때 이순신(李舜臣) 장군의 활약이 겨우 그 명맥을 이었을 뿐이다. 무관을 푸대접하는 문약한 조정은 끝내 정묘

호란과 병자호란을 맞아 여진족의 말발굽 아래 짓밟히고 말았다. 그리고 구한말까지 청나라와 일본의 손아귀에서 벗어나질 못했다. 약소국에서 언감생심 부국강병(富國强兵)을 말하는 자도 찾아보기 힘들었다.

율곡 이이(李珥)나 서애 류성룡(柳成龍), 여해 이순신(李舜臣) 같은 선견지명을 가진 뛰어난 현자(賢者)와 장수가 그토록 목이 터져라 외쳤던 유비무환(有備無患)과 징비(懲毖)의 정신은 언제부터인가 사라졌다. 그래서 이들이 그토록 애절하게 그리운 것이다.

대대로 땅을 파먹고 사는 농자천하지대본(農者天下之大本)의 나라에서 공상(工商) 계급은 존재감이 없는 계층이었다. 그러나 장군은 스스로 '존재감 없는 계층'이 되고자 했다.

'농사꾼'으로서 둔전(屯田)을 일궈 수하 장졸과 피난민의 생계를 보장하는가 하면 해로통행첩(海路通行帖)을 발행해 군자금(軍資金)을 마련했고 염전(鹽田)을 일궈 소금을 생산했다. 또 바다에서 물고기를 잡아 시장에서 내다파는 상거래를 활성화시켰다.

이러한 경제 활동은 그가 사물의 이치를 치열하게 궁리(窮理)한 끝에 나온 실사구시(實事求是)의 실용적 사고에서 나온 것이다.

1597년 9월 16일 13대 133이라는 격전의 명량대첩을 끝낸 다음날 난중일기다.

> 어외도(於外島)에 이르니 피난선이 무려 300여 척이나 먼저 와 있었다. 우리 수군이 크게 승리한 것을 알고 서로 다투어 치하하며 또 많은 양식을 말(斗)과 섬(斛)으로 가져와 군사들에게 주었다.

장군은 늘 부족한 군량미를 채울 방책에 고민하고 있었다. 그러던 차에 장군의 막하에서 군량을 관리하던 이의온(李宜溫 1577~1636)이란 스무살 청년이 꾀주머니를 풀어놓았다. 해로통행첩(海路通行帖)의 발행인데 오늘날 선박운항증이나 마찬가지다. 피난선으로부터 곡물을 받아 군량으로 쓰자는 이 혁신적인 제안은 장군의 평소 생각이 오롯이 담긴 것이었다. 한 청년의 제안으로 군량미가 쏠쏠하게 모아졌다.

류성룡의 징비록이다.

> 이순신이 해로통행첩을 만들고 명령하기를 '3도(경상, 전라, 충청) 연해를 통행하는 모든 배는 공사선(公私船)을 막론하고 통행첩 없는 배는 모두 간첩선으로 인정하여 처벌할 것이다.'라고 하였다. 그리고 선박이나 선주의 신원을 조사하여 간첩과 해적 행위의 우려가 없는 자에게는 선박의 대소에 따라 큰 배 3섬, 중간 배 2섬, 작은 배 1섬의 곡식을 바치도록 하였다. 이때 피난민들은 모두 재물과 곡식을 배에 싣고 다녔기 때문에 쌀 바치는 것을 어렵게 여기지 않았고 또한 이순신 수군을 따라 다녔기 때문에 아무런 불평 없이 갖다 바쳤으니 10여 일 동안에 무려 군량미 1만여 섬을 얻었다.

명량해전을 치른 뒤 장군은 왜군의 보복(報復)을 염두에 두고 서해 바다 고군산도까지 올라갔다 내려오는 등 병영 없이 떠돌아다니고 있었다. 한산도 본영을 포함해 전라도 땅끝 마을인 해남과 진도까지 왜군이 쳐들어왔으므로 마땅히 안전하게 정착할 곳을 찾고 있는 중이었다.

그래서 당사도, 어외도, 칠산도, 법성포, 고참도, 고군산도 등 40여 일 동안 서해 바다를 돌아다녔다. 그때 피난선들은 장군의 뒤를 졸졸 따라다녔는데 그것은 안전을 보장받고 싶었기 때문이었다.

장군은 피난민들의 안전을 보장해주고 생업(둔전 및 염전관리, 고

기잡이)을 할 수 있는 여건을 마련해주는 대신, 그들로부터 일종의 '안전세(安全稅)'를 거둬 군량미로 충당한 것이다. 주고받는 거래로 서로의 편의가 충족되는 승(勝)-승(勝)의 구조로, 현대 경영학에서 '누이 좋고 매부 좋은' 원-윈(win-win)의 상생(相生) 시스템 그 자체다.

1597년 10월 29일 장군이 목포 고하도(高下島)에 진을 치고 107일 동안 머물 때 군사수가 급격하게 늘어났다. 하지만 그만큼 춥고 배고픈 군사들 또한 많았다. 이어 1598년 2월 17일 완도 고금도(古今島)로 본영을 옮기자 군사수가 1천여 명에서 무려 8천여 명까지 늘었다. 병선도 13척에서 70여척까지 늘어났다. 고금도에 사람이 많이 몰린 것은 1598년 7월 명나라 제독 진린(陳璘)의 수군 5천명이 이순신 진영 옆에 진을 치고 있었기 때문이었다.

징비록 기록이다.

"이순신은 또 백성들이 가지고 있는 구리와 쇠를 모아다 대포를 주조하고 나무를 베어다 배를 만들어서 모든 일이 순조롭게 추진되었다. 이때 병화(兵禍)를 피하려는 사람들이 모두 이순신에게로 와서 의지하여 집을 짓고 막사를 만들고 장사를 하며 살아가니 온 섬이 이를 다 수용할 수가 없었다."

훗날 성리학자인 윤휴(尹鑴 1617~1680)에 따르면 "섬 안이 시장이 됐다(島中成市)"고 할 정도로 거래가 활성화됐다. 또 신경(申炅 1613~1653)은 '재조번방지(再造藩邦志)'에서 "(이순신이) 집을 지어 피난민들에게 팔아 살게 하니, 섬 안에서는 피난민들을 다 수용할 수 없을 정도"라고 번성한 광경을 묘사했다. 또한 이순신의 조카 이분(李芬)이 쓴 '이충무공행록'에도 고금도 진영에 대해 "군대의 위세가 강성해져 남도 백성들 중 공(公)에게 의지해 사는 자가 수 만 호에 이르렀고 군대의 장엄함도 한산진보다 열 배나 더했다."고 기록했다.

장군의 시장경제적 CEO 경영 기질은 이미 검증된 바가 있었다. '전시재상' 류성룡(柳成龍)이 명나라 원군의 군량을 조달하기 위해 평양도 압록강 상류인 중강진에서 국제무역을 제안할 즈음인 1593년 장군은 이미 섬진강 기슭에서 시장을 열어 재화가 유통되게 했다.

장군은 또 장졸들을 시켜 물고기를 잡거나 바닷가에 염전을 만들어서 소금을 생산했다. 이 또한 시장에 내다팔아서 군량을 조달했다. 왜란 7년 동안 초기 2년(1592~1593년)과 후기 2년(1597~1598년)을 빼면 나머지는 명과 왜의 강화협상기간으로 전쟁이 다소 소강상태였기 때문에 이러한 경제활동이 가능했던 것 같다.

"송한련이 와서 말하기를 '고기를 잡아 군량을 산다'고 했다." (1595년 2월 19일)

"오수가 청어 1310두름을, 박춘양은 787두름을 바쳤는데 하천수가 받아다가 말리기로 했다. 황득중은 202두름을 바쳤다. 종일 비가 내렸다. 사도첨사가 술을 가지고 와서 군량 500여섬을 마련해 놓았다고 했다." (1596년 1월 6일)

"고기를 잡아서 군량을 계속 지원하는 임달영, 송한련, 송한, 송성, 이종호, 황득중, 오수, 박춘양, 유세중, 강소작지, 강구지 등에게 모두 포상하였다." (1596년 2월 26일)

"김종려를 소음도 등 13개 섬의 염전에 감자도감검(監煮都監檢 감독관)으로 정하여 보냈다." (1597년 10월 20일)

당시 조선의 상황을 좀 더 살펴보자. 조선은 병화(兵禍)와 더불어 엎친 데 덮친 격으로 가뭄에 따른 흉년으로 극심한 기아(飢餓)가 발생했고 전염병마저 나돌아 황폐화됐다. 1593년 봄부터 아사자(餓死者)

가 속출했다.

　명나라 장군 사대수(査大受)는 길가에서 죽은 어미의 젖을 빨고 있던 어린아이를 보고 "하늘도 근심하고 땅도 슬퍼할 것이다."라며 탄식했다. 장군도 예외는 아니었다. 1594년 3월 6일부터 27일까지 거의 20일 동안 전염병에 감염된 증상을 보였다. 난중일기에는 종일 신음했고 땀이 비 오듯 쏟아져 자다가 옷을 갈아입었다고 기록되어 있다. 1592년 전란초기에 경상도 해역으로 출전할 때 해로를 잘 알아 장군 곁을 지켰던 어영담(魚泳潭)도 전염병으로 결국 세상을 떴다.

　장군은 전염병의 창궐에 대해 조정에 보고를 했다.

　"진중의 군사 태반이 전염되어 사망자가 속출하고 있으며 군량이 부족해 계속 굶던 끝에 병이 나면 반드시 죽습니다."라고 했다. 총 6천 2백명의 전라좌수영 수군 가운데 10%인 600여명이 사망했다고 보고했다. 그야말로 전염병이 왜적(倭賊)보다 더 무서운 적이었다.

　1594년에는 흉작으로 더욱 기근(饑饉)이 심해졌고 전염병의 창궐이 기세를 올렸다. 곡물이 귀한 나머지 소 한 마리 값이 쌀 3말에 불과했고 고급 무명 베 한 필이 쌀 서너 되밖에 안 될 정도였다. 급기야 사헌부는 선조에게 식인(食人)의 풍조를 단속해달라고 상소를 올렸다. 1594 봄에도 한성(漢城)을 비롯 백성들은 십중팔구는 기아와 전염병으로 죽어갔다. 뾰족한 처방이 없자, 국가 최고기관인 비변사에서는 여제(厲祭)라도 지내어 역질(疫疾)의 기세를 꺾어보자고 했을 정도다.

　기아와 전염병이 극심했던 1594년(선조 27) 초겨울 사간원에서 올린 상소는 수군이 처한 처절한 상황을 말해준다. 선조실록 10월의 기록이다.

　"호남에서는 주사(舟師 수군)에 소속된 지방 수군은 모두 흩어지고 없어 수령이 결복(結卜 토지)에 따라 인부를 차출해 스스로 식량을 준비하도록 하여 격군(格軍, 노 젓는 수부)에 충당하고 있습니다. 그런데 한 번 배에 오르기만 하면 교대할 기약도 없고, 계속 지탱할 군량도 없어 굶어죽도록 내버려 두고 시체를 바다에 던져 한산도에는 백골이 쌓여 보기에 참혹하다 합니다."

7년 동안 지속된 전쟁으로 인구와 토지가 급격하게 줄었다. 나라는 더 이상 농자천하지대본(農者天下之大本)의 나라가 아니었다. 농지가 사막화된 것은 물론이고 농사지을 사람마저 구하기 힘들었다. 전란에 끌려가 죽고 그나마 살아남은 장정과 아낙들은 노예로 끌려갔다. 온 나라가 콩가루가 된 것이다. 당시 전체 인구 400여만 명에서 전사, 살육, 실종, 노예 강제이주 등으로 150여만 명으로 격감하였다. 그리고 왜란 전 150만 결의 농지는 30만 결로 줄어들었다. 당연히 백성들은 굶주림에 아사(餓死)자가 속출했고 급기야 가족끼리 잡아먹거나 길거리에 죽어나자빠진 타인의 인육을 먹을 수밖에 없었다.

길거리엔 하얀 해골이 조그만 산을 이루거나 나뒹굴었고 썩은 말의 시체 또한 역병(疫病)을 일으키기에 충분했다. 중세 유럽에서 흑사병(黑死病 페스트)으로 수천만 명의 사람들이 검게 타서 죽어갔듯이 조선에서도 전란 후 전염병으로 전국토가 유린됐다. 특히 곳곳에서는 어린 아이를 잃어버린 가족들이 속출했고 길거리에 갓 죽어 쓰러진 시체들은 남아나질 않았다. 솥에 물만 끓이고 있어도 놀라 도망가는 처지였다. 이 극한의 아비규환(阿鼻叫喚)속 아수라장(阿修羅場)에서 필히 죽고자하면 살 것이라는 '필사즉생(必死卽生)!'의 사자후(獅子吼)를 토해내는 장군의 그 모습이 눈에 선하다.

24. 무항산(無恒産) 무항심(無恒心)

맹자(孟子 BC 371~289)는 제나라 선왕이 정치에 대하여 묻자 "백성들이 배부르게 먹고 따뜻하게 지내면 왕도(王道)의 길은 자연히 열리게 된다. 경제적으로 생활이 안정되지 않아도 항상 바른 마음을 가질 수 있는 것은 오직 뜻있는 선비만 가능한 일이다. 일반 백성은 경제적 안정이 없으면 항상 바른 마음을 가질 수 없다. 그렇다면 방탕하고 편벽되며 부정하고 허황되어 이미 어찌할 수가 없게 된다. 백성들이 죄를 범한 후에 법으로 그들을 처벌한다는 것은 곧 백성을 그물질하는 것과 같다."고 대답했다.

맹자의 양혜왕(梁惠王) 상편에 나오는 말로, '항산(恒産)이 없으면 항심(恒心)이 없다'는 무항산 무항심(無恒産 無恒心)을 말한다. 즉 생활이 안정되지 않으면 바른 마음을 견지하기 어렵다는 뜻이다. 맹자는 항산이 없는 사람은 항심이 없기 때문에 어떤 나쁜 짓이라도 할 수 있으므로 특히 교육에 있어 도덕(道德)을 강조하였다.

조선 후기에 삼정(三政)의 문란은 극에 달했다. 삼정이란 전정(田政), 군정(軍政), 환곡(還穀) 등 세 분야의 국가 정책을 말하는데, 이 중 요한 정책이 무너져 힘없는 백성들만 착취를 당해 살아갈 수 없는 지경에 이르렀다. 죽은 사람에게 군포(軍布, 군역 대신 내는 베)를 징수하는 것이 '백골징포(白骨徵布)'이고 갓난아이에게 징수하던 것이 '황구첨정(黃口簽丁)'이다.

실학자인 다산(茶山) 정약용(丁若鏞)이 1803년 전남 강진에 유배됐을 때 일이다.

한 남자가 "내가 이것 때문에 곤액(困厄)을 받는다."며 스스로 자신의 남근(男根)을 잘랐다. 그 아내는 피가 뚝뚝 떨어지는 남근을 들고서 관아의 문을 들어가려 했지만 아전에 의해 문전박대(門前薄待) 당했다.

사연은 이렇다. 부부는 사흘 전 아이를 낳았다. 그러자 기다렸다는 듯이 이장이 핏덩이를 군적(軍籍)에 편입하고 부부의 소를 토색(討索)질해갔다. 그러자 남편은 '남근을 잘못 놀려 자식에게 못할 짓을 했다.'며 자해한 것이다. 이렇듯 백성들은 관아 탐관오리(貪官汚吏)의 가렴주구(苛斂誅求)에 피눈물을 흘리고 있었다. 그야말로 포악한 정치는 호랑이보다 더 무섭다는 가정맹어호(苛政猛於虎)의 시대였다.

오죽했으면 자신의 양물(陽物)을 잘랐을까. 이 말을 전해들은 다산은 피가 거꾸로 솟는 분노에 지필묵을 꺼내 '애절양(哀絶陽)'이란 시를 지었다. 한여름 날 술을 앞에 놓고서 험한 세상인심에 눈물지었다. 하일대주(夏日對酒)에 나오는 시다.

종년역작고(終年力作苦)　일 년 내내 힘들여 일을 해도
증막비기신(曾莫庇其身)　제 몸 하나 가릴 길이 없고

황구출배태(黃口出胚胎)　　뱃속에서 갓 태어난 어린 것도
백골성회진(白骨成灰塵)　　백골이 진토가 된 사람도
유연신유요(猶然身有徭)　　그들 몸에 요역이 다 부과되어
처처호추민(處處號秋旻)　　곳곳에서 하늘에 울부짖고
원혹지절양(冤酷至絶陽)　　양근까지 잘라버릴 정도니
차사양비신(此事良悲辛)　　그 얼마나 비참한 일인가

　또 다른 시가 이어진다. 분명 낯빛은 사람인데 탐욕의 악마가 숨어
있는 인면수심(人面獸心)을 그리고 있다.

춘고수일두(春蠱受一斗)　　봄철에 좀먹은 것 한 말 받고
추착이두전(秋鑿二斗全)　　가을에 정미 두 말을 갚는데
황이전대고(況以錢代蠱)　　더구나 좀먹은 쌀값 돈으로 내라니
기비매착전(豈非賣鑿錢)　　정미 팔아 돈으로 낼 수밖에
영여비간활(贏餘肥奸猾)　　남는 이윤은 교활한 관리 살찌워
일환천경전(一宦千頃田)　　환관 하나가 밭이 천 두락이고
초독귀규필(楚毒歸圭蓽)　　백성들 차지는 고생뿐이어서
할박분추편(割剝紛箠鞭)　　긁어가고 벗겨가고 걸핏하면 매질이라
좌과기진출(鉎鍋旣盡出)　　가마솥 작은 솥을 모두 다 내놨기에
노죽독역견(弩粥犢亦牽)　　자식이 팔려가고 송아지도 끌려간다네

　다산은 지방 벼슬아치들의 '갑질'을 통렬하게 비판하고 있다. 당시
강진 지방에서 탐관오리들이 백성을 수탈하는 학정(虐政)을 담은 칠
언절구(七言絶句)를 남겼다. 탐진촌요(耽津村謠)에 실려 있는데 탐진
은 강진의 옛 지명이다.

면포신치설양선(棉布新治雪樣鮮)
　　새로 짜낸 무명이 눈결같이 고왔는데
황두래박이방전(黃頭來博吏房錢)

이방 줄 돈이라고 황두(하급관리)가 뺏어가네
누전독세여성화(漏田督稅如星火)
　누전(장부에 미기록된 밭) 세금 독촉이 성화같이 급하구나
삼월중순도발선(三月中旬道發船)
　삼월 중순 세곡선이 한양으로 떠난다고

　임금은 백성의 아버지인가? 아니었다. 공맹(孔孟)의 유학과 주자의
성리학(性理學)을 공부한 자칭 성인군자나 사서삼경(四書三經)을 달
달 외워 과거 급제한 벼슬아치들은 왜 백성의 고단한 삶에 눈감았나.
나라는 하루가 다르게 썩어 가는데 조정은 끼리끼리 붕당(朋黨)을 만
들어 치고받고 피터지게 싸웠다. 지방의 하급관리들은 '굶주린 늑대'
가 되어 백성의 고혈(膏血)을 짜냈다. 과다한 공물(貢物) 상납과 가렴
주구(苛斂誅求)의 과도한 징세(徵稅) 등으로 백성들은 허리가 휘어지
고 골이 빠질 정도였다. 기름진 음식에 호의호식을 했던 왕 중심의
전제군주제에서 백성들은 양반의 탐욕에 수탈당하는 말라비틀어진
쭉정이 '호구(虎口)'들이었다.
　기아와 질병으로 인구도 줄어들어 농민들의 삶은 더욱 피폐해졌다.
이런 상황에서 농민들의 불만은 하늘을 찌를 듯 하였고 땅과 집을 잃
은 일부 농민들은 도적떼가 되어 산속으로 들어갔다. 조선시대에 잦
은 민란은 결국 왕과 조정의 대신들이 백성을 위한 애민(愛民)은커녕,
위민(爲民)의 정책을 제대로 시행하지 않았기 때문이었다.
　여튼 먹고 사는 게 가장 큰 문제였다.
　'사흘 굶어 남의 담 타고 넘지 않는 자 없다.'는 말처럼 목구멍에
풀칠을 하기 위해 범죄도 불사하는 상황이 비일비재했다. 그래서 '목
구멍이 포도청'인 백성들이 많았다는 이야기다.

조정의 고민도 커졌다. 자칫 방치했다가는 '도적떼'들이 언제 궁궐을 향해 칼과 창을 겨누어 쳐들어올지 모를 일이었기 때문이다. 그래서 개간을 장려했고, 토지대장에서 빠진 은결(隱結)을 찾아내 경작지에는 빠짐없이 전세(田稅)를 부과하려 하였다. 이러한 노력으로 광해군 때는 토지가 50만 결, 정조 때는 145만 결로 임진왜란 직전 상황가까이에 이르렀다.

임진왜란 이후 남은 전답이 별로 없자 왕실에서는 절수(折受)라는 제도를 시행했다. '끊어서 받는다'는 절수제도는 황무지나 버려진 땅을 신고해 개간하면 경작권과 소유권까지 가지도록 하는 것이다. 조정은 절수제도를 통해 부족한 과전(科田)문제를 해결하고 토지개간을 유도하려 했다. 백성들에게 부과된 '전세(田稅)', '요역(徭役 부역)'과

<그림 22> 류성룡이 죽은 어미의 젖을 빠는 아이를 보고 울고 있다.
출처: 에혼다이코기

‘군역(軍役)’으로도 허리가 휘청거렸는데 ‘공납(貢納)’이란 괴물이 나타나 백성들의 삶의 터전을 송두리째 뒤흔들어놓았다. 지방 특산물을 나라에 바치는 ‘공납’의 폐해는 극심했다. 큰 마을, 작은 마을 구분없이 똑같이 내야했고, 많은 토지를 소유한 양반 전주(田主)의 납부액과 송곳 꽂을 땅도 없는 소작농의 납부액이 비슷했다. 무엇보다 그 지역에 나지도 않는 물품을 바치라는 것이었다. 그러니 돈을 주면 물건을 대신 나라에 바치는 사람, 중간상인들이 나타났다. 이들은 공물을 심사하는 아전(衙前)에게 뇌물을 찔러주고 자신들의 물건이 아니면 받지 못하게 했다. 이렇게 공납을 방해한다고 해서 ‘방납(防納)’이라고 했다. 방납업자들은 원래 가격의 수십 배에서 백배까지 받고 대납을 했다고 하는데 이와 같은 협잡질의 폐해가 심했다.

방납업자와 관리가 챙기는 수수료인 인정(人情)은 공물의 두 배나 되었다. 그러다 보니 “손에는 진상품을 들고 말에는 인정물을 싣고 간다.”는 말이 유행할 정도였다.

조선시대 공납제(貢納制) 전개과정에서 초기에는 유무상통(有無相通)의 편의를 위해 용인되었던 공물대납제가 1476년(성종7) 성종 때 폐지된 뒤 방납 폐해가 심해졌다. 그 원인은 제도의 미비와 수요의 증가에 있었다. 제도의 미비로는 공안(貢案)의 개정이 지연되어 불산공물(不産貢物 생산되지 않는 공물), 절산공물(絶産貢物 공급이 단절된 공물)이 발생하였지만 조정에서는 이를 무시하고 분정수납(分定收納 할당량)을 강행했다. 또 공물수납을 담당했던 중앙 각사의 서리 및 노복들 대부분에게 급료가 지급되지 않았으므로 공물수납을 통해 사리를 취하지 않을 수 없었다. 또 중앙 각사의 운영비 중 일부를 공물수납의 과정에서 확보해야 함에 따라 방납행위는 묵인, 장려되었다.

또한 임진왜란 이후 국가의 재정위기를 극복하려는 과정에서 공물 수요가 급증함에 따라 공물의 인납(引納, 다음 해의 공물을 미리 상납하게 하는 것)과 가정(加定, 지방의 특산물에 대해 임시로 추가 부담을 요구하는 것)이 강행되었다. 방납업자와 중간관리들만 이익을 보는 구조가 되었고 이게 돈이 되는 사업이 된다고 하자 힘깨나 쓴다는 관리와 왕실 종친들이 방납에 뛰어들었다. 재벌이 골목상권인 떡볶이, 순대집에 뛰어든 거나 마찬가지였다. 그때나 지금이나 부익부빈익빈(富益富貧益貧)의 경제 구조다.

이들 사주인과 각사 이노들은 방납의 일을 부자, 형제가 전승해 가업으로 삼았다. 또 사대부, 종실, 부상대고(富商大賈)와 연결되어 그 하수인이 되기도 했다. 이러한 것은 백성들에게 이중 부담을 강요하는 것이므로 이 폐단을 없애기 위한 노력이 일어났다.

1569년 선조는 공납제를 폐지하고 전결(田結)을 단위로 하여 쌀로 부과징수하는 대동법(大同法), 즉 '대공수미법(代貢收米法)'을 실시했다. 그러나 기득권세력의 반대와 걷힌 쌀이 조금이고 쌀이 아닌 물건으로 받을 때가 많아서 채 1년도 안 돼 흐지부지됐다. 임진왜란 중 명나라 군대의 군량을 책임졌던 '전시재상' 류성룡(柳成龍)은 선조에게 대동법과 같은 작미법(作米法)의 확실한 시행을 건의했다. 마침내 광해군이 즉위한 해인 1608년 5월 방납인들 때문에 공물가격이 폭등하자 당시 영의정 이원익(李元翼)이 대동법을 시행해야 한다며 자신의 정치생명을 내놓고 주장했다. 먼저 경기도에서 시작했다. 또 인조 때 김육(金堉)은 그 이전에 10년 동안 시골에서 농사를 지은 경험이 있었다. 그래서 벼슬에 나간 뒤에 백성들의 세금을 줄여 달라고 여러 차례 상소를 올려 마침내 대동법이 전국적으로 시행되는데 큰 역할을 했다.

　조선 중기 이후 정말 한심할 정도로 부실한 왕조가 계속 이어져 갈 수 있었던 것은 몇몇 위인들이 있었기 때문이었다. 1569년 율곡 이이(李珥)가 공물방납의 폐해를 지적한 동호문답(東湖問答)을 선조에게 올렸고 이후 류성룡(柳成龍), 이원익(李元翼), 김육(金堉) 같은 애민정신을 가진 충신들이 그 맥을 이었다.

　오늘날 '이태백(이십대 태반이 백수)'이 유행하고 100세 시대에 베이비 부머(1955~1963년생) 712만 명이 인생 2막에서 헤매고 있다. 민생법안 처리에 늑장 부리는 국회의원들 가운데는 자식 취직부탁에 앞장서고 보좌관 월급 상납 받고 뇌물 받는데 귀신이 되었다.

　"곳간에서 인심나는 법. 백성들 배부르고 등 따숩게 해주는 게 정치여." 장군이 한마디 거들었다.

25. 이순신의 애민(愛民) 정신

1594년 갑오년은 명나라와 왜와의 강화교섭으로 휴전상황이었다. 장군은 전쟁이 잠시 소강상태에 접어든 때 전장에서 고생하는 부하들을 위한 위로잔치를 베풀었다.

1594년 1월 21일 기록이다.

> 한산도 본영의 격군(格軍 노꾼) 742명에게 잔치를 베풀어 술을 먹였다. 판옥선과 거북선의 대형 노를 저어야 하는 격군들은 고생이 무척 심했다. 갑판 위에서 전투를 하는 병사들과 달리 이들은 선장의 명령에 따라 동서남북, 전후좌우로 방향을 틀면서 노를 계속 저어가야 했다. 이날 저녁에는 녹도 만호 송여종(宋汝悰)이 와서 전염병으로 죽은 병사 274구의 시체를 묻어주었다는 보고를 했다.

4월 1일 기록에는 삼도수군들에게 술 1천80동이를 내려 먹였다. 또 4월 20일 기록에 따르면 조선수군이 전염병에 의해 궤멸될 처참한 상황에 놓여있음을 알 수 있다.

삼도수군 1만7천명 가운데 사망자가 1천904명, 감염자는 3천
759명으로 도합 5천663명의 전력손실이 있었다.

이렇게 상황이 심각하게 돌아가자 장군은 의원(醫員)을 보내어 전
염병을 구호해 주기를 청하는 장계를 올렸다. 4월 24일자 청송의구려
장(請送醫救癘狀)이다.

3도 수군이 한 진에 모여 있는 상태에서 봄부터 여름까지 전염
병이 크게 돌았는데 약품을 많이 준비하여 백방으로 치료해보
았지만 병이 나은 자는 적고 사망자는 극히 많습니다. 무고한
군사들과 백성들이 나날이 줄어들어 많은 전선을 움직이기 어
렵게 되었는데 위태롭고 급한 때를 당하여 참으로 답답하고 걱
정됩니다. 조정에서는 사정을 십분 참작하시어 유능한 의원을
특명으로 내려 보내어 구호하도록 해주시기를 바라나이다.

장군 역시 전염병으로 사경(死境)을 헤맸다.

1594년 4월 25일. 새벽에 몸이 몹시 불편하여 하루 종일 앓았
다. 보성군수 김득광(金得光)이 와서 보았다.

1594년 4월 26일. 병세가 극히 중해져서 거의 사람을 알아보
지 못하게 되었다. 곤양군수 이광악(李光岳)은 돌아갔다.

1594년 4월 29일. 기운이 쾌차해진 것 같다. 오늘 우도(右道)에
서 삼도의 군사들에게 술을 먹였다.

1594년 5월 1일. 하루 종일 땀이 퍼붓듯이 흘렀다. 기운이 쾌
해진 것 같다. 아침에 아들 면(葂)이 들어왔다.

1594년 5월 7일. 몸이 편한 것 같다. 침을 열여섯 군데나 맞았다.

1594년 7월 29일. 종일 실비가 왔다. 몸이 몹시 불편하여 끙끙
앓느라 밤을 새웠다.

이같이 몸이 불편하다는 내용을 기록한 것은 7년의 난중일기 가운
데 180여회나 나온다.

조선강토는 치열한 공방전으로 인해 시산혈해(屍山血海)가 되어버
렸다. 백성과 군사들의 시체와 말의 사체가 여기저기서 썩어갔고 마
땅한 소독약이 있을 리 없었던 상황에서 전염병은 급속도로 빨리 퍼
져나갔다. 게다가 피죽도 못 먹어 영양실조에 걸린 백성들은 전염병
에 약할 수밖에 없었다.

임진왜란이 일어나기 훨씬 전인 1577년(선조 10)에는 백성이 462만
명으로 호적수에 나왔는데 임진왜란이 끝나고 조사를 하였을 때는
153만 명으로 엄청 줄었다. 전사자와 병사자들이 부지기수(不知其數)
였음을 알 수 있는 자료다.

1595년 7월 14일 기록이다.

늦게 개었다. 군사들에게 휴가를 주었다. 녹도만호 송여종(宋汝
悰)에게 죽은 군졸들에게 제사를 지내주도록 하고 쌀 두 섬을
내어주었다.

이날 장군은 을미년(1595년)에 죽은 군졸들을 제사지낼 제문(祭文)
을 지었다.

친상사장(親上事長) 윗사람을 따르고 상관을 섬기며

이진기직(爾盡其職)	그대들은 맡은 직책 다하였건만
투료윤저(投醪吮疽)	부하를 위로하고 사랑하는 일
아핍기덕(我乏其德)	나는 그런 덕이 모자랐노라
초혼동탑(招魂同榻)	그대들의 혼을 한 자리에 부르니
설전공향(設奠共享)	여기에 차린 제물을 누리시게나

여기서 투료윤저(投醪吮疽)는 '술을 강물에 쏟아 붓고 종기를 빨았다'는 뜻이다. 투료(投醪)는 적은 양의 술을 많은 군사와 백성들이 다 같이 마시기 위해서 강의 상류에 쏟아서 같이 마시게 했다는 춘추전국시대 월왕(越王) 구천(勾踐)이 오왕(吳王) 부차(夫差)에게 패한 후 와신상담(臥薪嘗膽)의 과정에서 나온 고사(故事)다. 또 윤저(吮疽)는 부하 병사들의 종기를 자기 입으로 직접 빨아줌으로써 부하들이 목숨을 아끼지 않고 싸우게 했다는 중국 장수 오기(吳起)의 고사에서 나온 말이다. 장군은 제문을 지을 때 이 두 가지 고사를 빌려와 인용했다.

그중에 장군이 술을 강물에 쏟았다는 투료(投醪)의 일화가 전해진다. 조선 야사(野史)를 기록한 이긍익(李肯翊 1736~1806)의 '연려실기술(練藜室記述)'에서다.

1597년 9월 16일 정유재란 때 해남과 진도 사이 울돌목에서 명량해전이 벌어졌다.

조선은 군선 13척으로 왜함선 133척을 맞아 싸워야 했다. 명량 해전 직전까지 장군이 고민한 것은 조선 수군의 군사력이 왜군에 비해 턱없이 열세하다는 점이었다. 반면 조선 수군이 없다고 판단한 왜 수군은 명량 해협에 도착했을 때 조선군선 300여 척이 전투태세를 갖추고 있는 것에 당황했다.

왜군이 조선 군선으로 오인(誤認)한 선박이 바로 피란선(避亂船)이었다. 피란선의 일반적인 행동은 혼란스러운 것이었으나 장군의 지시에 따라 '배후에서 질서 정연히 바다를 오감으로써 왜군은 그들을 조선 군선으로 오인했다'고 '연려실기술(練藜室記述)은 기술하고 있다.

1597년 9월 명량해전 때 피란선을 지휘한 사람은 오익창(吳益昌)이라는 보성의 촌로였다. 그와 장군 간의 굳건한 인간관계가 맺어진 사연은 다음과 같다.

이순신이 병사들을 집합시켜 훈시하고 있을 때였다. 한 노인이 다가와 '감사합니다. 장군님이 오신 이후 왜적의 약탈이 없어져 고마움의 표시로 겨우 술 한 통을 마련해 왔으니 작은 정성으로 여겨 받아주십시오.'라고 간청했다. 노인의 청에 이순신은 훈시를 중단하고 '오늘은 술 마시는 날이다. 모두 술잔을 들고 다시 모여라.'라고 외쳤다. 이순신은 냇가로 내려가 병사들이 보는 앞에서 술통의 술을 냇물에 부었다. 병사들은 냇물에 흘러가는 술을 보고 못내 아쉬워했다. 침묵의 시간이 흘렀다. 이순신이 술잔에 냇물을 채운 후 잔을 들어 올리며 크게 외쳤다. '모두 술잔에 냇물을 채워라. 이 물은 맹물이 아니라 노인이 우리를 믿고 승리를 당부하는 술이다. 자, 모두 술을 마시자.' 병사들 모두 술잔에 냇물을 채웠다. 그때 누가 먼저 시작했는지 잔을 쳐든 병사들은 모두 '승리! 승리!'를 목이 터져라 외쳤다.

다음 날 벌어진 명량 해전에서 기적(奇蹟) 같은 승리는 장군과 휘하 장졸들과의 끈끈한 인간관계가 뒷받침됐기 때문이었다.

장군은 또 고생하는 군사들에게 잔치를 베풀었다.

1595년 8월 27일 기록이다.

군사 5천 480명에게 음식을 먹였다. 저녁에 상봉(上峯)으로 올라가서 적진과 적선들의 왕래하는 길을 체찰사 이원익(李元翼) 일행에게 가리켜 주었다. 바람이 몹시 사나워 저녁이 되기에 도로 내려왔다.

5천480명의 군사들에게 음식을 먹인 일에 대해서 좀 더 살펴본다. 한산도 삼도수군통제영으로 찾아온 체찰사(군총사령관) 이원익(李元翼)이 진중에 들렀을 때 장군이 체찰사에게 "여기까지 오셨다가 그냥 가시면 군사들이 많이 실망하게 될 터이니 음식을 내려 사기를 올려 주십시오."라고 청했다. 그러자 체찰사는 "내가 미처 준비를 해오지 못했으니 어쩌겠소."라며 난처해했다. 그때 장군이 "음식은 제가 준비해 놓았으니 체찰사 대감의 이름으로 주시면 되지 않습니까."했다. 체찰사 이원익은 장군의 세심한 배려에 너무나 고마워했다. 장군과 체찰사 이원익과의 인간관계는 왜란 내내 끈끈해졌다.

8월 28일 기록이다.

> 이른 아침에 체찰사와 부사, 종사관과 함께 수루(戍樓) 위에 앉아서 여러 가지 폐단과 백성을 괴롭히는 점들을 의논하였다. 식전에 배에 올라 행선하여 떠나갔다.

장군은 또 병사들의 노고를 풀어주었다. 1596년 5월 5일 기록이다.

> 이날 새벽에 제(祭)를 지냈다. 일찍 아침밥을 먹고 나가 공무를 보았다. 회령포 만호가 교서(敎書)에 숙배(肅拜)한 뒤에 여러 장수들이 와서 모이고 그대로 들어가 앉아서 위로주(慰勞酒)를 네 순배 돌렸다. 경상 수사는 술잔 돌리기가 한창일 때쯤 씨름을 시켰는데 낙안 군수 임계형이 일등이었다. 밤이 깊도록 이들을

즐겁게 뛰놀게 한 것은 굳이 즐겁게만 하려는 것이 아니라, 다만 오랫동안 고생하는 장병들에게 노고를 풀어주고자 한 계획이었다.

장군의 자는 여해(汝諧)다. 너, '여(汝)' 자에 화합하여 조화롭게 하라는 '해(諧)' 자가 들어있다. 장군은 여해라는 뜻에 맞게 화합과 조화를 끊임없이 시도해나갔다. 지휘관의 솔선수범, 선공후사, 임전무퇴 정신 등은 모두 애민(愛民) 정신의 발로다. 23전 23승의 불패의 기록은 이같은 애민 정신의 바탕 위에서 세워진 것이다.

장수로서 평소 가꿔온 자기수양은 사후(死後)에도 백성들의 신망으로 이어졌다. 장군은 전장에서 피난민을 만나면 으레 말에서 내려 노약자나 노인들의 손을 잡고 개유(開諭 타이르는 말)를 아끼지 않았다. 그런 장군이 사망한 뒤 영구(靈柩)를 아산(牙山)으로 모셔올 때 백성들과 선비들이 울부짖으면서 제사를 올렸는데, 천 리 길에 끊어지지 않았다.

장군을 철천지원수(徹天之怨讎)로 여겼던 왜수군 장수 와키자카 야스하루(脇坂安治)에게서 칭송을 받았다.

내가 제일로 두려워하는 사람은 이순신(李舜臣)이며, 가장 미운 사람도 이순신이고, 가장 좋아하는 사람도 이순신이며, 가장 흠모하고 숭상하는 사람도 이순신이다. 가장 죽이고 싶은 사람도 이순신이고, 가장 차를 함께 마시고 싶은 사람도 이순신이다.

임진왜란 당시 장군에게 여러 차례 참담한 패배를 당했던 왜수군 장수 와키자카 야스하루가 그의 후손에게 남긴 말이다. 적군도 감화시켰던 장군의 인격을 엿볼 수 있는 단면상이다.

26. 백성은 군왕(君王)을 버릴 수 있다

시구편(鳲鳩篇)이란 왕이 백성을 골고루 사랑해야 된다는 뜻을 뻐꾸기와 비둘기에 비유해서 읊은 시경(詩經 공자에 의해 편찬된 305편의 시모음)의 편명이다. 현실의 부조리를 기술한 후에 이에 있어야 할 당위, 곧 왕이 백성을 골고루 사랑하고 주인으로 여기는 정치와 세상을 바라고 있다. 그의 말대로, "지극히 천하고 어디에도 호소할 데 없는 사람들이 바로 백성들이요(至賤無告者小民也), 높고 무겁기가 산과 같은 것도 또한 백성이다(隆重如山者亦小民也)."

그 옛날 백성은 왕과 권력자가 볼 때 아무 것도 모르고 어리석은 '무지렁이'로 밖에 보이지 않았다. 동서고금을 통해서 권력자와 백성의 관계는 '금수저'와 '흙수저'로 구분되었다. 그러나 그 운명은 자신이 선택하는 게 아니다. 왕의 아들로 태어나 세자가 되면 왕위를 승계 받았고 노예의 아들로 태어나면 평생 노예가 된다. 재벌의 아들로 태어나면 금수저를 물고 나오는 것이고 지게꾼의 아들로 태어나면 그에 맞게 빈한(貧寒)하게 살아가야 했다.

오늘날 신분상승을 위해 스펙 쌓기에 여념 없는 청년층에서 '개천에서 용 난다'는 속담은 점차 옛이야기로 바뀌고 있다. 아무리 백성이 주인이 되는 민주주의 세상이라고 해도 출신성분과 신분의 차별은 여전히 존재하는 게 사실이다.

세종실록에 나온 왕가(王家)에 주는 과전법(科田法)이다. 왕자의 과전법(科田法)을 제정하기를, "왕의 아들, 왕의 형제, 왕의 백부나 숙부로서 대군(大君)에 봉한 자는 3백 결, 군(君)에 봉한 자는 2백 결, 부마(駙馬)로서 공주의 남편은 2백 50결, 옹주의 남편은 1백 50결이요, 그밖의 종친은 각기 그 과(科)에 의한다."

왕가 사람들의 그 신분에 따라 논과 밭의 크기가 정해지고 있음을 알 수 있다. 왕으로부터 하사받은 땅을 일궈서 곡식을 수확하는 등의 노동력은 천민(賤民)인 공사노비(公私奴婢)가 담당했다.

광해군의 폐모살제(廢母殺弟 인목대비를 왕비에서 폐하고 영창대군을 죽임)를 탓하고 자신의 지극한 존명사대(尊明事大 명나라를 상국으로 모심) 정신을 강조한 인조는 반정의 명분을 제공해준 정명공주(선조와 인목대비의 딸, 영창대군의 누이)에게 사은(謝恩)의 뜻으로 8천76결의 절수(折受)를 내려주었다. 절수란? 벼슬아치가 나라로부터 녹봉(祿俸)으로 토지나 결세(結稅)를 떼어 받는 것이다. 인조는 그 뒤에도 인목대비에게 자신의 효성(孝誠)을 증명하려는 듯 딸 정명공주에게 온갖 선물 공세를 퍼부었다. 기존의 살림집의 증축은 물론이고 수많은 노비와 토지를 하사했다. 심지어 전라도의 하의도, 상태도, 하태도 등 섬에 있는 땅까지 하사했다.

승정원일기(承政院日記)다. 경상감사 박문수(朴文秀)가 1728년(영조

4년)에 '영안위방(永安尉房 정명공주를 가리킴)이 경상도 내에서 절수받은 토지가 8천 76결이나 됩니다.'라고 보고한 대목이 있다. 8천76결을 지금의 평수로 환산하면 약 5천만 평에 달한다. 당시 한양 도성의 면적을 약 600만 평으로 잡는다면 어마어마한 면적임을 알 수 있다.

그러면 백성들의 생활은 어땠을까.

명종 때 어숙권(魚叔權)의 패관잡기(稗官雜記)에 나온 글이다. 모든 원(員 수령)이 된 자는 으레 민가의 과일나무를 일일이 적어두고 그 열매를 거두어들이는데, 가혹하게 하는 자는 그해 흉년이 든 것도 상관하지 않고 반드시 그 수효를 채웠으므로 백성들이 그것을 괴롭게 여겨 그 나무를 베어버리는 자가 생겼다.

어잠부(魚潛夫)가 김해에 살 때에 매화나무를 도끼로 찍는 사람을 보고 부(賦)를 지었다.

황금자번(黃金子繁) 황금 같은 열매가 많이 달리니
이사기향(吏肆其饗) 벼슬아치가 토색질을 멋대로 하여
증과배징(增顆倍徵) 수량을 늘려 갑절로 거두어 들이고
동조편추(動遭鞭搥) 걸핏하면 매질하니
처원주호(妻怨晝護) 아낙은 원망하면서 낮에 지키고
아제야수(兒啼夜守) 어린 것은 울면서 밤에 지킨다
자개매숭(玆皆梅崇) 이것이 다 매화 탓이니
시위우물(是爲尤物) 매화가 근심거리가 되었구나

평상시 나라의 국방을 튼튼히 하고 백성의 공물, 납세부담을 덜어주려는 애민(愛民)정책이 사실상 부재한 조선시대는 부국강병(富國强兵)은 꿈속의 이야기였다. 특히 지방의 특산물을 바치는 공납(貢納) 등 과중한 세금으로 백성의 고혈(膏血)을 짜내 빨아먹는 부패한 관리들에게 염증을 느낀 백성들은 애초 나라와 임금에 대한 충정심이 없었다. 성리학에서 말하는, 충효(忠孝) 윤리와 예법(禮法)을 모르는 무식한 '아랫것들'이었기 때문이 아니라 사람대접을 못 받는 '상놈'들의 인지상정(人之常情) 때문이었다.

> 서민구엄억(西民久掩抑)
>   서쪽 지방 백성들 오랜 세월 억압받아
> 십세애잠신(十世闞簪紳)
>   십세토록 벼슬 한 장 없었네
> 외모수원공(外貌雖愿恭)
>   겉으로야 공손한 체하지만
> 복중상윤균(腹中常輪困)
>   마음속에는 언제나 불만이었네
> 칠치석식국(漆齒昔食國)
>   옛날에 일본이 나라 삼키려 했을 때
> 의병기준준(義兵起踆踆)
>   의병이 곳곳에서 일어났지만
> 서민도수수(西民獨袖手)
>   서쪽 백성들이 수수방관했음은
> 득반량유인(得反諒有囚)
>   참으로 그럴만한 이유 있었네

다산 정약용(丁若鏞)의 '하일대주(夏日對酒)', 즉 '여름날 술을 마시며 읊은 시'에 나오는데 잘못 되어가는 세상에 대한 통분과 한탄을 읊었다. 조선이라는 나라가 안고 있던 가장 큰 병폐는 바로 신분 차별과 지역 차별이었다. 황해도와 평안도, 함경도까지 서북 3도 백성들은 아무런 이유 없이 천대받아, 중앙의 관계에 진출하기가 어려웠다. 그런 아픔을 자신의 아픔으로 여기고, 그런 사회적 질곡(桎梏)을 해결하려는 간절한 뜻이 담겼다.

무릇 백성이란 누구이던가.

송복 연세대 명예교수는 '류성룡, 나라를 다시 만들 때가 되었나이다'에서 백성을 다음과 같이 정의하고 있다.

> 유교국가에서 백성은 '왕의 백성'이 아니다. 민심무상(民心無常), 즉 백성들의 마음은 일정함이 없어 절대로 어느 한 곳에 붙박이로 붙어 있지 않는다. 백성들의 마음은 유혜지회(惟惠之懷)라 해서, 오로지 은혜롭게 정치하고 혜택을 베푸는 정책을 펴내는 사람에게 향한다. 그가 어느 민족이든, 그가 어느 나라 누구이든, 상관하지 않는다.

임진왜란 7년 기록에는 왜군이 점령했던 남해안의 왜성 부근에서 우리 백성들이 먹고살기 위해서 농사와 고기잡이를 하면서 왜장(倭將)에게 세금을 내고 나머지를 가지고 살았다는 내용이 심심찮게 나온다.

'백성을 하늘로 생각하라'는 맹자의 민본주의(民本主義)는 상당히 뛰어난 사상이었는데 그것을 어기고 파괴하는 군주에 대해 저항하는 혁명의 주체세력은 항상 중산층이었다. 일단 백성들은 먹고사는 문제가 가장 큰 일이고 그 문제가 해결 안 되면 어디로 튈지 모르는 탁구공과 같았다. 그래서 맹자는 일찍이 무항산(無恒産)이면 무항심(無恒心)이라고 했다. 즉 사람은 먹고 살만해야 사람의 도리를 지킬 수 있고 그렇지 못하면 먹고살게 해주는 주인, 그것이 적(敵)이건 누구건 간에 가리지 않는다는 말이다.

1592년 5월 30일 선조가 왜군에 쫓겨 도성을 떠나 파천(播遷)길에 오르자 민심이 이반했다. 분기탱천(奮起撑天)한 백성들은 자신들을 버리고 도망가는 왕을 원수(怨讐)로 여겼다.

류성룡의 서애집(西厓集) 기록이다.

> 임금의 행차가 성을 나서니 난민들이 맨 먼저 장례원(掌隷院 노
> 비 판결부서)과 형조(刑曹)를 불질렀다. 이 두 곳에는 공사노비
> (公私奴婢)의 문서(노비 증명서)가 있는 까닭이다. 또 내탕고(內帑
> 庫 왕실 개인금고)에 들어가 금과 비단 같은 것을 끌어냈으며
> 경복궁, 창덕궁, 창경궁을 불질러 하나도 남겨두는 것이 없었
> 다. 역대로 내려온 보화, 귀중품과 문무루(文武樓)와 홍문관에
> 쌓아둔 서적, 승문원 일기가 모두 타버렸다. 또 임해군(臨海君)
> 과 병조판서 홍여순(洪汝諄)의 집을 불살랐다. 모두 왜적이 오기
> 전에 우리 백성들에 의해 불타버렸다.

또 종묘 각실(各室)의 인보(印寶)와 의장(儀仗)은 모두 버렸으며, 문
소전(文昭殿, 태조와 신의왕후 한씨를 모신 사당)의 위판(位版)은 지
키던 관원이 땅에 파묻어 버리고 도망갔다. 이후 문소전의 제례(祭禮)
는 마침내 없애고 거행하지 않았다고 한다. 임진왜란 이후 왕실의 큰
제사를 지낼 때 제사를 지내는 격식이 까다로운데 그걸 대대로 기록
한 책들이 하나도 없어 제사를 지내지 못할 지경까지 이르렀을 정도
였다. 그래서 나이든 신하들의 희미한 기억에만 의존하여 제사를 아
주 검소하게 지내게 됐다. 이로 인해 무수한 역사적인 자료와 더불어
노비문서들도 다 타버렸고 나중에 실록을 기록할 사초(史草) 같은 게
남아 있을 리 없었다. 겨우겨우 여기저기 자료들을 긁어모아 날짜부
터 뒤죽박죽인 선조실록과 선조수정실록이 만들어졌다.

임진왜란 이전과 이후로 역사가 단절된 듯하다.

오늘날에도 기득권층의 '갑(甲)질' 횡포는 여전하다. 특히 국민의

세금을 가져가면서 민생경제 법안처리에 능장을 부리는 국회의원들의 '무노동 유임금(無勞動 有賃金)', '헬(hell) 조선'에 일정 부문 책임이 있는 재벌의 안하무인 태도, '관(官)피아'가 되어버린 고위공직자와 공기업 임원들의 부정부패의식 등에 국민들은 치를 떨며 분노한다.

2014년 1분기 말 30대 그룹의 사내유보금은 710조 3002억 원이지만 청년 및 베이비부머 퇴직세대의 일자리 창출에는 거의 무관심하다.

대한민국은 지금 저성장과 빈부의 양극화에 빠져 허우적거리고 있다.

과거 박정희 전 대통령 재임 17년 동안 평균 9.1%의 경제성장가도를 달린 것은 아득한 전설이 되어버렸다. 90년대 6.7%이던 경제성장률이 2000년대 들어 4.4%로 하락했고 2010년대에는 2~3%로 떨어졌다. 여전히 2%대에 머물고 있는 저성장 기조에 소득분배도 점점 악화되어 1997년 외환위기 바로 전만해도 0.27이던 지니계수(소득불평등도, 0과 1사이에서 값이 1에 가까울수록 불평등이 심화됨)가 0.35를

재조산하(再造山河) 나라를 다시 만들다

<그림 23> 재조산하
출처: KBS 불멸의 이순신

넘어섰고 삼성-현대-LG-SK 등 4대 재벌그룹이 1년에 올리는 매출액이 이제는 GDP의 60%에 육박할 정도로 재벌의존도가 커졌다.

드라마 <불멸의 이순신>을 보면 도체찰사 류성룡이 남해안에서 둔전(屯田)을 관리하던 이순신 장군을 찾아온다. 그때 장군은 백성들이 씨를 뿌리고 수확하면서 기뻐하는 모습을 보여준다. 그리고 편지 한 장을 건넨다.

류 대감이 펼쳐본 편지에는 다음과 같은 글이 있었다.

'재조산하(再造山河).' 즉 "나라를 다시 만들어야 한다."

또 다시 기시감(旣視感)의 발현! 어쩜 예나 지금이나 그리 똑같을까.

27. 매국노(賣國奴) 순왜(順倭)

　　임진왜란, 정유재란 등 7년 전쟁이 지루하게 펼쳐짐으로써 피아(彼我)를 확실하게 구분하지 못하는 상황이 발생했다. 세작(細作)의 활동이 왕성해진 것이다. 세작은 간첩(間諜)을 일컫는데 그 은밀한 탐망, 척후 활동으로 상대의 전력을 파악하여 아군에게 이롭게 하려는 정보원이다. 이기는 전투를 주도했던 이순신 장군의 경우도 전투를 하기 전에는 항상 탐망선(探望船)을 띄우거나 탐망꾼을 적진으로 보내 적의 상황과 동태를 먼저 파악했다. 그럼으로써 전투준비에 만전을 기했고 선승구전(先勝求戰)의 '이기는 전투'를 할 수 있었다. 눈과 귀 등 정보수집의 안테나가 되어 상대방의 전력을 파악하려는 정보전은 그때나 지금이나 가장 중요한 전쟁 승패의 핵심요인이다. 손자병법에서 '상대방을 알고 나를 알면 백번 싸워도 위태롭지 않다'는 지피지기 백전불태(知彼知己 百戰不殆)의 정보전략은 전쟁의 승패를 가르는 결정적인 요인이 된다.

간첩의 세작행위를 이해하기 위해서 다음 몇 가지 유형을 살펴볼 필요가 있다. 순왜(順倭)는 왜군을 위하는 부역(附逆) 행위자로 매국노(賣國奴)를 가리킨다. 또 항왜(抗倭)는 귀순하여 왜군과 싸운 일본인을 말하고 항왜(降倭)는 단순히 귀순한 왜군을 말한다. 이 와중에 이중간첩이 등장해 양쪽 진영을 번갈아 가면서 각각 필요한 정보를 제공하며 전황을 뒤흔들어 놓았다.

먼저 왜군에 부역한 순왜(順倭)의 경우다.

순왜는 주로 조선 조정에 반감을 품었거나 왜군에게 포로가 되어 잡혀갔다가 부역한 사람들이다. 이들 가운데는 왜군의 길잡이 역할을 해주고 조선의 지도와 각종 정보를 제공해주었다. 나아가 왜군과 합세하여 조선군을 공격하는데 앞장서기도 했다.

1587년 2월 정해왜변(丁亥倭變)이 일어났다. 왜구(倭寇)들이 열여덟 척의 왜선으로 전라도 남해안 손죽도를 침범한 사건이다. 이때 맞서 싸우던 녹도권관 이대원(李大源)이 전사하고 가리포 첨사 이필(李趙)은 눈에 화살을 맞았다. 왜구들은 흥양땅과 가리포까지 확대하여 병선 4척을 빼앗아 도주하였다. 조정에서는 신립(申砬)과 변협(邊協)을 방어사로, 김명원(金命元)을 전라도 순찰사로 삼아 변란을 수습케 했다. 그러나 이들이 현지에 도착했을 때에는 이미 왜구가 물러난 후였다. 정해왜변은 단순한 약탈과 방화, 납치의 수준에 그쳤던 왜구의 침탈이 아니라 일본 정규군의 탐색 및 정찰이 목적이었다. 전라도 사태가 종료된 뒤 음력 3월 10일 비변사에서는 전라좌수사 심암(沈巖)과 전라우수사 원호(元壕)에게 책임을 물어 두 사람을 국문(鞫問 중대한 죄인을 심문함)하였다.

이때 일본군의 앞잡이로 활약한 자가 진도출신 평민 사화동(沙火同 사을화동)이었다. 3년 뒤인 1590년 음력 2월 28일 선조는 조선 통신사를 일본에 파견하는 조건으로 사을화동과 함께 왜구 두목들인 신사부로, 긴지로, 마고지로를 조선으로 송환, 모두 처형하였다.

또한 함경도로 피난 가있던 두 왕자 임해군(臨海君)과 순화군(順和君)을 포박하여 가토 기요마사(加藤淸正)에게 넘겨주었던 국경인(鞠景仁)과 김수량 등을 예로 들 수 있다. 당시 조선은 백성들의 민심이 크게 이반되어 왜군이 쳐들어 왔을 때, 적극적으로 왜군에 동조하는 현상이 있었다. 이와 같은 사회 분위기를 등에 업고 왜군은 거의 아무런 저항 없이 빠르게 한양까지 북상할 수 있었다. 이런 상황에서 임해군과 순화군은 근왕병(勤王兵)을 모으기 위하여 함경도로 갔으나 민가를 약탈하고 주민을 살해하는 등의 행위로 지역민들의 반감을 샀다. 이에 국경인, 국세필(鞠世弼 국경인의 숙부), 김수량, 이언우(李彦祐), 함인수(咸麟壽), 정석수(鄭石壽), 전언국(田彦國) 등은 조선 왕자 일행을 억류하고 회령을 직접 통치하는 사건이 발생했다. 이들은 또 임해군과 순화군을 호종했던 대신 김귀영(金貴榮), 황정욱(黃廷彧)과 황혁(黃赫) 부자, 남병사(南兵使) 이영(李瑛), 부사 문몽헌(文夢軒), 온성부사 이수(李銖) 등과 그 가족을 함께 잡아 왜군에 넘겨주었다. 국경인은 이 공으로 가토 기요마사에 의해 판형사제북로(判刑使制北路)로 봉해지고 회령을 통치하면서 횡포를 자행하다가 북평사(北評事) 정문부(鄭文孚)의 격문을 받은 유생 신세준(申世俊)과 오윤적(吳允迪)의 유인으로 붙잡혀 암살되었다.

1593년 3월 11일 양사(兩司 사헌부와 사간원)가 선조에게 합계(合啓)하기를,

급제(及第) 김귀영(金貴榮)이 일찍이 대신으로서 왕자를 보호하

라는 명을 받들고도 제대로 처리하지 못하여 적의 수중에 빠지게 하고 자신마저 사로잡혔으니 국가의 수치됨이 그지없습니다. 그런데도 여태 군부(君父)의 원수를 전혀 모르고 한결같이 흉적들의 말을 따라 화의시키겠다고 몸을 빼서 돌아왔습니다. 만약 그대로 두고 문죄하지 않는다면 인신(人臣)의 의리가 이로부터 끊어지고 강화의 의논이 이로 인해서 잇따라 일어날 것입니다. 이렇게 되면 적을 토벌하여 원수를 갚으려는 의리가 밝아지지 않을 뿐더러 사람들이 모두 구차하게 살아남는 것만을 편안하게 여길까 염려됩니다. 찬출(竄黜 벼슬을 빼앗고 귀양보냄)을 명하시어 호오(好惡 좋음과 싫음)의 올바름을 보이소서.

4월 20일 선조가 이언우(李彦祐), 함인수(咸麟壽), 정석수(鄭石壽) 등을 처형하였다.

또한 공위겸(孔撝謙)은 경상도 영산 출신으로 당시 왜군에 항복한 부왜(附倭) 세력 중의 한 명이다. 그는 왜군의 향도(嚮導)를 자임하여 함께 한양에 들어갔으며, 가솔에게 편지를 보내 "내가 당연히 경주부윤(慶州府尹)이 될 것이요, 낮아도 밀양 부사(密陽府使) 벼슬은 차지할 것이다."라는 말을 하였다고 하며, 일설에는 경상도관찰사를 참칭(僭稱)했다고도 한다. 부왜 활동으로 이름이 알려지자 의병장 곽재우(郭再祐) 휘하에서 활동한 의병장 신초(辛礎)가 기지를 발휘하여 사로잡았고, 곽재우가 참살하였다.

1593년 9월 4일 이순신 장군은 왜적에게 포로로 잡혀갔다가 돌아온 제만춘(諸萬春)으로부터 입수한 왜적의 정황에 대한 종합보고서인 왜정장(倭情狀)을 올렸다.

제만춘(諸萬春)은 무과 출신 장수로 반항도 없이 왜에 사로잡혀가 도리어 왜인의 심부름꾼이 되었고 왜국까지 가서 도요토미 히데요시(豊臣秀吉)의 서사 반개(牛介)와 같이 기거하면서 문서를 맡는 소임을 했으니 신하된 의리와 절개는 땅에 떨어졌다 할 것입니다. 더구나 글을 잘하고 사리를 아는 사람으로서 도요토미 히데요시가 있는 곳에 반년이나 머물면서 간사한 적들의 정세와 모책을 상세히 정탐하지 않은 것이 없으니 마치 간첩으로 보낸 사람 같기도 합니다. 격군 12명을 데리고 도망쳐온 것을 보면 가련하기도 하나 정확한 조저(朝著 조정)의 판단을 위해 장계와 함께 제만춘을 올려 보내고자 경상우수사 원균(元均)과 의논하였습니다.

제만춘은 경상우수영 군교(軍校)로 우수사 원균(元均)의 명에 의하여 소선(小船)을 타고 노군(櫓軍) 10여명과 함께 웅천(熊川)의 적세를 탐지하고 영등포로 돌아오다가 포로가 되었다. 제만춘의 경우 자발적인 순왜라고 볼 수만은 없을 것이다. 그래서 조정에서 죄가 논의되었으나 용서받고 이순신 장군을 도와 적정 탐지(探知)에 공을 세웠다.

또한 박계생(朴啓生)은 밀양 박씨의 세거지(世居地)인 청도 출신의 순왜이다. 일본군이 조선에 주둔 할 때 김계생(金啓生)이란 가명을 사용하였다.

경상도 관찰사 이용순(李用淳)의 서장(書狀)에 따르면 이문욱(李文彧)이 함께 사로잡혀 간 청도(淸道)출신 박계생(朴啓生)이라는 자를 시켜 비밀 편지를 보내왔기에, 그가 사로잡혀 간 경위와 적중의 형세를 물었더니, 박계생이 답하기를 '소싯적에 어느 중을 따라 경산(慶山)의 마암산(馬巖山)에 있었는데 변란이 발생한 처음 적을 만나 사로잡혀서 이문욱과 부산포(釜山浦) 왜진(倭陣)에서 서로 만나 함께 일본으로 들어갔다.'고 했다. 박계생은 줄곧 고니시 유키나카(小西行長)를 보좌했고 조선에 돌아온 기록은 없다.

이문욱(李文彧)은 도망쳐 조선에 다시 돌아 왔으나 파란만장한 삶을 살았다.

1597년(선조30) 선조실록 4월 25일자에는 이문욱은 왜군이 쳐들어오자, 포로가 되어 일본으로 끌려갔는데 글을 잘하고 용맹이 있어 관백(關伯) 도요토미 히데요시(豊臣秀吉)가 재주를 시험해보고는 양자로 삼았다고 한다. 수길(秀吉)을 시해하려는 무리를 막아낸 공으로, 더욱 수길의 총애을 받으니 시기하는 무리가 생겨났으며, 수길은 이문욱을 행장(小西行長)의 부장으로 삼고 공을 세우고 돌아오라고 하며 부산으로 보냈다. 이후 그는 왜군 진영에서 나와 이순신 휘하에 들어갔다고 되어 있다.

1598년 9월 23일자 전라도 방어사 원신(元愼)의 보고서에서는 "남해의 적에 빌붙었던 유학(幼學) 이문욱이 적의 진중으로부터 나와 적정을 알려 왔습니다."라고 하였다. 즉 이문욱은 이순신 수하에 있던 남해 왜적 출신이라는 손문욱(孫文彧)과 동일한 인물로 묘사된다.

11월 27일 좌의정 이덕형(李德馨)의 보고에 관한 사관의 논(論)에 "이순신이 가슴에 적탄을 맞아 운명할 때 그의 아들이 곡을 하려 하는데, 이문욱이 곡을 그치게 하고 옷으로 시신을 덮었다."고 되어 있다. 이 내용도 손문욱과 동일하다는 정황 판단이 가능한 부분이다.

선조실록, 광해군 일기에는 이순신을 대신하여 전투를 마무리한 사람이 이문욱이라고 되어 있다. 그러나 인조반정 후 이식(李植 1584~1647)이 편찬한 선조수정실록, 선조 31년 1월 1일자에 "순신이 말하기를 '싸움이 지금 한창 급하니 내가 죽었다는 말을 하지 말라.'하고 절명하였고, 조카 이완(李莞)이 순신의 죽음을 숨기고 급하게 싸움을 독려하니, 군중에서 알지 못하였다."고 하여 이문욱(손문욱)의 자리는 이완(李莞)으로 바뀌었다.

그 외에 1592년 6월 사천해전 때 왜군 선단에서 조총을 쏘는 소총

수 중에 조선인도 있었다는 사실이 난중일기에 기록되어 있다. 장군이 사천해전에서 적의 조총 탄환을 맞아 평생 고생했다.

1597년 9월 16일자 명량해전 때의 난중일기다.

> 왜인 준사(俊沙)는 안골에 있는 적진에서 투항해온 자인데 내 배위에 있다가 바다를 굽어보며 말하기를 '무늬 놓은 붉은 비단옷 입은 자가 바로 안골진에 있던 적장 마다시(馬多時)입니다'라고 했다. 내가 김돌손(金乭孫)을 시켜 갈고리로 낚아 뱃머리에 올리게 하니 준사가 날뛰면서 '이 자가 마다시입니다'라고 하였다. 바로 '시체를 토막내라!' 명령하니 이를 본 적의 사기가 크게 꺾였다. 전세는 역전되고 왜군들은 아비규환, 오합지졸, 순식간에 31척이 분멸하고 나머지 100여척이 파괴된 채 도망하니 다시는 가까이 오지 못했다.

도요토미 히데요시의 본영(本營)이 있는 일본 규슈 나고야죠(名護屋城)에서 수송되어 오는 전투식량이 절대 부족함으로 왜군은 조선 현지에서 군량을 확보, 조달하게 하였다. 그래서 곡창지대인 전라도 진출에 열을 올렸고, 둔전(屯田)을 운영해서 식량을 구했다. 그리고 바다의 물고기를 잡아들여 부식으로 썼다. 이 모든 작업에는 당연히 노동력이 필요했다.

1592년 5월 왜장(倭將)은 조선인 남자 쌀 5斗(두 말), 여자 3두의 쌀을 받고 대가로 면사첩(紙製札)을 내주었다. 또 왜성 축조에 동원된 조선인 노역자에게도 면사첩을 주어 신분을 보장해 주었다. 면사첩에는 다음과 같이 쓰여 있었다. "이 면사첩을 가진 자는 행장(行長 고니시 유키나가) 영하에 노역하고 있으므로 죽이지 말라."

이때 조선 및 명군도 부역자를 회유하는 초유문(招諭文)과 면사첩(免死帖)을 뿌렸다. 면사첩 공방전이 벌어졌던 것이다.

28. 반간(反間) 요시라와 항왜(抗倭) 사야가

소이동이승인(所以動而勝人)
　　일단 움직이면 반드시 승리하고
성공출어중자(成功出於衆者)
　　다른 사람보다 더 많은 공을 세우는 것은
선지야(先知也)
　　미리 적정을 훤히 꿰고 있기 때문이다

　손자병법 제13편 용간(用間)편에 나오는 말이다. 용간(用間)이란 간첩을 은밀하게 효율적으로 활용하는 방안이다. 간첩을 이용해서 적의 동태를 훤히 파악하고 있으면 그야말로 백전(百戰)을 치르더라도 위태롭지 않을 것(不殆)이다.

　손자는 '허깨비 귀신에게 기대지 말라.' '다양하게 첩자를 활용하라.', '인재를 첩자로 써라.'와 같은 지침을 내렸다. 또한 첩자를 다루고 부리는 우두머리의 태도에 대해 다음과 같이 말했다.

비성지불능용간(非聖智不能用間)
　　뛰어난 지혜가 없으면 첩자를 이용할 수 없고
비인의불능사간(非仁義不能使間)
　　어질고 의로움이 없으면 첩자를 부릴 수 없다

　민첩한 첩자는 전투의 향배를 좌지우지하고 나아가 전쟁의 승패를 결정짓는다.

　임진왜란 당시 '이중간첩' 요시라(要時羅)는 고니시 유키나가(小西行長)의 통사(通詞 통역사)인 동시에 첩자였다. 요시라는 대마도 사람으로 평소에 부산을 왕래하면서 장사를 하였기 때문에 조선의 사정에 능통했다.

　당시 조선 정부는 요시라(要時羅)에 대한 경계를 늦추지 않으면서도 그에게 관직이나 은자(銀子 은돈)를 주면서까지 왜군의 정보 수집에 열심이었다. 요시라는 오히려 이를 역이용해 자신의 입지를 강화시켰다. 때때로 왜군의 상황을 흘리는 척함으로써 조선 진영을 이간시키는 반간계(反間計)를 획책했다. 그 희생양(犧牲羊)은 삼도수군통제사 이순신(李舜臣) 장군이었다.

　'이순신만 없앤다면 남해 제해권(制海權)은 왜군의 손으로 들어올 것이다. 그러면 곡창지대인 전라도는 자연히 우리 수중(手中)으로 떨어질 것이다.'

　요시라의 간계(奸計)가 조정에 먹힘으로써 장군은 전혀 예상치 못한 고초를 겪게 된다.

　그 단초는 요시라가 1597년 경상우병사 김응서(金應瑞)에게 고니시 유키나가의 밀지(密旨)를 전하면서부터다. 선조실록 1597년 1월 19일자 기록이다.

가토 기요마사(加藤淸正)가 7천명의 군사를 거느리고 4일에 이미 대마도에 도착하였는데 순풍이 불면 곧 바다를 건널 것이며, 그가 오면 바다에 가까운 지역을 틀림없이 약탈할 것이니 사전에 예방하여 간사한 계교를 부리지 못하게 해야 한다. 때문에 수군(水軍)이 속히 거제도에 나아가 정박하였다가 가토(加藤)가 바다를 건너는 날을 엿보아야 한다. 그리고 가토는 도요토미(豊臣)에게 고니시(小西)가 하는 일은 모두 허사(虛事)라고 하면서 자신이 조선에 나가면 한 번의 출격으로 조선을 평정하고, 왕자(王子)도 사로잡아 태합(太閤 도요토미 히데요시) 앞에 바칠 수가 있다고 하면서 병마(兵馬)를 청하고 있다. 지금 대마도에 와있으니 만약 조선에서 차단한다는 기별을 들으면 즉시 바다를 건너지 못할 것이다. 그렇게 되면 가토가 말한 '한 번 출격에 조선을 평정할 수 있다'는 말이 거짓이 되고, 고니시가 말한 '조선을 공파(攻破)하기가 쉽지 않다'는 말이 진실이 된다. 그러면 도요토미가 반드시 가토의 오산(誤算)과 망언(妄言)에 죄를 줄 것이고 고니시는 뜻을 얻게 되어 강화(講和)를 하든 안 하든 간에 형세가 매우 편리하게 될 것이니, 이것이 제일 좋은 계책이다.

또 1월 22일 선조실록 기사에는 요시라가 경상우병사 김응서(金應瑞)에게 매우 간절하게 벼슬을 받고자 하기에 벼슬을 주는 것을 허락하고, 또 은자(銀子) 80냥을 주었더니 희색(喜色)이 만면하여 재삼 머리를 조아려 절하였다는 내용이 들어있다.

이렇게 고니시(小西)로부터의 밀지를 조선에 알린 요시라(要時羅)에 대해서 선조는 첨지(僉知 중추원의 정3품 무관)라는 실직을 주었다. 조선의 벼슬을 받은 요시라는 1597년(선조 30) 1월 경상우병사 김응서(金應瑞)에게 착 달라붙어 여러 가지 왜군 정보를 전해주면서 환심(歡心)을 샀다.

그럴 때마다 김응서는 요시라의 계책을 급히 조정에 장계로 알리고는 했다. 이런 내용이 조정에 보고되자 선조는 요시라의 계책에 따를 것을 명했다. 그리하여 1597년 1월 21일 도원수 권율(權慄)이 직접 한산도 삼도수군 통제사 진영으로 가서 이순신(李舜臣)에게 요시라의 첩보대로 출동 대기하라는 선조의 명을 전했다. 그러나 이순신은 그것이 왜군의 간계(奸計)임을 확신했기 때문에 출동하지 않았다. '한낱 일개 간첩의 세치 혀에 놀아나서는 분명 안 될 것이다.'

장군의 생각은 굳건했다. 그러나 이런 처사는 왕의 명령을 어긴 무군지죄(無君之罪)로 사형감이었다.

여하튼 당시 일본은 명과 강화협상이 결렬되자 정유년인 1597년 (선조 30) 1월과 2월에 14만 1천500여 명의 대병력을 동원하여 재차 침략했다. 이순신의 출전 거부에 선조는 대로(大怒)하였고, 조정에서는 서인(西人)들의 주도하에 왕명을 거역하고 한없이 방자한 이순신을 적과 내통하여 적을 보고도 치지 않았다는 죄목으로 2월 26일 한양으로 압송했다. 그리고 3월 4일 의금부(義禁府)에 투옥되었다. 정탁(鄭琢), 이원익(李元翼), 이덕형(李德馨) 등의 구명(救命) 호소로 간신히 죽음을 면한 장군은 4월 1일 고문으로 인한 만신창이 상태에서 백의종군의 명을 받았다.

'분명 요시라의 꿍꿍이 수작(酬酌)은 조선수군의 궤멸에 있을 것이다.'

도요토미 히데요시(豊臣秀吉)는 지난 수년 간 남해안에서 신출귀몰(神出鬼沒)하는 이순신 장군에게 여러 차례 당하면서 조선수군과 전투금지령을 내린 것과 연관해볼 수 있는 대목이다.

고니시와 가토의 사이가 견원지간(犬猿之間)처럼 좋지 않다고는 하지만 그들은 조선정벌을 꿈꾸는 도요토미 히데요시의 좌우에 있는 두 명의 충성스런 왜군 장수였다.

아니나 다를까. 그해 7월 이순신 후임인 삼도수군 통제사 원균(元均)은 부산포를 공격하라는 선조의 명령을 따랐다가 왜수군 함대의 함정에 빠져 전멸을 당하지 않았던가.

여하튼 요시라의 밀지로 말미암아 조정에서는 일대 파란(波瀾)이 불어 닥쳤다. 즉 가토가 재침한다는 소식에 조정에서는 이순신의 출전을 독촉했으나 이순신은 불가론을 폈기 때문이다. 세자인 광해군이 전라도까지 직접 가서 이순신을 불렀으나, 이순신은 전쟁 중 장수가 자기 관할 지역을 벗어날 수 없다며 거절하였다.

당시 조정은 동인(東人)과 서인(西人)이 심각한 정쟁을 하고 있었고 더욱이 이순신을 반대하는 서인이 정권을 주도하던 시기였다. 당파 싸움에 정신이 없는 조정은 당리당략(黨利黨略)을 위해서라면 아군 장수 말보다는 적의 첩자인 요시라의 말을 더 믿는 상황이었다.

그야말로 현지 지휘관의 전략적 판단을 믿어주는 세력이 약한 상황에서 장군의 심정은 한없이 쓸쓸하고 괴롭기만 했다.

그런데 그 마음을 아는지 모르는지 어디선가 피리 소리가 흐르는데 마치 장군의 마음을 닮은 듯 구슬피 울었다.

    한산도월명야상수루(閑山島月明夜上戍樓)
       한산섬 달 밝은 밤에 수루에 홀로 앉아
    무대도탐수시(撫大刀探愁時)
       큰 칼 옆에 차고 깊은 시름 하던 차에
    하처일성강적경첨수(何處一聲羌笛更添愁)
       어디서 일성호가는 남의 애를 끊나니

'이중간첩' 요시라와는 달리 왜군 장수로서 임진왜란 초 조선군에 투항해 왜군과 당당히 맞서 싸운 사람이 있었다. 항왜(抗倭)인 사야가(沙也可 1571~1642)라는 인물이다.

1592년 4월 중순 제2군 가토 기요마사(加藤淸正)의 우선봉장으로 동래에 상륙한 사야가는 "이 침략전쟁은 명분이 없다."면서 조선군에 투항할 뜻을 품었다. 당시 그의 나이는 21세로 혈기왕성한 때였다.

사야가는 경상도 병마절도사 박진(朴璡)에게 편지를 보내 "내 소원은 예의(禮儀)의 나라에서 성인(聖人)의 백성이 되고자 할 뿐이다."는 뜻을 밝혔다. 즉 '일본은 칼의 나라', '사무라이의 나라'다. 일본은 100여 동안 전국시대(戰國時代)를 거치면서 성(城)을 뺏고 뺏기는 혈전으로 피폐해졌다. 그래서 공맹(孔孟)의 유학과 주희(朱熹)의 성리학 같은 유학의 발달은 거의 없었다. 그러나 조선은 예로부터 일본에게 문물을 전해준 문명국이다. 더군다나 중국의 선진 문물을 직접 받아 '소중화(小中華 작은 중국)'라는 자부심이 대단한 나라다.

"일본이 그토록 귀중하게 여기는 사기그릇이 조선에서는 개 밥그릇으로 쓰이고 있다."

일본의 식자층(識者層)에서는 조선의 도자기, 인쇄술, 각종 유교 문헌 등을 동경하고 흠모하는 사람들이 있었다. 아마도 20대 초반의 사야가 장군도 예의와 법도, 유학이 발전된 조선을 평소에 그리워했던 것은 아닐까.

그는 휘하 3천명의 군졸을 데리고 투항 후 조선군에게 조총 제조법을 전수했고 이순신 장군에게 "이미 조총을 개발하여 훈련하고 있다."는 서신을 보냈다. 선조는 이를 가상히 여겨 성과 이름을 하사했는데 '김충선(金忠善)'이라고 했다. '조선인' 김충선으로 다시 태어난 사야가는 진주목사의 딸과 결혼을 했다.

<그림 24> 모하당 김충선
출처: 대구 녹동서원 한일우호관

김충선 장군은 곽재우(郭再祐) 등 경상도 의병과 연합전투를 벌였고 1597년 정유재란 때는 울산성 전투에서 한때 '주장(主將)'이었던 가토 기요마사군의 섬멸에 앞장섰다. 선조는 그에게 정2품 자헌대부의 품계를 내렸다. 그는 임진왜란이 끝난 뒤 1624년(인조2) 이괄(李适)의 난 진압 때 활약했고 1636년 병자호란에선 청나라 군사 수급 500여개를 베었다.

인조가 청태종 앞에서 치욕스럽게 무릎을 꿇고 삼배구고두(三拜九叩頭 세 번 절하고 모두 아홉 번 머리를 조아림)를 올렸다는 소식을 들은 김충선은 대구 녹리(우록면)로 들어가 칩거했다.

승정원 일기에 그에 대한 인물평이 나온다.

항왜영장(降倭領將) 김충선은 담력과 용력이 뛰어나지만 성질은 매우 공손하고 근신합니다. 지난번 이괄의 난 때 그 부장(副長) 서아지(徐牙之)를 쫓아가 처단했습니다. 진실로 가상한 일입니다.

정유재란 400주년인 1997년 오사카와 교토에서 열린 한일 역사학자 심포지엄('왜 또다시 사야가인가')에서 양국 교과서에 사야가 이야기를 싣자고 합의했다. 그의 후손들은 대구시 달성군 가창면 우록리에 집성촌을 이뤄 현재 40여 가구가 살고 있다. 2013년 한일우호관이 들어섰고 일본 방문객들이 매년 이곳을 찾는 명소가 됐다. 김충선의 기념비는 와카야마현 도쿠가와 이에야스(德川家康)의 신사 정문 앞에 세워져 있다.

　문무(文武)를 겸비한 김충선 장군은 자신이 남긴 모하당 문집(慕夏堂 文集)에서 남다른 처지를 탄식했다. 남풍유감(南風有感)에선 "남쪽에서 바람이 불어오니 행여나 고향소식을 전해주지 않을까 괜한 생각에 잠기네. 생전에 부모님 소식 알 길 없는데 내 신세가 한탄스럽구나."라고 했다. 자신의 조국을 배반하고 조선을 위해 싸웠던 사야가, 아니 김충선 장군은 앞으로 한일 선린외교(善隣外交)의 주역으로 등장해도 충분할만한 인물인 것 같다.

29. 망국병(亡國病) 붕당(朋黨)정치

　"당쟁(黨爭)으로 나라가 망한다면 우리는 당장 망해야 합니다. 패
거리를 지어 상대를 모함하고 헐뜯는 행태는 지금이 조선시대보다
훨씬 유치하고 천박하지 않습니까. 조선시대의 당쟁은 일제 식민사관
에 따른 맹목적인 패거리 싸움이 아니었지요. 예학(禮學)을 숭상하여
사회정의를 바로 세우자는 논란이었습니다. 이런 논란이 정적 제거의
빌미가 됐다면 그것은 당쟁이 아니라 정쟁(政爭)으로 불려야 마땅합
니다." '조선왕조 오백년'으로 유명세를 탄 사극 작가 신봉승씨가 조
선의 정쟁에 대해서 밝힌 소감이다.

　정말 그럴까. 역사에 대한 시각과 인식은 해석자에 따라서 다를 수
있다. 물론 조선의 붕당(朋黨)이 완전히 잘못된 구조와 기능을 가진
패악한 패거리 문화라고 함부로 단정하기도 곤란하다. 붕당의 정쟁은
그 나름대로 순기능과 역기능의 양면이 있기 때문이다. 그럼에도 불
구하고 도탄에 빠진 백성을 백안시(白眼視)하고 자신들의 당리당략

(黨利黨略)과 개인의 영달(榮達)만을 추구했다는 점에서는 마땅히 비판받아야 할 것이다. 그럴듯한 대의명분을 내세웠지만 그 어두운 속내에는 상대편을 죽이고 자신과 그 일파는 살아남아야 한다는 음험한 계략이 숨어있었다.

불구대천(不俱戴天), 같은 하늘 아래서 도저히 같이 살아갈 수 없는 원수(怨讐)로 끼리끼리 패거리를 지어 이전투구(泥田鬪狗), 진흙탕 개싸움을 벌인 사례는 오늘날에도 쉽게 찾아볼 수 있다. 요즘 정치인들이 언필칭(言必稱) 내세우는 '국민'은 사실상 존재하지 않는 수사(修辭) 또는 허사(虛辭)에 불과하다. '국민'이란 당의정으로 코팅된 그 음험한 속내는 당리당략과 가문의 영달 그리고 자리 지키기에 급급한 이기적이고도 천박한 의식이 들어있다는 것을 이제 삼척동자도 다 알게 되었다.

조선의 붕당(朋黨) 대립도 자리싸움에서 시작됐다.

1575년(선조 8) 이조 전랑직(吏曹 銓郎職)을 둘러싼 김효원(金孝元)과 심의겸(沈義謙)의 반목이 그 시작이었다. 전랑직은 정5품 정랑과 정6품 좌랑을 통틀어 이르는 말이다. 그 직위는 정5품, 6품으로 낮으나 문무관의 인사권과 언론 3사인 사헌부, 사간원, 홍문관의 청요직(淸要職)을 추천하고 재야인사에 대한 추천권을 가진 요직 중의 요직이었다. 이 자리는 판서(判書)나 국왕이 임명하는 것도 아니고, 전임자가 후임자를 추천하는 자대권(自代權)이 있었다. 추천되면 공의(公議)에 부쳐서 선출하였으므로 관료들 간의 집단적인 대립의 초점이 되었다. 정3품 이상 당상관이라도 길거리에서 전랑을 만나면 말에서 내려 공손하게 인사를 할 정도이니 더 말할 필요가 없는 노른자위였다.

이처럼 인사권과 언론권을 가진 이조전랑직을 놓고 대판 싸움이 벌어졌다.

'징비록' 관계도

동인 VS. 서인

선조

이황
(1501~1570)

조식
(1501~1572)

이이
(1536~1584)

성혼
(1535~1598)

유성룡
(1542~1607)

이산해
(1539~1609)

윤두수
(1533~1601)

송익필
(1534~1599)

정언신
(1527~1591)

형제

정언지
(1520~?)

정철
(1536~1593)

서인의 영수
기축옥사의 위관

<그림 25> 동서분당도
출처: 디지털조선일보

　조선시대 당쟁이 처음부터 살육(殺戮)의 피바람을 몰고 온 것은 아니었다. 조선시대 최초의 붕당(朋黨)이 시작된 것은 1575년(선조8)이었는데, 당시 '동인(東人)'과 '서인(西人)'이 등장했다. 이들이 서로 각각 붕당을 만든 이유는 관직 임용과 관련된 이견 때문이었다. 이 때 동인과 서인 붕당의 대표적인 인물이 김효원(金孝元)과 심의겸(沈義謙)이다.

　1574년(선조7)에 퇴계 이황(李滉)의 문인인 김효원이란 선비가 이

조전랑이라는 요직에 추천이 되자, 심의겸이 이에 반대하고 나섰다. 명종의 왕비인 인순황후 동생 심의겸은, 김효원이 젊었을 때 세도가 윤원형(尹元衡 문정왕후 동생)의 집에서 식객(食客)으로 있었다는 점을 이유로 그가 이조전랑에 임명되는 것을 반대했다. 일설에는 김효원의 장인 정승계(鄭承季)가 윤원형의 첩인 정난정(鄭蘭貞)의 아버지 정윤겸(鄭允謙)의 조카였기 때문에 공부를 위해 그곳에 기숙한 것이라고 한다.

그러나 김효원은 심의겸의 반대에도 불구하고 이조전랑에 임명될 수 있었다. 그 이유는 당시 심의겸에게 실권이 없었으며 김효원은 이황(李滉)의 문하라는 좋은 학벌과 넓은 인간관계로 말미암아 많은 젊은 선비들의 지지를 받고 있었기 때문이다. 또 당시의 젊은 선비들은 직접적으로 윤형원의 세도를 경험한 것도 아니었기 때문에 김효원의 젊은 시절을 관대하게 용납할 수 있었다.

이후 심의겸의 동생 심충겸(沈忠謙)이 장원급제 후 전랑 자리에 추천되자 김효원은 "외척이 등용되어서는 안 된다."며 이발(李潑)을 후임으로 정했다. 결과적으로 앙숙이 된 김효원과 심의겸의 대립은 젊은 선비들과 나이 든 선비들의 대립으로 발전했다.

이 선후배 간의 갈등 와중인 1575년(선조8년) 김효원과 가까운 사간원의 허엽(許曄)이 우의정 박순(朴淳)을 부패혐의로 공격하자 박순이 사직하는 사건이 발생했다. 이 사건을 두고 조정과 선비들의 의견이 둘로 갈렸다. 김효원을 비롯한 젊은 선비들은 허엽의 공격을 지지했던 반면에, 심의겸을 비롯한 나이든 선비들은 그것을 지나친 일로 비판했다.

김효원을 중심으로 한 동인(東人)은 허엽(許曄)을 영수(領袖)로 추대했고 심의겸을 중심으로 한 서인(西人)은 박순(朴淳)을 영수로 모셔 대립양상이 본격화되었다. 허엽과 박순은 원래 다 같이 화담 서경덕 (徐敬德)의 제자로 동문수학한 사이였다.

이렇게 하여 '동인(東人)'과 '서인(西人)'이라는 붕당이 생겼다. 김 효원의 집이 한양 동쪽의 건천동(乾川洞)에 있었고 심의겸의 집이 한 양 서쪽의 정릉방(貞陵坊)에 있었기 때문에 동인, 서인이라 불렀다.

동인에는 대체로 퇴계 이황(李滉)과 남명 조식(曺植)의 문인들로 류 성룡(柳成龍), 우성전(禹性傳), 김성일(金誠一), 남이공(南以恭), 이발(李 渤), 이산해(李山海), 이원익(李元翼), 이덕형(李德馨), 최영경(崔永慶) 등 소장파 사림들이 참여했다. 또 서인에는 율곡 이이(李珥)와 성혼 (成渾)의 제자들이 많았다. 정철(鄭澈), 송익필(宋翼弼), 조헌(趙憲), 이 귀(李貴), 김계휘(金繼輝), 윤두수(尹斗壽), 윤근수(尹根壽), 이산보(李山 甫) 등이 주축을 이루었다.

김효원과 심의겸의 동서 대립이 첨예하게 진행되자 선조는 우의정 노수신(盧守愼)의 청을 받아들여 김효원은 삼척부사로, 심의겸은 전 주부윤으로 발령을 내 중앙정치에서 멀어지게 했다.

처음에는 동인이 우세하여 서인을 공격하였으나, 동인은 다시 서 인의 처벌에 대한 강온(強穩) 양론으로 갈라져 강경파인 북인(北人)과 온건파인 남인(南人)으로 분파되어 1592년 임진왜란 이전에 이미 서 인, 남인, 북인의 삼색(三色) 당파(黨派)가 형성되었다.

남인은 우성전(禹性傳), 류성룡(柳成龍)이 중심이 되었고, 북인은 이 발(李潑), 이산해(李山海) 등이 중심이 되었다. 임진왜란 후 남인 류성 룡은 왜(倭)와 화의(和議)를 주장하여 나라를 망쳤다는 주화오국(主和 誤國)의 죄를 물은 북인 강경파 이이첨(李爾瞻)과 정인홍(鄭仁弘)으로

부터 탄핵당해 삭탈관직됐다. 이후 북인 남이공(南以恭)이 정권을 잡게 되었고 남인은 몰락하였다.

득세한 북인은 다시 선조(宣祖)의 후사문제(後嗣問題)로 대북(大北)과 소북(小北)으로 갈라져 대립하다가, 대북파가 옹호하는 광해군이 왕위에 오르자 정권을 장악하고, 소북파를 일소하기 위하여 영창대군(永昌大君)을 모함 살해하는 한편, 인목대비의 아버지인 외척 김제남(金悌男)과 그 일족을 처형하였다. 광해군과 대북파의 이러한 폭정(暴政)은 오랫동안 대북파에게 눌려지내던 서인에게 집권할 기회를 주었다. 곧 능양군(陵陽君)을 왕으로 옹립한 인조반정(仁祖反正)이 바로 그것이다.

인조가 왕위에 오르자 천하는 서인의 수중으로 들어갔으며, 북인 강경파 이이첨(李爾瞻)과 정인홍(鄭仁弘) 등 대북파 수십 명이 처형되고, 수백 명이 유배되었다.

정권을 잡은 서인은 '정적(政敵)'인 남인 세력을 '관제 야당'으로 지정하고 남인 영수 이원익(李元翼)을 영의정으로 모셨다. 그것은 광해군 때 대북(大北) 일당독재 체제에 대한 여론과 민심이 나빠진 것을 감안한 처사였다. 그러나 어디까지나 자신들의 기득권을 유지하기 위한 '눈가리고 아웅' 수준의 꼼수였다. 여튼 서인과 남인의 공존과 대립은 숙종 때까지 100여 년 동안 계속되었다.

동서분당이 일어난 1575년(선조8) 이전인 1572년(선조5) 사림의 붕당을 예견한 사람이 있었다. 동고 이준경(李浚慶)이다. 그는 명종 때 외척세도가였던 윤원형이 몰락한 뒤 영의정이 되었고 명종의 고명(顧命 왕의 유언)을 받들어 선조를 즉위시킨 주역이다. 이준경은 죽기 전 왕에게 차자(箚子 간단한 상소문)를 올려 붕당의 조짐을 알리고 그대비책을 마련할 것을 청했다. 당시 조선은 명나라 법전인 대명률에서 규정한 대로 붕당을 절대 금했다. 이를 어겼을 때는 삼족(三族)이 죽는 멸문지화(滅門之禍)를 면치 못했다. 이준경이 염두에 둔 사람은 인순왕후의 동생으로 척신을 대표하던 심의겸과 사림의 중망을 받던 율곡 이이였다.

그러나 이이는 동서 양당의 조정을 위해 노력한 사람이다. 비록 서인으로 지목되지만 논의가 공정하고 행동에 치우침이 없었다. 1581년(선조 14) 선조는 이이를 대사헌에 임명했다. 동인의 강경파 정인홍은 서인인 정철, 윤두수, 윤근수 등이 심의겸에게 아부한다며 비난하자 정철은 이이의 두둔에도 불구하고 고향으로 내려가 버렸다.

선조는 내심 심의겸을 미워하고 있었다. 16세 나이로 왕위에 올랐을 때 심의겸의 누이 인순왕후가 선조에 대한 통제를 종용한 일이 있었기 때문이었다. 이이는 이런 사실도 모른 채 동인과 서인을 조정하기 위해 심의겸을 두둔했다. 이것으로 동인의 불만을 샀고 서인의 거두(巨頭)로 지목받게 되었다.

이이가 병조판서로 있을 때 1583년 여진족 니탕개(尼蕩介)가 함경도 종성을 공격한 사건이 있었다. 상황이 급박하자 병조판서 주관으로 출전명령이 내려졌다. 이에 사헌부와 사간원에서는 이이가 병권(兵權)을 함부로 주무르고 임금을 업신여긴다고 공격했다. 그래서 이이는 사직하고자 했지만 선조는 만류했다. 동인의 공격이 더욱 거세졌다. 박근원(朴謹元), 송응개(宋應漑), 허봉(許篈) 등이 이이를 맹렬히 공격했다. 선조는 조신과 유생들의 여론에 힘입어 이 3명을 회령, 강계, 갑산으로 유배시켰다. 계미년에 세 사람을 귀양보냈다고 해서 계미삼찬(癸未三竄)이라 부른다.

동인은 물증이 없는 상태에서 대사간과 대사헌을 지낸 서인 윤두수(尹斗壽)를 부패혐의로 탄핵했으며, 양당의 화합을 도모했던 대학자 율곡 이이(李珥)를 '나라를 팔아먹는 간신(奸臣)'이라고 탄핵하기도 했다. 심지어 임진왜란이 발발하기 2년 전인 1590년(선조22)에 일본에 통신사로 갔다 온 동인과 서인의 보고가 상반되었다. 서인인 정사(正使) 황윤길은 "앞으로 반드시 전쟁이 있을 것입니다."라고 보고했던 반면에, 동인인 부사(副使) 김성일은 "전쟁의 기미가 없습니다."라고 보고했다. 당파적 입장에서 상반된 견해를 피력했던 것이다. 나라의 안위(安危)보다 자신들 붕당의 당리당략에 더 매달린 꼴이었다.

또 동인이 이순신(李舜臣)을 지지하자 서인은 원균(元均)을 지지하면서 억하심정을 드러냈다.

1592년 왜군에 쫓기여 의주까지 피난 간 선조가 압록강 건너 요동 땅을 바라보며 동서 당쟁에 휩싸인 조정의 분열을 한탄하면서 회한시(悔恨詩) 한 편을 읊었다.

통곡관산월(痛哭關山月)
　관산에 뜬 달을 보며 통곡하노라
상심압수풍(傷心鴨水風)
　압록강 바람에 마음 쓰리노라
조신금일후(朝臣今日後)
　조정 신하들은 이날 이후에도
영복각서동(寧腹各西東)
　서인, 동인 나뉘어 싸움을 계속할 것인가

30. 정여립(鄭汝立)의 난과 기축옥사(己丑獄事)

1589년 10월 정여립(鄭汝立)의 난이 일어났다. 그 발단은 황해도 관찰사 한준(韓準)과 재령군수 박충간(朴忠侃), 안악군수 이축(李軸), 신천군수 한응인(韓應寅) 등이 전 홍문관 수찬이었던 전주사람 정여립(鄭汝立)이 역모를 꾀하고 있다고 고변함으로써 시작되었다. 이 보고를 받은 조정에서는 선전관과 의금부도사를 황해도와 전라도에 파견하여 사실을 확인하도록 하였다.

정여립은 황해도 안악에 사는 변숭복(邊崇福)에게서 그의 제자였던 안악교생 조구(趙球)가 자복했다는 말을 전해 듣고, 아들 옥남(玉男)과 함께 도망하여 진안에 숨어 있다가 자결하였다. 그리고 옥남은 잡혀 문초를 받은 끝에 길삼봉(吉三峯)이 모의 주모자이고, 해서(海西) 사람 김세겸(金世謙), 박연령(朴延齡), 이기(李箕), 이광수(李光秀), 변숭복 등이 공모했다고 자백했다. 다시 이들이 잡혀가 일부는 조구와 같은 내용을 자백하고, 일부는 불복하다가 장살(杖殺)당했다. 일단 정

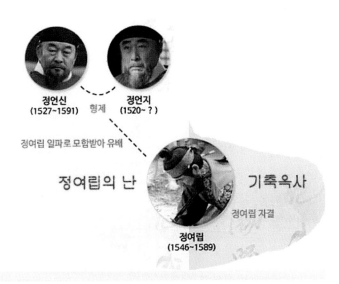

<그림 26> 정여립의 난과 기축옥사
출처: 디지털조선일보

여립의 자결과 일부 연루자의 자백에 의해 역모가 사실로 단정되었다.

이 사건으로 동인에 대한 박해가 더욱 심해지고 서인인 정철(鄭澈)이 옥사를 엄하게 다스려서 이발(李潑), 이길(李洁), 김우옹(金宇顒), 백유양(白惟讓), 정언신(鄭彦信), 홍종록(洪宗祿), 정언지(鄭彦智), 정창연(鄭昌衍) 등 당시 동인의 지도자급 인물들이 연루되어 처형 또는 유배되었다. 특히 이발은 정여립의 집에서 자신이 보낸 편지가 발견되어 다시 불려가 고문을 받다가 죽었으며, 그의 형제, 노모, 자식까지도 모두 죽임을 당하였다.

영의정 노수신(盧守愼)과 우의정 정언신(鄭彦信), 직제학(直提學) 홍종록(洪宗祿) 등 동인의 핵심 인물들이 파직되었다. 특히 남명 조식(曺植)의 문인들이 큰 피해를 입었는데, 조식의 제자인 최영경(崔永慶)

은 역모의 또 다른 괴수로 인식된 길삼봉(吉三峯)으로 몰려 옥사(獄死)를 당했다. 그의 연좌 또한 지극히 모호한 내용이어서 많은 말썽을 불러일으켰다.

정여립의 사건과 관련된 국문(鞫問)은 3년 가까이 계속되었는데, 이 기간 동안 동인 1,000여 명이 화를 입었으며, 정권을 장악하고 있던 동인은 몰락하고 서인이 정국을 주도하게 되었다. 그리고 호남은 '반역향(反逆鄉)'이 되어 그곳 출신의 관직 등용에 제한이 가해졌다.

1591년 서인은 동인인 이산해(李山海)와 류성룡(柳成龍)도 정여립 사건과 연루된 것으로 몰아가려 했으나, 서인들의 지나친 세력 확대에 반발한 선조는 '간혼악철(姦渾惡撤)' 즉 "간사한 성혼과 사악한 정철"이라며 정철을 파직시켜 강계로 유배 보냈다. 그럼으로써 기축년(1589년)에 시작된 옥사(獄事)가 마무리되었다.

당시 기록을 종합하면, 정여립은 조선 중기의 끔찍한 모반자로서 성격이 포악 잔인한 인물로 묘사되어 있다. 그의 자는 인백(仁伯)이고 본관은 동래(東萊)로 전주 출신이며, 경사(經史)와 제자백가에 통달하였고 1570년(선조 3) 식년문과에 을과로 급제한 뒤, 1583년 예조좌랑을 거쳐 이듬해 수찬(修撰)으로 퇴관하였다. 그는 이이(李珥)와 성혼(成渾)의 문인으로서 원래 서인이었으나 집권한 동인에 아부하였고 스승인 이이가 사망한 뒤 그를 배반하였으며, 박순(朴淳)과 성혼 등을 비판하여 왕이 이를 불쾌히 여기자 벼슬을 버리고 낙향하였다. 고향에서 점차 이름이 알려지자 정권을 넘보아 진안 죽도에 서실(書室)을 지어 놓고 대동계(大同契)를 조직, 신분에 제한 없이 불평객들을 모아 무술을 단련시켰다.

1587년 전주 부윤이던 남언경(南彦經)의 요청으로 침입한 왜구를 격퇴하는 등의 공을 세우기도 하였으나, 대동계 조직을 전국으로 확대해서 황해도 안악의 변숭복(邊崇福), 해주의 지함두(池涵斗), 운봉의 승려였던 의연(依然) 등의 기인과 모사를 끌어모았다. 또한 정감록의 참설(讖說)을 이용하는 한편 망이흥정설(亡李興鄭說) 즉, '이씨는 망하고 정씨가 흥한다.'는 말을 퍼뜨려 민심을 선동하였다.

정여립이 실제로 모반을 하였다고 확실히 드러난 물증은 존재하지 않는다. 이 때문에 이 사건이 서인에 의해 조작된 것이라는 주장은 당시부터 제기되었다. 이 옥사의 발생 원인에 대해서는 여러 학설로 나누어진다.

첫째 노비 출신인 '모사꾼' 송익필(宋翼弼)이 당시 서인의 참모 격으로 활약했는데, 자신과 그의 친족 70여 명을 다시 노비로 전락시키려는 동인의 이발과 백유양 등에게 복수하기 위해 조작했다는 설이다.

둘째 당시 위관(委官 재판장)으로 있던 서인 정철(鄭澈)에 의해 조작되었다는 설이다. 서인 강경파인 정철은 평소 미워하던 동인들의 씨를 말리려고 했다. 그래서 '동인백정(東人白丁)'이란 말을 들어야 했다.

애초 영의정 유전(柳㙉), 좌의정 이산해(李山海), 우의정 정언신(鄭彦信), 판의금부사 김귀영(金貴榮) 등이 위관(委官)이 되어 관련 죄인을 문초하려 했다. 이때 고향에 있던 정철은 송익필(宋翼弼), 성혼(成渾)의 권유로 입궐해 차자(箚子 작은 상소)를 올렸다. 그리고 정언신이 정여립의 9촌 친척이니 위관(委官)으로 적합하지 않다며 교체를 주문했다. 결국 서인 정철이 위관(委官)이 되어 심문을 담당하게 되었다. 서인의 모사꾼 송익필은 정철의 집에 묵으면서 동인 타도의 계획을 세웠다. 김장생(金長生)과 김집(金集)의 스승이었던 송익필은 이산해 등과 함께 8문장으로 글을 잘했고 성리학에도 조예가 깊었던 인물이다.

셋째 율곡 이이(李珥)가 죽은 뒤 열세에 몰린 서인이 세력을 만회하기 위해 날조한 사건이라는 설이다.

넷째 일부 조작된 바도 있으나, 당시 정여립이 전제군주정치 아래에서는 용납되기 어려운 선양(禪讓 왕위를 물려주는 양위)에 의한 왕위계승방식을 주장하는 등 혁명성을 가진 주장이 옥사를 발생시킨 요인이 되었다는 설이다.

즉 정여립은 "천하는 공물(公物)로 일정한 주인이 있을 수 없다."는 '천하공물설(天下公物說)'과 "누구를 섬기든 임금이 아니겠는가."라는 하사비군론(何事非君論)을 주장하며 혈통에 근거한 왕위 계승의 절대성을 비판하고 왕의 자격을 중시하였다. 그리고 "충신이 두 임금을 섬기지 않는다고 한 것은 성현(聖賢)의 통론(通論)이 아니었다."며 주자학적인 '불사이군론(不事二君論)'에 대해서도 비판적인 혁신적인 사상을 지니고 있었다.

잡술에 능한 정여립은 장차 나라에 변이 일어나게 된다고 예언했다. 왜구가 손죽도를 침범했던 1587년 전주 부윤이던 남언경(南彦經)의 요청으로 대동계 군사를 지원해서 침입한 왜구를 격퇴하는 등의 공을 세우기도 하였다. 왜구를 진압하고 해산할 때 정여립은 훗날 일이 발생하면 각기 군사를 이끌고 모이라고 이르고 군사 명부 한 벌을 가지고 돌아갔다.

정여립은 임꺽정(林巨正)의 난이 일어났던 황해도 안악에 내려가 그곳에서 교생 변승복(邊崇福), 박연령(朴延齡), 지함두(池涵斗)와 승려 의연(義衍), 도잠, 설청 등 기인 모사(謀士)와 사귀었다. 당시 세간에는 '목자(木子=李)는 망하고 전읍(奠邑=鄭)은 흥한다.'는 정감록(鄭鑑錄)유의 동요가 유행하고 있었다. 일설에 의하면 정여립은 그 구절을 옥판에 새겨 승려 의연에게 지리산 석굴에 숨겨두도록 했다. 그런 뒤 변숭복, 박연령 등과 산 구경을 갔다가 우연히 발견한 것처럼 위장해 자신이 시대를 타고난 인물로 여기게 했다고 한다.

또 천안지방에서 길삼봉(吉三峯)이라는 자가 화적질을 하고 있었는데 용맹이 뛰어나 관군이 아무리 잡으려 해도 잡을 수가 없었다. 정여립은 지함두를 시켜 황해도 지방으로 가서 "길삼봉, 길삼산(吉三山) 형제는 신병(神兵)을 거느리고 지리산에도 들어가고 계룡산에도 들어간다.", "정팔룡(鄭八龍)이라는 신비롭고 용맹한 이가 곧 임금이 될 터인데, 머지않아 군사를 일으킨다."는 유언비어를 퍼뜨리게 했다. 팔룡은 정여립의 어릴 때 이름이었다. 또한 정감록(鄭鑑錄)의 참설(讖說)을 이용해 망이흥정설(亡李興鄭說)을 퍼뜨려 민심을 선동했다.

이 소문은 황해도 지방에 널리 퍼졌고 "호남 전주 지방에서 성인이 일어나서 만백성을 건져, 이로부터 나라가 태평하리라."는 말이 떠돌아다녔다. 하지만 이러한 사상적 경향은 정치의 도리와 의(義)를 강조한 조식(曺植)의 문인이나 성리학의 주체적 해석을 강조한 서경덕(徐敬德)의 문인들에게서 많이 나타나고 있던 것으로 모반의 근거로 볼 수는 없다는 주장도 있다.

기축옥사(己丑獄死)는 조선시대에 당쟁(黨爭)을 확대시키는 중요한 계기가 되었다. 이 사건으로 동인과 서인의 첨예한 갈등은 1592년 임진왜란 발생의 주된 원인으로 작용했다. 즉 조선 통신사 정사로 일본을 다녀온 황윤길(黃允吉)은 서인으로 "도요토미 히데요시(豊臣秀吉)가 분명히 전쟁을 일으킬 것 같다."고 보고한 반면에 부사인 동인 김성일(金誠一)은 "도요토미 히데요시는 쥐 눈을 가진 자로서 그럴만한 위인이 못 된다."라고 보고했다. 결국 동인이 조정을 장악한 상황에서 김성일의 보고가 채택되었다.

동인이 정국을 주도하게 되면서 서인에 대한 처리를 둘러싸고 온건파와 강경파로 나뉘었다. 이황(李滉) 계열의 남인(南人)과 조식(曺植) 계열의 북인(北人)으로 동인이 다시 분화되었다. 광해군 때에 북인인 정인홍(鄭仁弘)이 정국을 주도하면서 기축옥사 당시 희생된 사람들에 대한 복권을 추진하였으나, 인조반정으로 서인이 다시 집권하면서 기축옥사는 모반 사건으로 계속해서 남게 되었다.

1589년부터 3년 동안 무려 1천여 명이 희생당한 기축옥사의 정확한 실체가 무엇인지, 아직까지 제대로 밝혀진 것은 없다. 다만 기축옥사로 인해 이순신(李舜臣), 김시민(金時敏), 이억기(李億祺), 신립(申砬) 등 임진왜란 당시 활약했던 장수들을 이끌고 여진족 니탕개(尼湯介)의 난을 평정했던 우의정 정언신(鄭彦信)은 정여립과 9촌 간이라는 이유만으로 죽임을 당하였다. 또 서산대사(西山大師) 휴정은 정여립과 역모를 모의했다는 죄목으로 묘향산에서 끌려가 선조에게 친히 국문을 받았으며, 사명당(四溟堂) 유정은 오대산에서 강릉부로 끌려가 조사를 받는 등 당대 저명인사들이 고초를 겪었다.

1590년 2월 이기, 황언윤, 방의신, 신여성 등 관련자가 처형되었다. 정여립의 생질인 이진길을 비롯해서 이발, 이길(李洁), 이급(李汲) 세 형제와 백유양, 백진민 부자(父子), 조대중(趙大中), 유몽정(柳夢鼎), 이황종(李黃鍾), 윤기신(尹起莘) 등이 정여립과 가깝게 지냈다는 이유로 죽임을 당했다.

1589년 12월 기축옥사가 한창이던 때 파견관리 차사원(差使員)으로 상경하던 이순신은 우의정 정언신(鄭彦信) 대감이 대역죄로 의금부 옥에 갇혔다는 소식을 듣고 면회를 신청했다. 정여립과 친하거나 편지를 교환만 해도 붙잡혀 어떤 변고를 당할지 모르는 판국이었다. 하지만 평소 믿고 따랐던 사람에 대한 마지막 의리를 보이고자 했다. 1583년 여진족 니탕개의 난이 일어났을 때 경기 관찰사였던 정언신은 도순찰사로 여진족 공격을 지휘할 때 이순신과 인연을 맺었다. 그후 이순신에게 녹둔도의 둔전 관리를 권했다.

장군은 상경 중에 친분 있는 금오랑의 제안을 거절한 바 있다. 정여립 역모에 연루되었다는 전라도사 조대중(曹大中)의 집을 수색하다가 압수물 중 이순신의 편지가 발견되었는데 빼주겠다는 것이었다.

그러자 장군은 "단지 안부편지 답장이었을 뿐이고 수색품은 공물이니 사사로이 빼서는 온당치 않다."는 말을 했다. 목숨이 왔다 갔다 하는 살얼음판 위에서 장군은 당당히 말했다.

31. 의병(義兵)의 궐기

1592년 4월 13일 고니시 유키나가(小西行長)가 이끄는 왜군 선봉대 1만6천여명이 700여 척의 병선에 나누어 타고 쓰시마 섬의 오우라(大浦)항을 출항하여 부산포로 쳐들어왔다. 부산진 첨사 정발(鄭撥)은 적과 싸우다 전사했고, 부산성은 함락되었다. 다음날 일본군이 동래성을 공격하자 동래부사 송상현(宋象賢)은 군민과 더불어 항전하다 전사했고, 동래성 역시 함락되었다.

그 후 18일 가토 기요마사(加藤淸正)의 제2번대가 부산에, 구로다 나가마사(黑田長政)의 제3번대가 다대포를 거쳐 김해에 상륙했다. 개전 초기 4~5월에 걸쳐 제4~9번대에 이르는 후속부대가 속속 상륙하여 조선 땅에 상륙한 왜군의 총 병력은 약 15만 여명에 달했다. 여기에는 왜수군 병력 약 9천명이 포함된다.

부산진과 동래성을 함락한 일본군은 세 갈래로 나뉘어 한성을 향해 북진했다. 상륙한 지 20일 만인 5월 3일 한성을 무혈점령하고, 군대를 재편하여 고니시는 평안도, 가토는 함경도, 구로다는 황해도로 진격하였다. 왜군이 부산에 상륙한 후 채 2개월도 채 못 되어 조선 강토는 유린됐다.

태풍 앞의 촛불신세가 된 절체절명의 위기였다. 선조는 북쪽으로 피난가고 당대 명장(名將)이라던 신립(申砬)과 참모장 김여물(金汝吻) 장군은 충주 탄금대 전투에서 고니시 군에게 궤멸된 뒤 강물로 뛰어들었다. 이보다 며칠 앞서 이일(李鎰)은 상주 전투에서 대패하고 민간인 복장을 한 채 어디론가 달아나 버렸다.

조선강토가 시체로 산을 이루고 핏물이 강을 만드는 때, 어디선가 난데없이 커다란 함성이 들리기 시작했다.

의병(義兵)이었다. 낫과 도끼, 쇠스랑, 죽창을 든 의병이 일어난 것이다.

왜군이 조선을 침략한 후 가장 놀란 것은 첫째 왕이 한성을 버리고 피난 갔다는 사실과 둘째 전혀 예상치 못했던 하얀 옷을 입은 농부들이 떼를 지어 간간이 도전한 것이었다. 왜군의 북상 속도가 빨랐던 만큼, 병참 보급선이 길어질 수밖에 없어 일점일로(一點一路)의 형세가 되었다. 의병들은 그 기다란 보급선을 쑤시고 찌르고 치고 빠지는 게릴라 전(戰)을 행했다.

누란(累卵)의 위기를 맞아 그래도 나라를 살려보겠다고 일어난 의병들은 죽고자하면 살 것이라는 사즉생(死卽生)의 사생관으로 똘똘 뭉쳤다.

"그 오합지졸(烏合之卒)의 까마귀 떼가 골칫덩이야!"

언제 어디서 나타날지 모르는 의병들 때문에 왜군 수뇌부는 골머리를 앓았다.

개전 초기 이순신(李舜臣)과 의병(義兵)이라는 두 돌발 변수로 왜군이 고전(苦戰)하고 있다는 소식을 들은 도요토미 히데요시(豊臣秀吉)도 놀라기는 마찬가지였다.

류성룡(柳成龍)의 징비록은 의병에 대해 다음처럼 전한다.

각 도에서 수많은 의병이 일어나 왜적을 물리치기 시작했다. 경상도에선 곽재우(郭再祐), 정인홍(鄭仁弘), 김면(金沔) 등이, 전라도에선 김천일(金千鎰)과 고경명(高敬命), 최경회(崔慶會)가 일어났다. 충청도에선 승병 영규(靈圭), 조헌(趙憲) 등이 일어섰다. 함경도에선 정문부(鄭文孚)가 가토 기요마사(加藤淸正)의 군대를 기습했다.

경상도 거창과 고령에서 활약한 의병장 김면(金沔)은 만석꾼의 부호였지만 모든 식량과 재산을 의병활동에 투입해 나중에 자신의 처자들은 문전걸식(門前乞食)을 했다고 전해진다. 또한 조선의 억불숭유(抑佛崇儒) 정책으로 천민대우를 받던 승려 영규(靈圭)와 서산대사(西山大師), 사명당(四溟堂) 같은 승병 지휘부도 움직여 호국불교(護國佛敎)의 전통을 세웠다. 특히 과거(科擧)시험 등용에서 소외당하고 푸대접 받던 함경도에서 정문부(鄭文孚)가 의병을 일으켜 두 왕자(임해군, 순화군)를 가토 기요마사(加藤淸正)에게 넘겨준 국경인(鞠景仁)과 국세필(世弼)을 처단하고 가토 군사와 전투도 벌였다.

정문부 의병 3천여명은 가토의 2만 2천명과 맞붙어 북관대첩(北關大捷)에서 크게 승리했다. 그래서 북관대첩비를 세웠는데 1905년 러일전쟁 때 북진하던 일본군이 함북 길주에서 북관대첩비를 발견, 일본으로 가져가 군국주의(軍國主義)의 상징인 도쿄 야스쿠니 신사 구석에 방치했다. 우연히 발견된 북관대첩비는 우리 정부와 민간단체의 꾸준한 반환요구로 2006년 북한 땅 원래의 자리로 되돌려 주었다. 현재 경복궁 뜰에 있는 북관대첩비는 모조품(模造品)이다.

퇴계 이황(李滉)과 남명 조식(曺植)은 모두 현실정치를 비판했지만, 성리학(性理學)에 대한 견해는 달랐다. 이황은 주자학(朱子學)을 받아들이고 그 이론에 천착했다. 그러나 조식은 성리학 외에도 노장사상(老莊思想 무위자연을 도덕으로 삼고 허무를 우주의 근본으로 생각함)을 포용하고 그 실천에 주안점을 두었다. 즉 이황이 '이론의 대가'였다면 조식은 '실천의 달인'이었다. 이와 같은 철학적 차이로 인해서 같은 동인(東人)이라도 퇴계 이황의 제자들은 남인(南人)이 되었고 남명 조식과 화담 서경덕(徐敬德)의 제자들은 북인(北人)이 되었다.

남명 조식은 "성인의 뜻은 이미 앞서 간 학자들이 다 밝혀 놓았다. 그러니 지금 학자들은 모르는 것을 걱정할 것이 아니라, 알고 있는 것을 실천하지 못하는 것을 부끄럽게 여겨야 할 것이다."라고 말했다. 즉 지행합일(知行合一)을 가르친 것이다.

그런 이유로 조식의 제자들은 의병활동에도 적극적이었다.

조식의 제자 가운데 임진왜란 때 괄목할만한 활약을 한 의병장으로는 '홍의장군(紅衣將軍)' 곽재우(郭再祐)와 정인홍(鄭仁弘)이 있었다. 백척간두(百尺竿頭)의 위기상황에서 붉은 옷의 곽재우(郭再祐)는 4월 22일 경상도 밀양에서 제일 먼저 의병을 일으켰다. 또 정인홍(鄭仁弘)은 합천에서 58세의 나이에 직접 의병을 일으켰다. 의병장 정인홍 휘하에는 수천 명의 군사가 몰려들었다. 관군은 이미 몰락했고 여타 군소 의병장들과 다르게 그 위세가 당당했다. 정인홍은 낙동강 수로를 막고 일본군의 병참 보급 물자의 왕래를 차단 또는 교란했다. 정인홍과 곽재우의 활약으로 경상우도는 비교적 피해가 적었다. 그리고 바다에서 이순신(李舜臣)이 왜군의 남해 및 서해진출을 막았기 때문에 전라도가 온전할 수 있었다.

그 후 곽재우는 관군의 잇단 시비(是非)에 염증을 느꼈고 김덕령(金德齡)이 무고하게 죽음을 당하자 지리산으로 들어가 은인자중했다. 그러나 지조와 의리를 강조한 '근본주의자' 정인홍은 현실 정치에서도 자신의 주장을 강력하게 펼쳤다. 임진왜란이 끝난 뒤 1606년 인목대비가 영창대군을 낳았다. 선조는 뛸 듯이 기뻤다. 그토록 바라던 적자(嫡子)가 생산되었기 때문이었다. 당시 조정은 영창대군을 지지하는 소북파(小北派)와 광해군을 지지하는 대북파(大北波)로 나뉘었는데, 정인홍은 선조의 뜻에 거역하면서까지 상소를 올려 광해군을 옹호했다. 광해군이 왕이 된 뒤 이이첨(李爾瞻)과 같이 대북파의 거두가 되었다. 그러나 어느 한쪽에 쏠린 그 말년은 비참했다. 정인홍은 1623년 인조반정 직후 89세 고령으로 참형되었고 재산은 모두 몰수당했다.

여튼 관군은 조총을 앞세운 왜군에게 연전연패(連戰連敗)했다. 신무기였던 조총(鳥銃)은 1543년 일본 규슈 다네가시마에서 포르투갈 상인에 의해서 일본 다이묘(大名)에게 전해졌다. 재래식 활에 비해 살상력이 월등히 높은 신

<그림 27> 의령관문 옆 곽재우 동상

무기로 무장한 왜군 앞에 조선 관군과 의병은 속수무책(束手無策)으로 당할 수밖에 없었다. 무엇보다도 100년 동안 일본 전국시대를 거치면서 칼 싸움에 능한 왜군은 그야말로 잘 훈련된 사무라이 집단이었다. 특히 각 지방의 영주인 다이묘, 즉 대명(大名)들은 생사(生死)를 넘나드는 뛰어난 군사전략가였다.

반면 유교의 성리학 논쟁으로 갑론을박, 시기질투로 패싸움의 세월을 보내던 문약(文弱)한 조선 조정은 애초 칼을 쓰는 무신(武臣)을 서너 수 아래로 내려다 봤다. 그러니 애당초 왜(倭)와의 싸움에서 맞수가 되지 못했다.

5월 7일 이순신 수군이 옥포해전에 승리했다는 장계가 도착했다. 6월 21일 이순신의 승전 소식이 연달아 올라오자 조정은 일시에 기쁨에 환호했다. 그러나 승전 분위기도 잠시, 선조의 기나긴 고난의 피난길이 눈앞에 있었다.

전라도를 방어하기 위한 전투는 치열했다. 6월 27일 의병장 고경명이 금산전투에서 전사했다. 7월 7일에는 웅치 전투에서 조선관군과 의병이 전원 전사했다.

이즈음 세자 광해군의 분조(分朝 임시조정)가 생겨났다. 선조는 여차하면 명나라 요동으로 건너갈 셈이었으니 조선 땅에 남아 전쟁을 치를 광해군의 분조가 필요했다. 광해군은 분조를 이끌면서 평안도, 황해도, 함경도, 강원도 지역을 옮겨 다니면서 군대와 백성을 위무(慰撫)하고 의병활동을 격려했다. 강원도 이천에 머물던 7월에 전라도 의병장 김천일에게 항전(抗戰)을 독려하는 격문(檄文)을 보냈다.

전라도 나주에서 의병을 일으킨 김천일(金千鎰)은 수백 명의 의병을 이끌고 강화로 들어가 조정과 호남 사이의 연락을 맡았다. 그는 진주성 전투에서 전사했다. 광해군은 또 이조 참의 이정암(李廷馣)에게 황해도 연안읍성을 사수하라는 명을 내렸고 여기서 의병 500여 명을 모집, 8월 27일부터 9월 2일까지 구로다 나가마사(黑田長政)가 이끄는 왜군 5000명의 공격을 막아냈다.

이런 광해군은 임진왜란 동안 분조를 맡아 근왕병 모집 등 의병활동을 도왔고 민심을 살피는 선정(善政)을 펼쳐 인기가 아주 좋았다. 그런데 왕위에 오른 뒤 선조의 계비인 인목대비를 폐하고 동생인 영창대군을 죽이는 폐모살제(廢母殺弟)를 저질렀다. 유교국가에서 사람이 지켜야 할 도리인 삼강오상(三綱五常)을 무너뜨린 강상죄(綱常罪)를 짓는 등 학정(虐政)을 일삼다가 인조반정 후 강화도에 유배돼 죽음을 당했다.

호남 의병장 김덕령(金德齡)의 억울한 죽음은 눈여겨 볼 필요가 있다. 20대 혈기 방장한 김덕령은 김천일과 최경회의 의병군이 전멸한 뒤 담양에서 의병을 조직했다. 서인(西人)인 우계 성혼(成渾)의 문인이었던 김덕령은 1596년(선조 29) 7월 충청도 홍산에서 이몽학(李夢鶴)이 난을 일으키자 진압하러 가다가 난이 평정되었다는 소식을 듣고 되돌아갔다. 그 일로 반란수괴(反亂首魁) 이몽학과 내통했다는 무고(誣告)로 끝내 죽어야 했다.

선조수정실록에 따르면, 류성룡은 김덕령의 치죄를 신중히 따져가며 하도록 간했으나 윤근수(尹根壽)의 형이기도 했던 서인 판중추부사 윤두수(尹斗壽)는 엄벌을 주장했다. 수백 번의 형장 심문으로 마침내 정강이뼈가 모두 부러질 정도로 혹독한 고문을 받아 결국 장독(杖毒)을 견디지 못해 죽고 말았다. 향년 30세였다. 죽음을 직감한 김덕령은 '춘산곡(春山曲)'이라는 시조를 지어 자신의 답답하고 억울 심정을 토해냈다.

춘산에 불이 나니 못다 핀 꽃 다 붙는다.
저 뫼 저 불은 끌 물이나 있거니와
이 몸에 내 없는 불이 나니 끌 물 없어 하노라."

김덕령의 죽음으로 의병에 나서면 집안이 망한다는 인식이 퍼졌고
정유재란 때에는 의병의 씨를 찾아볼 수도 없었다.

<그림 28> 광주 동구 충효동 의병장 김덕령 사당

32. 내시보다 못한 의병(義兵)

임진왜란 직후 선조는 공공연히 "조선의 군사들이나 의병(義兵)들이 세운 공은 거의 없다. 모두가 상국(上國)인 명나라가 구원해준 덕분에 조선이 살아남았다. 재조지은(再造之恩 위태로운 나라를 살려줌)을 잊어선 안 된다."라고 언명했다.

이 어찌 말도 안 되는 어불성설(語不成說)란 말인가.

분명 남해 바다에서 이순신(李舜臣) 장군과 그 수하 장졸들의 활약, 비록 오합지졸이었지만 악전고투(惡戰苦鬪)했던 조선 관군, 광해군의 근왕병 모집 및 각지 의병들의 궐기로 왜란은 어느 정도 극복되었다. 하지만 선조는 이를 무시한 채 오로지 명나라만을 섬기는 존명사대(尊明事大) 정신이 뼛속까지 각인돼 있었다.

아비규환(阿鼻叫喚)의 7년 전쟁이 끝난 뒤 1604년 논공행상(論功行賞)이 있었다.

이 논공행상에서 선조는 자신을 의주까지 호종(扈從)한 내관들까지 무더기로 공신(功臣)으로 녹훈하면서 정작 전장에서 목숨을 내놓고 싸운 의병장들을 외면하였다.

조선왕조실록 갑진년(1604년) 6월25일자 기사다.

대대적으로 공신을 봉하니 명칭은 호성공신(扈聖功臣), 선무공신(宣武功臣), 청난공신(淸難功臣)이다. 한양에서 의주까지 거가(車駕)를 따르며 호종한 사람들은 호성공신(扈聖功臣)으로 3등급으로 나누고, 왜적을 친 제장(諸將)과 군사와 양곡을 주청(奏請)한 사신(使臣)들은 선무공신(宣武功臣)으로 3등급으로 나누고, 이몽학(李夢鶴)을 토벌하여 평정한 사람은 청난공신(淸難功臣)으로 3등급으로 나누어 차등 있게 명칭을 내렸다.

그 공신의 수가 총 108명이었다. 선조의 어가(御駕)를 호종했던 대신들은 80여명이나 공신에 올랐지만 목숨을 건 전투에서 피를 흘렸던 전공자들이 공신이 된 것은 거우 18명으로 전체의 16%에 불과했다.

선무공신으론 이순신(李舜臣), 권율(權慄), 원균(元均) 등 장수 3명이 1등급에, 김시민(金時敏), 이정암(李廷馣), 이억기(李億祺) 등 5명이 2등급에, 이순신(李純信), 기효근(奇孝謹), 이운룡(李雲龍) 등 10명이 3등급에 녹훈되었다. 권율과 김시민, 이정암 등을 제외하면 거개가 삼도수군통제사 이순신(李舜臣) 휘하에서 활약했던 수군 장수들이라는 점이 특기할만하다.

그런데 '홍의장군' 곽재우(郭再祐)를 비롯하여 정인홍(鄭仁弘), 김면(金沔), 신갑(辛碑), 이일(李軼), 이주(李柱), 김덕령(金德齡), 조헌(趙憲), 우성전(禹性傳), 서산대사(西山大師), 최경장(崔慶長), 최경회(崔慶會) 형제 등 많은 의병장은 녹훈에서 제외되었다.

이들은 휘몰아치는 태풍 앞에 촛불 같았던 나라를 살리기 위하여 분기탱천 일어났던 의인(義人)들이었다. 물론 공을 바라고 의병을 일으킨 것은 아니었지만 그래도 충의(衷義)의 기개를 펼친 의병장들에 대한 대접은 말이 아니었다.

최종결정권자인 선조는 의병을 백안시(白眼視)했다. 공신의 호는커녕 자칫 의병들이 민란을 일으켜 그 창끝을 왕궁으로 돌리지나 않을까 의심까지 했다. 그 단적인 예가 의병장 김덕령(金德齡)이 이몽학(李夢鶴)의 난에 연루된 것으로 오해받아 참혹한 옥사(獄事) 끝에 죽은 사건이었다. 그의 참모 최담령도 고초 끝에 겨우 살아남아 재야에서 폐인(廢人) 행세를 하며 숨어 지내야 했다.

최초로 의병을 일으켜 의령 정암진 전투에서 왜군 2000명을 물리친 곽재우 장군 역시 이몽학의 난에 연루되어 문초를 받았으나 다행히 풀려나올 수 있었다. 정유재란이 끝난 뒤 1600년 의병장 곽재우는 "당파싸움이 풍신수길(豊信秀吉)보다 더 무서운 것이다."라는 상소를 올렸다가 전남 영암으로 3년 동안 유배당했다. 그리고 김덕령의 죽음을 본 그는 이후 낙향하여 지리산으로 들어가 생식(生食)으로 연명하며 숨어 지내는 은자(隱者)가 되었다.

왜란 초기에 전국 팔도에서 의병이 일어났지만 조정과 관군으로부터 괄시(恝視)를 받아온 의병들은 1597년 정유재란이 일어났을 때는 머리카락 하나 찾아볼 수 없었다. "의병하면 집안 삼대가 망한다."는 말이 온 나라에 퍼졌다. 그것은 선조와 조정대신들이 의병에 대해서 가진 오만과 편견의 결과였다.

언필칭 입으로는 공명정대한 살신성인(殺身成仁)을 가르쳐 놓고는 막상 그 뒷감당을 하지 못하고 꽁무니를 빼는 비열한 작태에 백성들의 불신은 바위처럼 굳어졌다.

논공행상이 공정하지 못하면 군신(君臣) 간의 신뢰가 떨어지고 신료(臣僚) 간에 암투(暗鬪)가 싹트는 법이다. 나중에 가서는 큰 분란(紛亂)을 초래하는데 인조반정 직후 이괄(李适)의 난이 그 대표적이다.

무릇 논공행상(論功行賞)이 무엇이던가.

계공이행상(計功而行賞) 공을 따져 상을 주고
정능이수사(程能而授事) 능력을 가늠해 일을 주어야 한다

한비자(韓非子)의 팔설(八說)에 나오는데, 공을 따져 상을 준다는 말에서 '논공행상'이 유래됐다. 또 관자(管子)도 칠법(七法)에서 비슷한 말을 했다.

논공계로(論功計勞)
    공을 논하고 수고를 계산하는데
미상실법률야(未嘗失法律也)
    일찍이 한 번도 법률을 벗어난 적이 없다

이처럼 의병은 푸대접을 받은 반면 왕실의 내시는 톡톡한 대접을 받았다. 소위 권력에의 접근권(接近權 access)을 가진 자는 예나 지금이나 권력의 화신(化身)이 될 가능성이 크다. 중국 후한 말 영제 때 환관(宦官)인 십상시(十常侍)의 문고리 권력이 그랬고 오늘날도 권력 정점의 위세를 빌미로 호가호위(狐假虎威)하는 고위급 비서진을 쉽게 찾아볼 수 있다.

호성공신(扈聖功臣)은 무려 86명이다. 전쟁이 일어났고 7년 동안 크고 작은 전투가 벌어졌다면 의당 무관의 수가 더 많아야 하지 않았을

까. 하긴 남해바다의 이순신(李舜臣) 수군을 제외하고는 육지에서 진주대첩(김시민)과 행주대첩(권율) 외에 이렇다 할 대승이 없었기는 했다.

1등급은 이항복(李恒福), 정곤수 등 2명이고 2등급은 류성룡(柳成龍), 이원익(李元翼), 윤두수(尹斗壽) 등 31명, 3등급은 정탁(鄭琢), 허준(許浚) 및 내시 24명 등 53명이다.

여기서 내시 24명이 포함되어 있다는 사실이다.

선조는 자신의 곁에서 밤낮 수발드는 내시들의 그 수고로움을 아주 중요시해 꼼꼼히 챙겼다.

왜란초기 1592년 5월 6일 선조실록이다.

> 임금이 아침에 봉산(鳳山)을 떠나 동선령(東仙嶺)을 넘어 오후에 황주에 닿았다. 임금이 지시하였다. '아침에 큰 재를 넘었더니 기력이 매우 피곤하여 여기서 묵고자 한다. 행차를 따르는 다른 사람들에 대해서는 대간이 건의한 대로 차후에 처리하되 그 중에서 삼사(三司)의 높은 관리들부터 먼저 품계를 올려 주도록 하라. 그리고 내시 김기문, 오윤형, 김양보도 품계를 올려주고 견마군 이춘국 등은 서반직(武官)에 임명하도록 하라.'

도성을 떠나 파천 길에 오른 선조는 임진강을 건너 황해도 땅에 닿자마자 어가(御駕)를 호종(扈從)하느라 고생한 사람들에게 대해 품계를 올려주라는 지시다. 측근인 내시들에게 배려 또한 놓치지 않았다. 임금이 탄 말을 모는 이춘국 등에게는 무관직을 제수했다.

당장 임금의 눈앞에서 엉덩이춤을 살랑거리며 보필하는 내시의 공이 있는 만큼, 저 멀리서 나라의 보급품 하나 없이 대나무 죽창을 깎아서 왜적과 싸웠던 의병들의 충의(忠義)를 조금이라도 헤아렸어야 했다.

이순신, 권율과 어깨를 나란히 선무공신 1등급에 오른 원균도 처음에는 선무공신 1등이 아니라 2등이었다. 공신도감(功臣都鑑) 도제조, 즉 공신선정위원회의 위원장 격이던 이항복(李恒福)이 선무공신을 정할 때에 원균을 김시민, 이억기 등과 함께 2등으로 올렸는데 선조가 이순신, 권율과 같은 1등으로 바꿨던 것이다. 그때 선조는 이렇게 말했다.

> 나는 일찍부터 원균을 지혜와 용맹을 겸비한 사람으로 여겼으며, 이제 원균을 오히려 2등으로 낮춰 책정했으니 어찌 원통한 일이 아니겠는가. 원균은 지하에서도 눈을 감지 못할 것이다.

선조가 원균을 1등으로 올려준 것은 1597년 2월 이순신을 삼도수군통제사에서 파직하고 원균을 그 자리에 앉혀 그해 7월 칠천량 전투에서 참패해 조선 수군을 전멸시킨 자신의 궁극적 책임을 회피하려는 계산이 아니었을까. 선조로서는 원균을 높임으로써 자신의 실책을 감출 수 있고 이순신이 전공으로 인기가 치솟는 것을 어느 정도 진정시킬 수 있었다.

1597년 9월 16일에 명량해전 이후 계속해서 이순신 수군을 평가절하했다.

국군신불능토적(國軍臣不能討賊)
　우리나라 장수들은 능히 왜적을 토벌하지 못하고
상번천조(上煩天朝)
　천자의 조정을 번거롭게 만들고 있다
유죄당사(有罪當俟)
　이의 유죄를 기다릴지언정

무공가록(無功可錄)
　무슨 기록할만한 공적이 있단 말인가
수혹포참소령적(雖或捕斬少零賊)
　비록 사소한 왜적을 잡거나 참살하였다 하더라도
차불과변장직분내사(此不過邊將職分內事)
　변방의 수장으로서 당연히 할 일을 했을 뿐이다.

　선조는 오로지 명나라 군대의 재조지은에 감읍(感泣)할 따름이다. "이순신은 사소한 적을 잡은 데 불과하다. 그는 자신의 직분을 수행한 것일 뿐 큰 전공을 세운 것은 아니다."라고 과소평가한 것이다.

　고작 전선 13척으로 왜적의 함대 133척을 격멸해 서해로 북상하려는 적의 대군을 저지한 명량해전, 불리한 전세(戰勢)를 일대 반전시킨 기적의 승리를 그토록 폄하할 수 있다는 말인가.

　선조는 좀 미안했던지 이듬해 4월에 "이순신에게 벼슬을 올려주지 않으면서 상을 주는 방법을 강구해보라."고 했다.

　반면 비변사에서 "원균은 수군의 주장으로서 수군을 전멸시켰으므로 그 죄는 모두 원균에게 있다."면서 처벌을 건의하자 선조는 원균을 감싸고 돌면서 패전의 책임을 묻지 않았다. 그러자 사관은 다음과 같이 통렬하게 비판했다.

　한산도에서 남김없이 패전한 원균은 시장에서 사지를 찢어 처형해야 마땅하다. 또 수군이 죄가 없다는 말은 무슨 말인가. 원균은 성질이 포악한 일개 무지한(無智漢)이다. 이순신을 모함해 몰아내고 통제사가 됐으며 단번에 적을 섬멸하겠다고 큰소리를 쳤으나 지혜가 부족해 패전했다. 그러고서는 배를 버리고 육지로 도망가는 바람에 장병들을 모두 죽게 했다. 이런 원균의 죄를 누가 벌줘야 하는가. 이런 일을 보니 머리가 터질 것 같고 뼈가 녹아버리는 것 같다.

민족사학자이자 독립운동가인 박은식(朴殷植) 선생은 "의병은 우리 민족의 국수(國粹)요 국성(國性)이다."라며 "나라는 멸할 수 있어도 의병은 멸할 수 없다."고 역설했다. 즉 우리 민족은 역대 항중(抗中) 항일(抗日)의 과정에서 정복당하거나 굴복하여 동화되는 일이 없었다는 것이다. 그런 의병이 내시보다 못한 소모품이 되고 말았다.

　"오호 애재(哀哉)라." 장군의 신음은 깊어져 갔다.

33. 얼레빗과 참빗

1594년부터 1596년까지 약 3년 동안 명나라와 일본과의 강화교섭으로 휴전 중이었다. 남해안의 각 왜성(倭城)에서는 왜장들이 다도회(茶道會)를 열어 차를 마시고 공놀이, 일본과 중국인의 볼거리 쇼 등을 하면서 유유자작 세월을 보냈다.

명나라는 임진왜란 때 다 꺼져가는 풍전등화(風前燈火)의 조선을 다시 살려준 은혜를 내려준 천자(天子)의 나라, 즉 제후국(諸侯國)으로서 자만심을 가지고 있었다. 그 중화(中華)의 자만심은 주변국을 각각 동이(東夷), 서융(西戎), 남만(南蠻), 북적(北狄)의 미개한 오랑캐 민족으로 구분했다. 명은 동쪽에 있는 번방(藩邦)인 조선을 구원해준 은혜, 재조지은(再造之恩)을 강조했고 조정에서도 이에 절대 순응했다. 그러다보니 명나라 군사는 동쪽 오랑캐인 조선백성을 몇 수 아래, 아니 발톱의 때만큼도 여기지 않았다.

임진왜란 때 명은 항왜원조(抗倭援朝), 즉 왜에 대항해서 조선을 돕

는다는 명분으로 압록강을
건넜다. 명나라 군사들은 조
선 사람을 사람취급하기는
커녕, 노예만도 못하게 심하
게 대했다. 토색질을 일삼
아 조선의 땅을 너무나 피
폐하게 만들었다. 못된 점령
군 행세를 했다는 이야기다.

<그림 29> 얼레빗과 참빗
출처: 국립민속박물관

역사적으로 당(唐)나라,
원(元)나라, 명(明)나라, 청(淸)나라 등 중국이 우리에게 저지른 작태
와 횡포를 개략적으로 보더라도 약소국의 비애(悲哀)를 실감할 수 있
다. 아니 그것은 천추(千秋)의 한(恨)이 되어 뼛속 깊이 각인되었다.
현재는 동북공정(東北工程)이란 미명 아래 고구려의 모든 유적과 기
록들을 자신들의 역사로 만들고 있는 중이다. 그런데 우리 외교부는
당당하게 말 한마디 못하고 그저 바라만 보고 있다.

중국 사신 사헌(司憲)이 류성룡(柳成龍)에게 "조선 백성들이 '왜놈
은 얼레빗, 되놈은 참빗'이라고 한다던데 그게 사실이냐."고 물은 대
화가 징비록에 나온다. 정작 침략군인 왜군보다 도와주려 왔다는 명
군이 우리 백성들에게 식량약탈은 기본이고 무고한 인명살상, 부녀자
겁탈, 특유의 대국인체 하는 거만함 등으로 비난의 화살을 받았다. 검
은 꿍꿍이속과 두꺼운 얼굴의 후흑(厚黑), 인면수심(人面獸心)을 드러
낸 것이다.

'되놈의 참빗'으로 말하자면 빗살이 굵고 성긴 얼레빗에 비해 대나
무 참빗은 무척 가늘고 촘촘하여 한번 빗으면 남는 게 없어 명군의

수탈이 심했다는 이야기다.

얼레빗과 참빗에 관해 조선 중기 문인이자 관리였던 어우당(於于堂) 유몽인(柳夢寅1559~1623)의 어우야담(於于野談) 중 빗에 대한 노래, 詠梳(영소)가 있다.

木梳梳了竹梳梳(목소소료죽소소)
　얼레빗으로 먼저 빗고, 다음에 참빗으로 빗어내니
亂髮初分蝨自除(난발초분슬자제)
　얽힌 머리카락이 정리되면서 숨었던 이가 다 떨어지네
安得大梳千萬丈(안득대소천만장)
　어찌 해야 천만척 되는 큰 빗을 구하여
一梳黔首蝨無餘(일소검수슬무여)
　백성 머릿속에 숨어있는 몹쓸 이를 모두 없앨까

권력에 기생하여 위로 아부하고 아래로 군림하여, 백성의 고혈을 빠는 간악한 관리를 슬관(蝨官)이라 한다. 예나 지금이나 탐욕 많고 부정을 일삼는 벼슬아치인 탐관오리(貪官汚吏)가 가장 큰 공적(公敵)이다. 왜놈이나 되놈이나 몹쓸 관리들의 행태를 꼬집은 해학시(諧謔詩)다.

이 땅을 짓밟은 왜군과 명군들은 서로 백성들의 물건을 약탈하는 토색질 경쟁을 벌였다. 평시에 아전(衙前)들에게 녹아나다가 전시가 되자 왜군과 명나라 군대에게 싹쓸이를 당하는 모양새가 비일비재했다.

"왜놈은 얼레빗이요, 되놈은 참빗이라."

당시 굶주리고 빼앗겨 콩가루가 다 된 백성들은 왜군이 지나간 곳에는 그래도 먹을 것이 조금이나 남았지만, 명나라 군대는 도와준답시고 와서는 갖은 거만에 온갖 행패를 다 부렸다. 아녀자 겁탈은 다

반사였고, 금, 은비녀 탈취에 식량, 이불, 옷가지, 세숫대야, 사발, 숟가락, 젓가락 등 온갖 생필품을 다 빼앗아갔다.

명군이 조선군을 학대하고 무지막지하게 대하기 시작한 것은 1593년 4월 8일 왜와 용산 강화회담을 시작하고 나서부터다. 그 후 명군은 조선군이 왜를 공격하기만 하면 장군이든 졸병이든 잡아가 온갖 고문을 일삼았다. 조선군은 명의 허락을 받지 않고는 왜적을 맘대로 공격할 수 없었다. 때리는 시어미보다 말리는 시누이가 더 미운 상황이 발생한 것이다.

1594년 3월 7일 명나라 선유도사 담종인(譚宗仁)이 보낸 '금토패문(禁討牌文)'에 대해서 이순신 장군은 항의서한을 보냈다. 답서의 내용 가운데 왜군의 약탈 부분이 기술되어 있다.

> 원래 왜놈들이란 그 속임수가 천변만화하여 헤아리기 어렵기 때문에 예로부터 신의를 지켰다는 말을 들은 적이 없습니다. 흉악하고 교활한 적도들이 아직도 그 패악한 행동을 그치지 아니하고 바닷가에 진을 치고 있으면서 해가 지나도 물러가지 않고 여러 곳을 멧돼지처럼 쳐들어와서 사람을 죽이고 재물을 약탈하기를 전일보다 곱절이나 더 한데 무기를 거두어 바다를 건너 돌아가려는 생각이 어디에 있다는 것입니까?

왜군은 국보급 국가문서와 문화재 약탈에 열을 올렸다. 그리고 도자기 제조 도공과 활자를 다루는 인쇄 기술자를 집중적으로 잡아갔다. 이것은 도요토미 히데요시(豊臣秀吉)의 특명이기도 했다. 조선 도자기를 유독 좋아했던 히데요시는 "조선의 남녀노소의 모든 씨를 말려도 좋지만 도공과 활자 기술자만은 살려서 데려와라."라는 엄명을 내렸다.

왜군은 남해안 일대에 성을 쌓고 웅거하면서 조선인 부역자 등을 동원해서 농사를 짓거나 물고기를 잡아먹었다. 그러나 명군은 조선 조정이 대주는 식량이 부족하다는 이유로 백성들의 목구멍에 풀칠할 땟거리마저 빼앗아 갔다. 그야말로 벼룩의 간을 빼먹는 격이었다. 따라서 백성들에게 직접적인 피해를 더 많이 준 쪽은 왜군보다 명군이었다. 오히려 왜군은 점령지에서 민사(民事) 활동 중의 하나로 쌀과 잡곡을 나눠주어 백성의 환심을 사기도 했다.

명나라 사신(使臣)의 횡포가 심해진 것은 임란 때 원병(援兵)을 보낸 이후부터였다. 명나라가 전쟁터로 바뀌는 것을 꺼려해 원병을 보내 놓고서도 조선을 위기에서 구했다는 '재조지은(再造之恩)'을 강조하면서 내정간섭은 물론, 사신들은 온갖 뇌물을 요구했다.

1602년 명의 황태자 책봉 사실을 반포하려고 조선에 왔던 명나라 사신 고천준(顧天峻)과 최정건(崔挺健)의 탐욕과 횡포는 이루 말할 수가 없었다. 문신 윤국형(尹國馨)은 '갑진만록(甲辰漫錄)'에서 "고천준의 탐욕이 비길 데가 없어 음식과 공장(供帳)의 작은 물건들까지 모두 내다 팔아 은(銀)으로 바꾸었다."며 "말하면 입이 더러워진다(言之汚口)."고 비판했다.

선조실록에서도 "의주에서 서울에 이르는 수천리에 은과 인삼이 한 줌도 남지 않았고, 조선 전체가 전쟁을 치르는 것 같았다. 서방(西方, 평안도와 황해도)의 민력(民力)이 다해져 나라의 근본이 뿌리 뽑혀 근근이 지내왔다."고 했다.

15~16세기 중반 명나라는 조선인 출신 환관(宦官)을 사신으로 보냈는데 선조는 천자(天子)가 보낸 이들에게 먼저 절을 하고 맞이했다. 그리고 정승급 조정 신료들은 사신 일행의 시중을 드는 접반사(接伴

使) 역할을 도맡았다. 특히 조선출신 환관 사신들은 은을 좋아해 한 번에 수만냥씩 거둬가 조정의 재정을 휘청거리게 만들었다. 모두가 백성의 고혈(膏血)을 쥐어짠 결과로 볼 수밖에 없다.

1597년 정유재란 때 명나라 총병관 진린(陳璘)은 사로병진작전(四 路立進作戰)에 따라 수로군(水路軍) 대장으로 1598년 7월 16일 전남 완도의 고금도에 도착하여 이순신의 수군과 합류했다. 진린의 임무는 통제사 이순신과 함께 서로군(西路軍) 대장 유정(劉綎) 제독과 도원수 권율(權慄)의 육군과 연합하여 순천왜성에 웅거하고 있던 고니시 유 키나가(小西行長)를 사로잡는 것이었다. 포학한 성품의 진린을 두고 류 성룡(柳成龍)은 징비록(懲毖錄)에서 다음과 같이 소회를 밝히고 있다.

> 상(上)이 청파(靑坡)까지 나와서 진린을 전송하였다. 진린의 군 사가 수령을 때리고 욕하기를 함부로 하고 노끈으로 찰방 이상 규(李尙規)의 목을 매어 끌어서 얼굴에 피투성이가 된 것을 보 고 역관(譯官)을 시켜 말렸으나 듣지 않았다. 나는 같이 앉아 있던 재상들에게 '안타깝게도 이순신의 군사가 장차 패하겠구 나' 진린과 함께 군중(軍中)에 있으면 행동에 견제를 당할 것이 고 또 의견이 서로 맞지 않아 반드시 장수의 권한을 빼앗고 군 사들을 학대할 것이다. 이것을 제지하면 더욱 화를 낼 것이고 그대로 두면 한정이 없을 것이다. 이순신의 군사가 어찌 패전 을 면할 수 있겠는가?'하니 여러 사람들이 동의하고 탄식할 뿐 이었다.

진린이 고금도에 내려온 지 3일만에 벌인 절이도 해전에서 그의 본 색이 나왔다.

이순신이 처음 겪은 진린에 대한 장계가 선조실록 1598년 8월 13일 자에 기록되어 있다.

지난번 해전에서 아군이 총포를 일제히 발사하여 적선을 쳐부수자 적의 시체가 바다에 가득했는데 급한 나머지 끌어다 수급을 다 베지 못하고 70여급만 베었습니다. 명나라 군대는 멀리서 적선을 바라보고는 원양(遠洋)으로 피해 들어가 하나도 포획하지 못했습니다. 그러다가 우리 군사들이 참획한 수급(首級)을 보고 진(陳) 도독(都督)이 뱃전에 서서 발을 동동 구르면서 그 관하(管下)를 꾸짖어 물리쳤습니다. 게다가 신 등에게 공갈 협박을 가하여 못하는 짓이 없었습니다. 신이 마지못해 40여급을 나눠 보냈습니다. 계유격(季遊擊)도 가정(家丁)을 보내어 수급을 구하기에 신이 5급을 보냈는데 모두들 작첩(作帖)하여 사례하였습니다.

고금도에 진을 치고 있던 조명연합군 중 이순신의 수군은 덕동에, 진린의 수군은 묘당도에 자리 잡고 있었다. 그런데 명군이 우리 수군에게 행패를 부리고 백성들에게는 약탈을 일삼았다. 도저히 참을 수 없었던 이순신은 진린에게 "우리 작은 나라 군사와 백성들은 명나라 장수가 온다는 말을 듣고 부모를 기다리듯 했는데, 오히려 귀국의 군사들은 행패와 약탈을 일삼고 있으니 백성들은 도저히 견딜 수 없어 모두 피난가려 한다. 그래서 나도 같이 여기를 떠나려고 한다."고 하자 진린은 깜짝 놀라 이순신을 만류했다. 이순신은 여세를 몰아 "귀국의 군사들이 나를 속국의 장수라 하여 조금도 거리낌이 없다. 그러니 내게 그들을 처벌할 수 있는 권한을 허락해준다면 서로 보존할 도리가 있지 않겠느냐."라고 하여 진린의 승낙을 얻어냈다.

진린에게 왜군의 수급을 적당히 건네주고 조선의 치안 자치권을 확보한 이순신의 고육책(苦肉策), 주고 받기식 외교술이 돋보이는 대목이다.

34. 백의종군(白衣從軍) 천리길

1597년 2월 26일 삼도수군통제사 이순신 장군은 선조의 체포령에 따라 한성으로 압송되었다. 그리고 3월 4일 의금부 감옥에 갇혔다. 사헌부가 지목한 죄명은 기망조정(欺罔朝廷) 무군지죄(無君之罪), 종적불토(縱賊不討) 부국지죄(負國之罪), 탈인지공(奪人之功) 함인어죄(陷人於罪), 무비종자(無非縱恣) 무기탄지죄(無忌憚之罪)였다. 즉 조정을 속이고 임금을 업신여긴 죄, 적을 쫓아가 치지 아니하여 나라를 등진 죄, 남의 공을 가로채고 남을 모함한 죄, 한없이 방자하고 거리낌이 없는 죄 등이었다. 부산포 왜영(倭營) 방화사건의 허위보고와 이중간첩 요시라(要矢羅)의 간계(奸計)에 따라 부산포 진격을 명령했지만 출동을 거부한 죄 등이 주요 죄목이었다.

이때 도체찰사(오늘날 합참의장) 이원익(李元翼)은 "왜적들이 꺼리는 수군이니, 이순신을 체차해서는 안 된다. 그리고 원균(元均)을 대리로 파견해선 안 된다."고 적극 이순신을 방어하려 했지만 역부족이었다. 1596년 8월 8일 명나라 사신을 수행해 일본에 다녀온 황신(黃愼)은 선조에게 "규슈의 일기도(一崎島)에서부터 적관(赤關)까지 타고 돌아온 배가 이순신이 감독하여 만든 배."라고 하였을 정도로 그 실력을 역설했지만 이순신의 목숨은 경각(頃刻)에 달려있었다.

당시 이순신 장군은 평소 권준, 배흥립, 김득광 등 여러 제장들과 논의하여 병선 40여 척을 건조하고 있었다. 또 전라도 전 지역을 돌면서 군사, 군량, 군기, 군선 등의 확보에 열중해 화약 4천근, 군량미 9천914석 등을 확보하고 있었다. 그러나 이 모든 전력자산은 7월16일 원균의 칠천량 해전에서 모두 바다 속으로 수장되었거나 왜군에게 수탈당했다.

이미 밝힌 바 있지만 이순신은 판중추부사 정탁(鄭琢)이 올린 구명탄원서 신구차(伸救箚)에 의해 가까스로 목숨을 건졌다. 그것은 천우신조(天佑神助)라고 할 수밖에 없었다.

정탁은 선조에게 "군기(軍機)는 멀리 앉아서 헤아릴 수 없는 법이므로 이순신이 진격하지 않은 데에는 그럴만한 까닭이 없지 않을 것입니다. 뒷날에 다시 한번 공을 세울 수 있게 하소서."라고 읍소했다. 노신(老臣)의 간청에 마음이 움직인 선조는 이순신에게 합천의 권율 휘하에서 백의종군(白衣從軍)할 것을 명령했다.

이순신의 백의종군길 여정은 난중일기를 기본 토대로 했고 전남대 노기욱 교수의 '명량 이순신'을 부분 참조했음을 밝혀둔다.

4월 1일, 투옥된 지 27일 만에 풀려나온 이순신은 하얀 소복(素服)을 입은 무등병(無等兵) 신분으로 말 한 마리에 의지한 채 숭례문(남대문)을 빠져나왔다. 조카 봉, 분, 아들 울(蔚)과 함께 이순신은 윤간의 종의 집에서 윤사행(尹士行), 원경(遠卿)과 함께 이야기를 나누었다. 휘하 장수였던 이순신(李純信)이 술을 가져왔으므로 함께 마셨다. 영의정 류성룡(柳成龍), 판부사 정탁(鄭琢), 판서 심희수(沈禧壽), 우의정 김명원(金命元), 참판 이정형(李廷馨), 대사헌 노직(盧稷), 최원(崔遠), 곽영(郭嶸) 등이 사람을 보내와 문안하였다. 다음날 해거름에 이순신은 다시 남문으로 들어가 영의정 류성룡과 밤 깊도록 이야기를 나누었다.

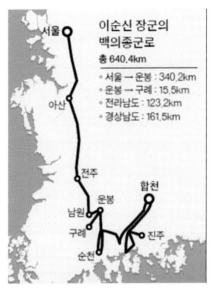

이순신 장군의 백의종군로
총 640.4km
• 서울 → 운봉 : 340.2km
• 운봉 → 구례 : 15.5km
• 전라남도 : 123.2km
• 경상남도 : 161.5km

<그림 30> 이순신 장군의 백의종군로
출처: 순천향대 이순신연구소

그 이튿날 동작나루를 건너 인덕원에서 말을 정비하고 수원 하급 병졸의 집에 도착하여 유숙하였다. 이어 독산(오산) 아래에 이르러 조발(趙撥)의 접대를 받았다. 진위구로(평택)를 거쳐 냇가에서 말을 쉬게 하고 오산 황천상(黃天祥)의 집에서 점심을 먹었다. 수탄을 거쳐 평택현 이내은손(李內隱孫)의 집에 도착하여 따뜻한 방에서 욱신거리는 몸을 지졌더니 온통 땀으로 뒤범벅이 되었다. 장군은 평소에도 만성 위장병과 신허증(腎虛症)에 시달렸다. 난중일기에 '몸이 몹시 불편해 땀이 온몸을 적셨다.', '몸이 불편하여 앉았다 누웠다 하며 밤을 새웠다.', '밤 10시쯤 땀이 나 등을 적셨는데 자정쯤에 그쳤다.', '자다가 땀이 너무 나서 옷을 갈아입었다.'라는 기록이 자주 나온다.

선산이 있는 아산 음봉면의 어라산에 갔다가 저녁 때 외가를 거쳐 조카 뇌의 집에 이르렀다.

호송책임자인 금오랑 이사빈을 변홍백(卞興伯)의 집에 유숙케 하고 정성껏 환대하였다. 이순신은 남양 아저씨 문상(問喪)을 하고 그 길로 홍석견(洪石堅)의 집에 들렀다. 저녁나절 변홍백의 집에서 금부도사와 이야기를 하며 접대하였다. 다음날 금부도사가 먼저 온양으로 떠났다. 7일에는 충청도 예산(禮山)현 정혜사(定慧寺)의 노승 덕수(德修)가 찾아와서 이순신에게 짚신 한 켤레를 바치려 하자 "내가 산승의 초혜(草鞋)를 받을 까닭이 있나."하고 거절하였다. 그 노승의 간청으로 결국 짚신을 받고나서 노자(路資)를 쥐어보냈다.

엎친 데 덮친 상황이 발생했다. 1597년 4월 12일 난중일기다.

> 어머니가 여수에서 배편으로 안흥량(태안군)에 도착하였다. 조금 있으니 종 순화가 배에서 와서 어머니의 부고를 전하였다. 뛰쳐나가 가슴을 치며 날 뛰었다. 바위 모양이 게를 닮아 해암 (蟹岩 게바위)이라는 곳으로 달려갔다.

어머니의 빈소마저도 오래 지킬 수 없었다. 금오랑의 서리 이수영(李壽永)이 남행길을 재촉했기 때문이었다. 4월 16일자 일기에는 양세대작(兩勢大作), 남행역추(南行亦追), 호곡호곡(呼哭呼哭), 지대속사이(只待速死而) '비는 크게 퍼붓는데 남쪽으로 내려가는 일도 급하고 울부짖으며 다만 어서 죽기를 기다릴 뿐.'이라고 처절한 심경을 토로했다.

아들 회, 면, 울, 조카 해, 분, 완과 주부 변존서가 함께 천안까지 따라왔다. 일신역에서 잤다. 공주 정천동을 거쳐 저녁에 이산 현령의 극진한 대접을 받고 아산 동헌에서 잤다. 다음날 아침 일찍 출발해 은원(논산 은진면 연서리)에 이르렀다. 4월 21일 한양에서 444리 지점인 여산을 출발하여 4월 25일 남원 숙성령에 이르렀다. 이순신은 말을 타고 하루에 12km정도 이동했다.

하옥(下獄)과 백의종군, 어머니의 죽음… 말 잔등에 올라앉아서 뚜벅뚜벅 이동하는 자체가 고행(苦行)의 연속이었다. 4월 21일 여산에 도착했다. 당시 이곳에는 하삼도에서 규모가 가장 큰 여산원(礪山院)이라는 큰 여관이 있었다. 그러나 관노비(官奴婢)의 집에서 잤다.

'한밤에 홀로 앉았으니 비통한 생각에 견딜 수가 없다.'

아무리 곰곰 생각해도 밀려오는 절대고독감을 물리칠 수 없었다.

제2차 세계대전 때 참혹한 아우슈비츠수용소에서 살아남은 경험을 살려 로고테라피(logotherapy)를 창시한 빅터 프랭클(1905～1997) 박사는 사람이 절망에 처해있을 때 살아남을 수 있는 방법으로 변화(變化)를 역설했다. '신묘한 최고의 경지'인 한 차원 높은 변화! 자벌레가 움츠리고 있는 것은 몸을 뻗어서 나아가기 위한 준비과정이듯이 이순신에게도 이보전진(二步前進)을 위한 일보후퇴(一步後退)의 상황을 잘 활용할 필요가 있었다. 필히 죽고자 하면 살 것이라는 필사즉생(必死卽生)의 철학이 그것을 뒷받침했다.

4월 22일 여산에서 삼례역 역장관리의 집에 도착했다. 삼례는 조선의 9대 대로 길 중에서 6, 7번 도로가 만나는 교통요지였다. 전라도 순천, 여수, 고흥, 광양 방면과 경상도 남해, 함양, 진주, 고성, 산청, 통영 방면으로 가는 시발점이었다.

4월 22일 저녁 전주 남문 밖 이의신의 집에 도착해 유숙했다. 한성에서 전주부까지는 5백16리의 길이었다. 전주부 읍성은 전쟁의 병화(兵禍)로 사방의 문루가 불에 타서 볼썽 사나왔다. 이의신은 정5품 호조정랑을 지낸 사람으로 전남지역의 기대승(奇大升), 보성의 안방준

(安邦俊) 등과 교류를 하는 사림(士林)이었다. 4월 23일 전주를 일찍 떠나 오원역에 도착해 말을 쉬게 하고 아침밥을 먹었다. 이때 의금부 도사가 와서 만났다. 저물어서 임실현에서 잤는데 임실현감 홍순각 (洪純慤)이 예에 따라 대우했다. 그리고 옛 군관시절 우위장을 지낸 정철(丁哲)을 만났다. 정철은 장군이 여수 전라좌수영에 좌수사로 부임했을 때 모친 변씨부인의 거처와 가사를 돌본 적이 있었다. 정철은 정경달(丁景達)과 함께 장군이 하옥되었을 때 적극적으로 구명활동을 했다.

쑥대밭이 된 남원성 주변의 피폐한 상황을 지켜본 장군은 피가 끓었다. 4월 25일 아침밥을 먹은 뒤 길을 떠나 운봉의 박롱(朴龍)의 집에 들어갔다. 당시 남원부에는 명나라 부총병 양원(楊元)이 진을 치고 있었다. 장군은 도원수 권율이 지휘관 회의 차 양원을 만나러 이곳에 자주 온다는 말을 박롱에게서 들었다. 이순신은 숙성령(宿星嶺)을 통해 구례로 들어갔다. 숙성령은 왜군이 남원성을 칠 때 이용한 전략요충지였다. 도원수 권율이 있는 초계까지는 그리 멀지 않은 지점이다. 순천부에 도착해 체류하는 동안 정사준(鄭思竣) 등 여러 군관을 만나 해안 정보를 수집했다. 정사준은 대장장이 낙안수군 이필종, 순천 사삿집 종 안성, 김해 사찰의 종 동지, 거제 사찰의 종 언복 등을 데리고 대장간에서 정철(正鐵)을 두드려 화승총(火繩銃)을 만들어낸 인물이다. 4월 26일 금부도사와 헤어져 홀가분한 몸이 된 이순신은 정사준을 대동하고 체찰사 이원익(李元翼)을 만나기를 학수고대했다. 순천에 18일 동안 체류하면서 도원수 권율의 군관 권승경과 병마사 이복남(李福男), 순찰사 박홍로, 순천부사 우치적 등 74명을 직간접으로 접촉해 적정(敵情)을 파악했다. 권율은 군관 권승경을 보내 이순신의 소식을 타진했다.

"상중(喪中)에 몸이 피곤할 터이니 기운이 회복되는 대로 나오라." 는 전갈을 보냈다. 그리고 이순신과 절친했던 군관 중에 한 명을 차출해서 보좌역으로 쓰도록 배려했다.

구례현 손인필(孫仁弼)의 집에서 구례현감 이원춘을 만났다. 손인 필은 왜란이 일어나자 남무(南武)라는 직책으로 군수품 조달과 군사를 모아 왜군을 무찌른 관군 지휘관이었다. 그는 구례지역 9개 사창 (社倉 환곡창고)의 사정을 훤히 알고 있었다. 그의 3남 손숙남(孫淑南)은 구례 석주성 상황을 보고했다. 장남 손응남은 이후 이순신을 따라 전투에 나섰다가 순절했다. 병참물자와 군량조달이 시급했던 이순신은 손인필 일가의 협조로 많은 도움을 받았다.

5월 19일 체찰사 이원익은 군관 이지각을 이순신에게 보내어 위로하였다.

"일찍이 상을 당했다는 소식을 듣지 못하였다가 이제야 비로소 듣고 놀라 애도한다."며 저녁에 동헌에서 만나자고 했다. 이원익은 구례 현청 동헌에서 소복(素服)을 입고 이순신을 만났다. 이원익은 "선조가 '미안하다'는 말을 많이 하였다."고 전했다. 이에 이순신은 "시국의 그릇된 일에 수없이 분개하고 다만 죽을 날만 기다린다."며 임전(臨戰) 계획을 밝혔다.

체찰사와 만난 후 이순신은 초계의 권율 원수부로 향했다. 장맛비에 행장이 흠뻑 젖고 몇 번씩 넘어지면서 석주관에 도착했다. 곁에는 차남 울(蔚)이 있었다.

6월 8일 원수와 그 일행 10여명과 만났다. 이순신은 그날 몸이 매우 불편하여 저녁밥을 먹지 못했다. 11일에는 아들 열이 토사로 밤새도록 신음했다. 그날 밤 이순신은 전라우수사 이억기, 충청수사 최호, 경상수사 배설, 가리포 첨사 이응표, 녹도만호 송여종, 여도만호 김인영, 사도첨사 황세득, 동지 배홍립, 조방장 김완, 거제현령 안위, 영등포 만호 조계종, 남해현감 박대남, 하동현감 신진, 순천부사 우치적 등에게 편지를 썼다.

7월 18일 새벽 이덕필, 변홍달이 "16일 새벽에 수군이 몰래 기습공격을 받아 통제사 원균, 전라우수사 이억기, 충청수사 최호 및 여러 장수와 많은 사람들이 해를 입었고 수군이 대패했다."고 전했다. 조선 수군이 궤멸당한 칠천량 패전! 억장(億丈)이 무너지는 비보(悲報)를 접한 이순신은 권율에게 "내가 직접 연해안 지방으로 내려가서 보고 듣고 와야겠다."고 말하자 권율은 가슴을 쓸어내리며 안도하는 눈치였다. 선조는 부랴부랴 다시 이순신을 찾았다. 8월 3일 이른 아침에 선전관 양호(梁護)가 선조의 교서와 유서와 유지를 가지고 왔다. 선조가 기복수직교서(起復授職敎書)를 내린 것이다.

선조는 염치가 없었던지 상하언재(尙何言哉)를 두 번씩이나 되뇌였다. 상하언재는 '무슨 할 말이 있으리오'라는 뜻으로 미안감의 표시였다. 불과 5개월 전 이순신은 선조의 엄명에 따라 죄인신분으로 한성 의금부에 압송되어 고문을 받았다. 그리고 백의종군 중이었다.

'그대의 직함을 갈고 그대로 하여금 백의종군하도록 하였던 것은 역시 이 사람의 모책이 어질지 못함에서 생긴 일이었거니와 그리하여 오늘 이 같이 패전의 욕됨을 만나게 된 것이라 무슨 할 말이 있으리오. 옛날같이 전라좌수사 겸 충청전라경상 등 삼도수군통제사로 임명하노라. 그대는 도임하는 날 먼저 부하들을 불러 어루만지고 흩어져 도망간 자들을 찾아다가 단결시켜 수군의 진영을 만들고 나아가

요해지를 지켜줄지어다.'

　기복(起復)이란 상중에는 벼슬을 하지 않는 게 관례이지만 나라의 필요에 따라서 상복을 벗고 벼슬자리에 나아간다는 의미다. 이순신은 4월에 모친상을 당했다.

　장군은 북쪽의 임금을 향해 숙배(肅拜)했다. 그러나 그의 수중에는 아무 것도 없었다. 적수공권(赤手空拳)의 절체절명 상황이었다. 늘 하듯이 먼 바다를 바라보면서 침묵을 지켰다. 눈물을 참을수록 억장이 무너졌다. 무엇보다도 다 무너진 수군의 재건이 시급했다.

35. 임진왜란은 종교전쟁이었다

 1592년 4월 13일 왜군 선봉장 고시니 유키나가(小西行長)는 1만 8000명의 병사를 이끌고 부산포에 기습상륙했다. 흰 비단에 붉은색 십자가가 그려진 깃발을 앞세우고 나타났다. 그것은 영락없는 중세의 십자군이었다. 그러나 조선에서는 그 깃발이 무엇을 뜻하는 것인지 아무도 몰랐다. 십자가 깃발을 앞세우고 전쟁에 나가는 것은 템플기 사단이나 프리메이슨들이 흔히 이용했던 전형적인 종교우월의 과시 전략이었다.

 제1군 대장이었던 고니시 유키나가(小西行長)는 독실한 천주교 신자였다. 1584년에 영세를 받은 고니시는 세례명이 아우구스티노이다. 그의 집안도 모두 천주교로 개종했다. 아버지의 세례명은 요나단, 어머니는 막달라, 대마도(對馬島) 성주 소 요시토시(宗義智)의 부인인 딸은 마리아였다.

 일본 최고의 지배자였던 오다 노부나(織田信長)가 1543년 일본 큐

슈(九州)에 상륙한 예수회(Jesuite) 신부 프란시스 사비에르(Francis Xavier)의 전도를 받고 천주교를 허용했다. 사비에르는 가고시마에서 전도활동을 펼쳤다. 그는 일본에 오기 전에 이그나티우스 로욜라 교황을 알현하고 교황청을 중심으로 세계 종교를 통합해야한다는 의견을 전달했고 승인을 받았다. 마침 마틴루터 등의 종교개혁으로 새로 생긴 프로테스탄트 개신교는 구태하고 부패한 천주교의 최대 경쟁적 관계로 떠올랐다. 천주교 가톨릭 예수회는 일본을 지명하고 개신교보다 먼저 선점(先占)전략을 펼치기 시작했다. 1543년 천주교 예수회 신부들이 탄 포르투갈의 선박은 일본으로 향했다. 예수회 창립 멤버 6인중 한 명인 프란시스 사비에르 신부는 일본 막부의 정치인, 군인, 상인들과 친분을 쌓았다. 그리고 포르투갈 상인을 통해 일본에 첨단 무기인 조총(鳥銃)을 전수했다. 오다 노부나가는 조총부대를 앞세워 일본통일을 꾀했다. 임진왜란이 끝난 1600년 일본 인구 2천500만명 중 60여만 명이 천주교신자가 되었다. 조선을 침략한 20여만의 왜군 가운데 상당수가 가톨릭신자이었다.

임진왜란 배후에 천주교 예수회가 있다는 가설을 증명하는 자료가 하나둘씩 나오고 있다. 천주교가 포교에 열을 올린 것은 캘빈, 루터 등이 종교개혁을 일으키자 불안한 나머지 서둘렀다는 배경 아래서이다.

선교사들은 비단 종교활동만 한 것이 아니었다. 서세동점(西勢東漸)의 상황에서 서양문물을 일본에 전해주는 역할을 했다. 세스페데스(Cespedes) 신부는 조선에 발을 들여놓기 전에 이미 도요토미 히데요시와 몇몇 장수들에게 조선침략에 대한 조언을 바쳤다. 오다 노부나가의 후계자로 일본을 통일한 히데요시는 예수회 신부들을 만나 "명과 조선을 정복하여 전역에 교회당을 세우고 그들 백성들을 천주교인으로 만들겠다."고 호언장담하면서 1592년 임진왜란을 일으켰다. 도요토미 히데요시는 조선침공 때 천주교 신자인 고니시 유키나가를 제1선봉장으로 앞세운 것도 우연한 일만이 아니었다.

실제로 고니시 유키나가(小西行長) 군대에 종군한 세스페데스 신부는 1592년 12월 27일 남해안 웅천 왜성(倭城)으로 들어옴으로써 조선 땅을 처음으로 밟은 서양인 사제(司祭)가 되었다. 조선에 전도를 시도하였으나 실패하였다. 그러나 포로로 끌려간 조선인들 가운데에는 천주교에 귀의한 자들이 다수 있었고 히데요시 이후 1611년 도쿠가와 이에야스(德川家康)의 천주교 박해 때에는 무려 21명의 조선인 천주교 신자가 순교하였다.

왜장 고니시가 거느린 장수도 대다수가 천주교인들이었다. 제3군

<그림31> 십자군 왜군
출처: KBS 드라마 <불멸의 이순신>

대장 구로다 나가마사((黑田長征), 고지마 쥰겐, 야마쿠사 다네모토, 소 요시토시 등이 모두 일본의 기리시단(吉利支丹 Christian)으로 잘 알려진 장수들이다.

십자가 군기(軍旗)를 앞세우고 조총으로 무장한 기리시단 부대가 조선을 침략한 왜군의 제1군이었다. 그동안 우리는 임진왜란 관련 영화나 드라마 등을 보면서 왜군 선발대가 십자군 깃발을 앞세운 사실에 대해서는 무심코 그냥 지나쳤다.

고니시 유키나가가 1592년 4월 13일 십자가 깃발을 휘날리며 부산에 들어온 장면을 류성룡(柳成龍)은 징비록에서 '왜선이 대마도에서 우리 바다로 오며 바다를 뒤덮듯 했다. 그 끝이 보이지 않을 정도였다.'고 서술했다.

개신교 선교사 귀츨라프의 항해기에서 "임진왜란 당시의 왜 장군들은 전부 그리고 사병들도 대부분이 천주교인이었다."라고 썼다. 또 블린클리는 부산에 상륙한 25만의 왜군 중 최소한 10% 이상이 천주교인이었다고 대영백과사전 일본인 역사 부분에 기록하고 있다.

예수회가 교황을 위해 충성을 다하는 조직이라는 사실을 안 도쿠가와 이에야스(德川家康)는 임진왜란이 끝난 후 1600년 일본 내에서 천주교인들을 씨를 말리기 시작했다. 이로써 260년간 계속된 기리시단의 박해로 천주교인 영주와 신자들이 반란을 일으켰으나 에도 막부시기에 조직적 학살로 이어져 박해가 끝난 19세기에는 2만 명으로 크게 줄었다.

예수회 루이스 프로이스는 오다 노부나가와 도요토미 히데요시를 만나며 30여년을 왜에서 체험하거나 전해들은 사실을 기록한 일본사(日本史)에서 조선을 '이교도(異教徒)'라고 기술했다. 그리고 "고니시는 성모(聖母)를 위해 전쟁을 승리로 이끄는 영웅, 도요토미는 하느님이 쓰시는 칼, 임진왜란을 하느님의 성전이라고 적었다." 그는 또 일본사(日本史)에서 "히데요시는 인물됨이 하찮았지만 신부들은 '하나님의 칼과 채찍'이라 꼬드겨 그들의 목적을 위해 이용했다. 왜란 때 제1군 선봉장 고니시는 세례를 받고 예수회를 광신하는 자였던 바 히데요시가 임진왜란 때 고니시를 제1군 선봉장으로 신임한 것은 예수회이기 때문이었다."고 서술하고 있다. 예수회의 조선 진출 야욕과 맞물려 임진왜란이 일어났다는 추정이 가능한 대목이다.

루이스는 다음과 같이 일본사를 맺는다.

> 이리하여 7년에 걸친 조선전쟁에 마침내 종지부를 찍게 되었다. 이 전쟁은 우리(왜인) 천주교도들의 커다란 노고와 비용 지출 위에 지속되어 왔던 것으로 천주교도 영주들에게는 자신의 영지를 안전하게 지켜낼 수 있다는 유리한 측면도 있다. (중략) 하느님은 진실로 선하신 분이므로 성스러운 주님의 영광을 위해, 예수 그리스도의 십자가의 적들로부터 얻을 수 있는 거대한 승리에 관한 가장 기쁜 소식을 이제 머지않아 접하게 될 것으로 믿는다. 1598년 10월 3일 나가사키에서. 성스러운 주 하느님의 심부름꾼이.

가톨릭 예수회의 열렬한 신자였던 고니시와 쌍벽을 이루며 불구대천의 앙숙(怏宿)처럼 지냈던 가토 기요마사(加藤淸正)는 불교신자였다. 가토는 일연종(日蓮宗) 즉 법화종(法華宗)의 신도였다. 제1 선봉대인 고니시의 군대가 십자가를 내세웠다면 제2군 가토의 군사들은 남묘호렝게교(南無妙法蓮花經 나무묘법연화경)란 치(幟 깃발)를 앞세워 조선침공을 했다. 가토 휘하의 군사들은 어깨에 나무묘법연화경(南無

妙法蓮花經)이라는 띠를 맺다. 이처럼 두 사람은 서로 믿는 종교가 다른 이교(異敎) 사상으로 사사건건 배척하고 반목질시하면서 경쟁했다.

1588년 도요토미 히데요시(豊臣秀吉)는 일본을 통일 한 후 규슈 북쪽 옥토(沃土)인 구마모토(熊本)를 가토에게, 남쪽 지역의 우또(于土)성과 그 인근지역을 고니시에게 하사했다. 가토는 쌀 수확이 25만 석이나 되는 영주가 됐으나 고니시의 영지는 거의 산지(山地)이고 천초도(天草島)라는 기독교인의 섬이 있었다. 임진왜란 때 도요토미 히데요시는 견원지간(犬猿之間)의 두 장수의 경쟁적 야심을 잘 이용해 조선 한양 선점(先占)과 선조를 포로로 잡아오기를 부추겼다.

도요토미 히데요시가 병사(病死)한 이후 1600년 9월 15일 도쿠가와 이에야스(德川家康)의 동군(東軍)과 풍신수길측의 서군(西軍)이 세키가하라(關原) 전투에서 맞붙었을 때 가토는 동군에 고니시는 서군에 가담해 서로 다른 길을 택했다. 결국 도쿠가와의 동군이 승리하자 패장인 된 고니시는 목을 내놓아야 했다. 당시 관례대로 할복을 해야 했지만 기리시단 (基督敎) 신자로서 할복자살을 택하지 않았다. 대신 10월 1일 교토(京都)에서 천적(天敵)이었던 가토에게 참수당했다. 가토는 그 후 규슈의 구마모토(熊本) 성의 영주로서 1611년 50세로 졸(卒)할 때까지 떵떵거리며 살았다. 승자였던 그는 메이지(明治)시대에는 일본국민의 숭배대상이었으나 고니시는 이름조차 잊혀지고 말았다.

제3군 수장인 구로다 나가마사(黑田長征) 역시 천주교 신자였다. 그는 조선 땅에서 5천500개의 코를 베었다. 초창기에는 칼로 벤 머리(首級)를 챙기기에 급급했으나 정유재란 때 히데요시의 명령에 의해 수급 대신 코와 귀 베기가 자행되었다. 왜군 1명당 코 한 되씩의 책임량

을 할당받자 산 자와 죽은 자, 남녀노소를 불문하고 귀와 코를 베어
소금에 절여 일본으로 보냈다. 심지어 산모와 갓난아기의 코까지 베
었다.

징비록의 기록이다.

> 이 때에 적이 3도를 짓밟아 지나가는 곳마다 여사(廬舍)를 모두
> 불태우고 백성을 살육하였으니 무릇 조선사람을 보기만 하면
> 모조리 코를 베어서 공(功)으로 삼고 겸하여 시위하였다.

'왜(倭) 십자군'은 조선에서 야만적 죄악을 저질렀다. 진주성이 함
락되자 남은 군관민 6만 명의 코와 귀를 벤 다음 창고에 넣어 불태워
죽였다.

1614년(광해군6)에 이수광(李睟光)이 펴낸 최초의 백과사전인 지봉
유설(芝峯類說)에는 "조선시골 장날 장터에는 왜병들이 산 사람의 코
를 잘랐기 때문에 흰 천으로 얼굴을 가린 코 없는 사람이 많았다."고
기술하고 있다.

종군승려 교낸(慶念)의 조선일일기(朝鮮日日記)에 따르면,

> 역사상 이처럼 참혹한 전쟁이 없었다. 약탈과 살육 후 이들은
> 집에 불을 지르니 검붉게 타오르는 불꽃과 검은 연기가 하늘을
> 뒤덮고 조선사람들의 울부짖는 소리가 온 마을을 뒤덮었다. 산
> 사람, 죽은 사람, 어린아이 노인, 여자 할 것 없이 닥치는 대로
> 귀를 자르고 코를 베니 길바닥은 온통 피바다가 되었다. 귀와
> 코를 잘려 피투성이가 된 사람들의 울부짖는 소리에 산천을 진
> 동했다. 이들은 조선사람들의 머리, 코, 귀를 대바구니에 담아
> 허리춤에 차고 다니면서 사냥했다.

아비규환(阿鼻叫喚), 생지옥이 따로 없었다. 전쟁이 끝난 뒤 왜장 오오고우치 히데모토(大河內秀元)는 귀와 코가 잘린 자가 18만 명으로 기록하고 있으나 한일역사교사 공동연구팀은 코 수령증(鼻請取狀) 즉 군공증(軍功証)을 계산한 결과 약 12만명으로 보고 있다.

일본 JR 교토역에서 동쪽으로 얼마되지 않는 히가시야마 시치죠 (東山七條) 부근 도요토미 히데요시의 위패가 안치된 풍신신사(豊國神社)가 있다. 그 정문 앞에 조그만 봉분이 귀무덤, 즉 이총(耳塚)이다. 이 무덤은 히데요시가 죽기 얼마 전인 1597년 9월 28일 조선출병에서 전승과 자신의 영광을 기리기 위해 만든 것이다. 전쟁이 끝난 뒤 조선과의 화의를 시도하던 도쿠가와 이에야스 시대에는 조선통신사가 오면 반드시 이총에 들러 무덤 앞에서 향을 피우고 제향(祭享)하여 죽은 이들의 넋을 위로하도록 했다. 1898년 도요토미 히데요시 탄생 300주년이 되는 해 거국적인 축제가 벌어졌는데 이 귀무덤은 히데요시의 혼이 깃든 전승 기념물로서 '성덕(聖德)의 유물'로 찬양되었다.

'원수를 사랑하라.'는 기독교의 박애(博愛)정신과 중생을 제도(濟度)하려는 석가모니의 자비(慈悲)가 전쟁의 도구로 이용됐을 때 그 얼마나 허망하며 그 결과는 전혀 예측할 수 없는 대재앙(大災殃)이 될 수밖에 없다는 사실을 역사는 여실히 보여주고 있다.

36. 임진왜란은 노예전쟁이다

임진왜란은 1592년 음력 4월 13일 왜군의 부산포 기습상륙으로부터 1598년 11월 왜군이 울산왜성(가토 기요마사)과 순천왜성(고니시 유키나가)에서 철군할 때까지의 7년 전쟁을 말한다. 임진왜란의 역사적 의미는 다양한 해석이 가능하겠지만 역사상 유례없는 노예전쟁이라고 말하는데 이의를 달 사람은 없을 것이다.

즉 임진왜란은 왜군의 영토 확장의 성격을 띠기보다는 인적 수탈에 더 많은 무게를 둔 전쟁이었다. 그들의 군사편제와 전략을 살펴보면 이러한 사실은 더욱 분명해진다.

일본은 조선 침공 전에 이미 군사편제를 전투부대와 특수부대로 이원화하여 효율적으로 전쟁을 수행하였다. 3개의 편대로 나누어진 전투부대는 속전속결(速戰速決)로 북진하여 점령지를 확대하였고, 특수부대는 후방에서 전투 병력과는 별도의 임무를 수행하였다. 즉 도서부, 금속부, 공예부, 포로부, 보물부, 축부으로 짜여진 6개 특수부대는 조선의 인적, 물적자원을 약탈하여 일본으로 수송하는 것이 그 주된 임무였다. 도서부는 조선의 서적을, 공예부는 자기류를 비롯한 각종의 공예품을, 포로부는 조선의 학자, 관리 및 목공, 직공, 토공 등 장인(匠人)과 노동력을 가진 젊은 남녀의 납치를, 금속부는 조선의 병기, 금속활자를, 보물부는 금은보화와 진기한 물품들을, 축부는 조선의 가축을 포획하는 일을 수행하였다.

여기서는 노예전쟁의 희생양이 된 조선인 포로들을 다루려 한다. 피로인(被虜人)은 일본으로 끌려간 노예를 말한다. 노예로 끌려간 조선인은 약 10만여 명으로 추산되는데 규슈 남단 가고시마(鹿兒島)에 상륙한 노예만 해도 3만700여 명으로 기록된다.

1597년 정유재란 때 참전한 일본 규슈 안요지(安養寺) 주지 교낸(慶念)이 쓴 종군 일기 '조선일일기(朝鮮日日記)'에는 당시의 참상(慘狀)이 적나라하게 담겨져 있다. 종군승(從軍僧) 교낸은 당시 일본사람들에게 적국(赤國)이라 불리던 전라도에 속했던 진주와 하동, 전주 그리고 경상도 울산, 부산포 등 지역을 주로 다녔다.

'11월 19일 울산에는 일본에서 건너온 노예상인들이 있었는데 이들은 본진의 뒤를 따라 다니면서 남녀노소를 가리지 않고 돈을 주고 사서 줄로 목을 묶어 오리처럼 몰고 앞으로 가는데 잘 걷지 못하면 몽둥이로 패면서 몰아세우거나 뛰게 하였다.'

왜군들이 약탈, 살육, 방화하고 있는 마을에 온 일본 노예상인들은 왜장(倭將)에게 돈을 주고 조선인을 사냥하여 노예로 끌고 가는 인신매매꾼들이었다. 규슈 나고야조(名護屋城)로 가는 길목에 있는 부산포는 노예사냥꾼과 조선인 노예들이 득실거리는 노예시장이 연일 벌어졌다.

일본인 승려 교낸은 최소한 종교적 양심을 가진 자로서 조선의 참상을 애석하게 바라봤다.

> 지옥의 아방(阿防)이 사자(死者) 죄인을 다루는 것 같구나! 낮에 길에서 돌아다니는 젊은 조선남자는 무사들에게 붙잡혀서 개처럼 목에 줄을 매어 노예상인에게 팔려갔다. 이들 노예들은 다시 원숭이처럼 목에 줄을 연이어 매어 줄 끝을 말이나 소달구지 뒤에 연결하고 뒤따라가게 하였다. 이때 노예는 무거운 짐을 지거나 이고 소달구지에는 봉래산(蓬萊山)과 같이 짐을 가득 실었다. 이들이 배가 정박하고 있는 부두 내부 깊숙이 들어가 도착하면 소는 바로 죽여 가죽을 벗기고 잡아먹었다.

건장한 젊은 장정(壯丁)들과 아리따운 여인네들은 노예시장에서 몸값이 더 올랐는데 멀리는 유럽까지 팔려나갔다. 특히 일본 규슈에서 온 왜장과 상인들이 열중하였는데 진중의 왜장은 40냥을 받고 포로로 잡은 조선 남녀를 일본 상인에게 매매하였고 미녀는 30냥을 더 받았다고 한다. 정유재란 때 왜군과 일본 노예상인에 의해서 일본에 붙잡혀간 피로인은 거의 다 하삼도(경상, 충청, 전라도) 사람들로서 왜란 초기인 임진왜란 때의 10배가 되었다. 이들은 일본 농민 대신에 농사를 짓거나 동남아시아 노예로 팔려갔다. 이때 조선 노예들은 네덜란드 동인도회사에서 대부분 사갔다. 네덜란드 동인도회사는 일본에 서양제 화승총(火繩銃)을 전해준 대가로 노예를 독점하다시피 했다. 이 노예들은 유럽전역의 수도원 농장으로 팔려갔다.

조선인 노예는 일인당 2.4scudo(스쿠도, 포르투갈 화폐단위로 쌀 두 가마 해당)로서 포르투갈령 마카오에서 다시 유럽으로 가서 전 세계로 팔려 나갔다. 심지어 이탈리아 피렌체까지 간 노예도 있었다. 이

즈음 이탈리아 피렌체 출신 카를레티 신부는 일본 여행 중 단돈 1 스쿠디에 조선인 노예 5명을 샀다. 인도 고아로 데리고 갔다가 4명은 그곳에서 풀어주고 한 명만 피렌체로 데리고 갔다. 그 이름이 안토니오 코레아(Antonio Corea)다. 화가 루벤스는 이 낯선 이국인을 그렸고 '한복을 입은 남자'라고 이름지었다. 이 작품은 1997년 미국 석유재벌 폴게티가 127억원에 사들여 LA 폴게티 박물관에 전시되어 있다. 한 조선인 남자는 본의 아니게 전쟁이란 격랑(激浪)에 휘말려 망망대해 조류를 타고 지구 저편까지 실려 갔다. 그리고 다시 그림 속 남자로 이국(異國) 박물관에 박제(剝製)되어 나타난 것이다.

이때 아프리카 흑인노예가 1인당 170 scudo인 것에 비하면 조선인 노예값은 터무니없는 가격으로 당시 국제 노예 값의 폭락을 가져왔다. 그 수는 6만으로 보고 있으며 덤핑 투매현상이 일어난 것이다. 참고로 아프리카에서 백인들이 흑인노예를 사고 팔 때는 여자는 처녀이어야 하고 젊은 남자는 거세되었다.

포르투갈 신부 루이스 프로이스의 '일본사(日本史)'에 나오는 한국 여인에 대한 언급이다.

요새(要塞)에는 대략 300여개의 방이 있다. 일본 병사들로부터 겁탈을 피하기 위해 귀족 여인들 중 몇몇은 주전자와 냄비 밑에 붙어있는 숯검정으로 얼굴에 먹칠을 해서 자신들의 아름다움을 감추었다. 또 일부는 그들이 포위당했을 때 높은 하늘을 향해 고통스럽게 울부짖고 고래고래 소리를 질렀다. 귀족들의 자녀들은 모친의 교육에 따라 절름발이 행세를 하거나 입이 돌아간 척 했는데 마치 불구자인양 위장하기 위해서였다.

또한 조선 여인들은 남장(男裝)을 하거나 노파(老婆)로 위장하여 자

신들의 정절(貞節)과 자식을 보호하기 위한 눈물겨운 노력을 한 사실
도 기록해놓았다.

왜군에게 잡혀 일본에서 포로 생활을 하다가 가까스로 돌아온 수
은(睡隱) 강항(姜沆 1567~1618)은 간양록(看羊錄)에서 다음과 같이 밝
히고 있다.

> 그곳(전남)에는 전선 6~7백 척이 수리에 걸쳐 가득 차있었고
> 그 배에는 조선 남녀와 왜병이 반반씩 있었다. 배마다 조선 포
> 로들의 통곡과 절규의 소리는 바다와 산을 진동시켰다.

잡혀간 남녀 포로는 주로 규슈 지방을 중심으로 하여 일본 전역에
분산시켰는데 이 중 학자나 공예가들은 관작과 녹봉, 토지를 주어 대
우했다. 공예 중에서도 일본에 큰 영향을 준 것은 도자기 제작 기술
이다. 당시 다도(茶道)를 숭상했던 일본은 다기(茶器)의 대부분을 중
국과 조선으로부터 수입했기 때문에 이를 보완하기 위해 포로로 잡
은 도공(陶工)들로 하여금 자기를 제작하도록 했다.

남해안의 일본왜성을 축조할 때 조선사람을 포로로 수용하여 동원
한 것은 이미 알려진 사실이다. 웅천왜성 축성에 동원된 조선사람들
가운데 남녀 120명은 나중에 일본으로 강제로 끌려갔다. 일본 히라도
죠(平戶城)의 코오라이마찌(高麗町)에 모여살게 되었다. 일본인들은
이 코오라이마찌를 도오진죠(唐人町)라고 했다. 당인(唐人)은 조선인
을 말하며 '마록야랑(馬鹿野郎)', 즉 말과 사슴도 구별 못하는 '멍청한
놈', '바보자식'이란 비하한 의미를 가지고 있다.

일본으로 잡혀간 조선 포로들은 크게 세 가지 형태의 삶을 살았다.
첫째 일본에 남아 영구히 거주한 경우다. 이는 일본인의 방해로 조선

으로의 송환의 기회를 얻지
못했거나 일본인과 결혼하여
자식을 낳고 살게 되었던 경
우로서 대부분의 포로들은 이
에 해당했다.

둘째 왜군 장수와 상인이
결탁하여 조선인을 포로로 잡
아 노예로 팔아버린 경우다.
일본상인들은 조선인 포로들
을 다시 포르투갈 노예상인
들에게 팔아 넘겼다. 이들은

<그림 32> 간양록을 지은 강항
출처: 영광 내산서원

처음부터 노예사냥을 목적으로 조선에 출정해서 남녀노소를 막론하
고 사로잡아 나가사키(長崎)로 끌고 간 뒤 포르투갈 상인과 총, 비단
등으로 교환했다. 당시 조선인 납치 매매실상이 어떠했는지는, 일본
과 마카오 관할 천주교 교구의 주재 신부였던 루이스 세르꾸에이라
(Luis Cerqueira)가 1598년 9월 4일에 쓴 글을 통해 살펴볼 수 있다.

'배가 들어오는 항구인 나가사키에 인접한 곳의 많은 일본인들은
포로를 사려는 포르투갈 사람들을 위해 조선사람들을 찾아서 일본의
여러 지역으로 돌아다녔을 뿐만 아니라, 조선인이 이미 잡혀 있는 지
역에서 그들을 구매하는 한편 조선인들을 포획하기 위하여 조선으로
갔다. 그리고 일본인들은 포획과정에서 많은 사람들을 잔인하게 죽였
고, 중국배에서 이들을 포르투갈 상인들에게 팔았다.'

셋째 포로 송환의 임무를 맡은 관리였던 포로 쇄환사(刷還使)들을
통하거나 탈출을 감행하여 조선으로 귀환하게 된 경우이다. 이들 가

운데는 여러 번 탈출을 시도하다 실패하여 목숨을 잃은 경우도 있었으며, 상소를 써서 일본의 정세를 본국에 알리려고 남다른 노력을 기울인 이들도 있었다. '간양록(看羊錄)'을 남긴 강항(姜沆)이 대표적인 인물이다.

강항은 조선의 관리이자 독서를 즐기며 글과 그림에 능한 조선의 선비로서 후지와라(藤原惺窩)와 아카마쓰(赤松廣通 斎村政広) 등과 교유하면서 그들에게 주자학을 전파했다.

포로가 된 그의 신세는 '외로운 양치기(看羊)'와 다를 바 없었다. 강항의 간양록은 역사드라마 작가 신봉승 선생이 작사를 했고 가왕(歌王) 조용필이 노래를 불러 다시 살아났다.

> 이국땅 삼경이면 밤마다 찬서리고
> 어버이 한숨 쉬는 새벽달 일세
> 마음은 바람 따라 고향으로 가는데
> 선영 뒷산의 잡초는 누가 뜯으리
> 어야어야어야 어야 어~~야
> 어야어야어야 어야어야
> 피눈물로 한 줄 한 줄 간양록을 적으니
> 님 그린 뜻 바다 되어 하늘에 달을 세라
> 어야어야어야 어야 어~~야

37. 이순신을 사랑한 사람들

지금도 하고 있을까. 해병대를 전역한 예비역 해병들은 대한민국 중심 광화문 이순신 장군 동상 앞에서 전역신고를 한다. 대개 군 생활을 마치면 '지긋지긋한' 그쪽을 보고 실례도 안 한다고들 하는데 이들은 전국 각지에서 모여서 군생활의 마지막 피날레를 장식한다. 400여 년 막강한 왜적(倭敵)을 막아낸 장군의 불굴의 투지를 다시금 되새기는 젊은 해병들의 불타는 애국심! 가히 '충무공(忠武公)의 후예(後裔)'라 하지 않을 수 없다.

1592~1598년 임진왜란, 정유재란이 조선, 일본, 명나라 그리고 여진(후금, 청나라) 등 4개국의 세력균형을 무너지면서 일어났던 국제전이었는데 지금도 그 형세는 여전하다. 한반도는 지정학적(地政學的)으로 보면 주변국가에 고립되어 있는 형상이다. 100여 년 구한말때는 물론이고 오늘날도 주변 강대국(중국, 러시아, 일본, 미국)들은 작은 한반도를 둘러싸고 세력다툼을 벌이고 있는 중이다.

그렇다면 우리는 운명을 어떻게 바꿔나가야 할까.

지난 1년 동안 이순신 장군의 집필을 준비하면서 얻은 사실 하나는 '난세(亂世)는 영웅(英雄)을 탄생시킨다.'는 것이다. 그런데 이 대목에서 요즘 같은 시대에 걸출한 영웅 한 명이 나오지 않는 걸 보니 분명 난세는 아닌 것 같다.

경세가(經世家)입네 하는 자들의 올망졸망한 요설(饒舌)이 판을 치는 어지러운 시대다.

장군은 여전히 광화문 광장에서 시대의 파수꾼으로 나라의 불침번(不寢番)으로서 그 임무를 묵묵히 수행하고 있다. 그것을 바라보는 것만으로 한 가닥 위안과 희망을 얻을 수 있음은 행운 그 자체일 것이다.

그런 장군에 대한 후일담을 다시 들어본다.

장군과 애증(愛憎)이 교차했던 조선 14대 왕 선조는 "나는 그대를 버렸건만 그대는 나를 버리지 않았다."고 말했다.

이어 조선 19대 숙종은 "절개에 죽는다는 말은 예부터 있지마는 제 몸 죽고 나라 살린 것 이 분에게서 처음 보네."라는 소감을 밝혔다.

조선 22대 정조대왕은 200여 년 동안 역사 속에 묻혀있던 이순신(李舜臣)이란 이름 세 자를 세상에 꺼내놓은 주인공이다. 아버지 사도세자의 끔찍한 비극을 목도(目睹)했던 정조는 여전히 당파싸움에만 몰입하는 대소 신료들을 견제하면서 왕권을 강화해야 했다. 또 아버지 사도세자의 명예를 찾아주어야 했다. 파당으로 흐트러진 조정의 의견을 한 군데로 모아 진충보국(盡忠報國)에 힘을 쏟아야 했다. 그 표상으로 이순신 장군을 택한 것이다.

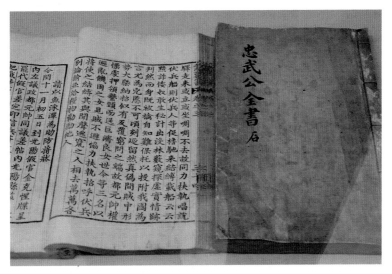

<그림 33> 이충무공전서(李忠武公全書)
출처: 현충사

내 선조께서 나라를 다시 일으킨 공로에 기초가 된 것은 오직
충무공 한 분의 힘, 바로 그것에 의함이라. 내 이제 충무공에게
특별한 비명을 짓지 않고 누구 비명을 쓴다 하랴. 당나라 사직
을 안정시킨 이성과 한나라 왕실을 회복시킨 제갈량을 합한 분
이 충무공이다.

정조는 1792년 '이충무공전서(李忠武公全書)'의 발간을 지시했다.
그리고 내탕금(內帑金 왕의 사적 금고)을 내서 발간비용을 지원한 결
과 1795년 마침내 이충무공전서가 발간되었다. 정조는 1793년 이순신
장군을 영의정으로 추증했다. 1794년에는 대신들의 만류에도 불구하
고 왕이 직접 지은 어제신도비를 세웠다. 또한 치제문을 직접 지어
통영 충렬사에서 제사하게 했다.

정조의 현양(顯揚)사업 못잖게 이순신 장군을 세상에 다시 부활시

<그림 34> 박정희 전 대통령 부부 현충사 방문

킨 사람이 박정희 전 대통령이다. 이순신 장군의 현창(顯彰)사업을
1965년부터 시작했다. 정치판은 엉망진창이고 보릿고개에 먹고살기
도 힘든 나라에서 부국강병(富國強兵)은 반드시 이뤄야할 절체절명의
시대적 과제였다. 멸사봉공(滅私奉公), 선공후사(先公後私), 애민(愛民)
과 창의(創意)정신을 가진 이순신 장군의 경세가적 정신 고양이 절대
필요했다.

박 전 대통령은 일사분란하게 이순신 장군 현창에 힘을 기울였다.
1965년 4월 22일 남해 충렬사 경내 이순신장군 가묘 옆에 기념 식수
(植樹)를 시작으로 노량해전의 전사지인 관음포 이락사내에 친필휘호
인 대성운해(大星隕海) 현판을 걸었다. 대성운해는 '큰 별이 바다에
떨어진다'는 뜻이다. 이어 1967년에는 1706년 (숙종 32)에 세워진 아
산 생가터의 조그만 사당인 현충사를 대대적으로 보수해 오늘날의

면모로 갖춰놓았다. 그리고 1968년 4월 27일 광화문에 장군의 동상을 세워 국가수호 지킴이로서 역할을 형상화시켰다.

　임진왜란 7년 내내 이순신 장군의 활약상을 묵묵히 지켜봤던 우의정 이항복(李恒福)은 충민사기(忠愍祠記)에서 이순신의 말을 다음과 같이 기록했다.

　　丈夫出世 用則效死以忠(장부출세 용즉효사이충)
　　　장부로 태어나 세상에서 나라에 쓰이면 최선을 다할 것이며
　　不用則耕野足矣 若取媚權貴(불용즉경야족의 약취미권귀)
　　　쓰이지 않는다면 농사짓는 것으로 충분하다. 권세와 부귀에 아첨하여
　　以竊 時之榮 吾甚恥之(이절 시지영 오심치지)
　　　한때 이(권세와 부귀)를 도둑질하여 일시적으로 영화를 누리는 것은 내가 가장 부끄러워하는 것이다.

　명나라 지휘관들의 갑(甲)질은 유명했지만 점차 이순신의 진면목을 보고는 생각을 달리했다. 명수장(明首將) 경리(經理) 양호(楊鎬)는 1598년 4월 선조에게 다음과 같이 말했다.

　　경리분부왈(經理分付曰)
　　　양호가 말하기를
　　이순신용력살적(李舜臣用力殺賊)
　　　이순신이 그처럼 전력을 다해 왜적을 참살하니
　　이차아심가희(以此我甚嘉喜)
　　　나는 이를 매우 가상히 여겨 기쁘게 생각하고 있다
　　급속장상고무(急速獎賞鼓舞)
　　　급히 명황제 포상을 요청하고 사기를 고무시킬 것이다.

　1598년 11월 19일 노량해전에서 이순신 장군이 전사하기 전 명수

<그림 35> 충렬사 현판, 보천욕일(補天浴日)

군(明水軍) 도독(都督) 진린(陳隣)은 명나라 신종황제에게 한 통의 편지를 올렸다.

> 황제 폐하 이곳 조선에서 전란이 끝나면 조선의 왕에게 명을 내리시어 조선국 통제사 이순신을 요동으로 오라 하게 하소서. 신(臣)이 본 이순신은 그 지략이 매우 뛰어날 뿐만 아니라 그 성품과 또한 장수로 지녀야할 품덕을 고루 지닌 바 만일 조선 수군통제사 이순신을 황제 폐하께서 귀히 여기신다면 우리 명국(明國)의 화근인 저 오랑캐(훗날 청나라)를 견제할 수 있을 뿐 아니라, 저 오랑캐의 땅 모두를 우리 국토로 귀속시킬 수 있을 것이옵니다.

진린은 고금도에 진을 쳤을 당시엔 이순신 장군에게 온갖 횡포를 부렸지만 1598년 11월 노량해전 때 장군의 지략가(智略家)적인 모습을 보고는 선조에게 다음과 같이 칭송하는 말을 전했다. 욕일보천지공(浴日補天之功), 즉 해를 목욕시키고 구멍 난 하늘을 깁는 재주와 지혜를 가졌다고 극찬을 한 것이다. 그 욕일보천(浴日補天)의 글씨 현판이 남해 충렬사에 걸려있다.

진린의 청에 의해 명황제는 이순신 장군에게 팔사품(八賜品)과 수군도독(水軍都督) 임명장을 내렸다. 그러나 장군이 이미 이 세상 사람이 아니었다.

또 다른 평가가 이어진다. 이순신 장군의 평생 멘토였던 영의정 류성룡(柳成龍)은 말한다.

이순신은 사람됨이 말과 웃음이 적고 단아한 용모에다 마음을 닦고 삼가는 선비와 같았으며 속에 담력과 용기가 있어서 자신의 몸을 돌보지 아니하고 나라를 위하여 목숨을 바쳤으니, 이는 곧 그가 평소에 이러한 바탕을 쌓아온 때문이었다. 그의 형님 이희신(李羲臣)과 이요신(李堯臣)은 둘 다 먼저 죽었으므로, 이순신은 그들이 남겨놓은 자녀들을 자신의 아들딸처럼 길렀으며, 무릇 시집보내고 장가들이는 일은 반드시 조카들을 먼저 한 뒤에야 자기 아들딸을 보냈다. 이순신은 재주는 있었으나, 운수가 없어서 백가지 경륜 가운데서 한 가지도 뜻대로 베풀지 못하고 죽었다. 아아. 애석한 일이로다.

한산도 전투에서 이순신장군에게 크게 패했던 왜수군 장수 와키자카 야스하루(脇坂安治)는 다음과 같은 기록을 남겼다.

내가 제일로 두려워하는 사람은 이순신이며, 가장 미운사람도 이순신이며, 가장 좋아하는 사람도 이순신이며, 가장 흠모하고 숭상하는 사람도 이순신이며, 가장 죽이고 싶은 사람 시 이순신이며, 가장 차를 함께 하고 싶은 이도 바로 이순신이다.

와키자카 야스하루의 후손들은 지금도 한산대첩 기념행사 때마다 그곳을 찾는 것으로 알려져 있다. 다음은 세계인들의 평가이다. 영국 해군준장, 조지 알렉산더 발라드의 평이다.

이순신은 서양 사학자들에게 잘 알려지지 않고 있다. 이순신은 전략적 상황을 널리 파악하고 해군전술의 비상한 기술을 가지고 전쟁의 유일한 참 정신인 불굴의 공격원칙에 의하여 항상 고무된 통솔원칙을 겸비하고 있었다. 그의 맹렬한 공격은 절대로 맹목적인 모험이 아니었다. 영국인에게 넬슨(Nelson 1758-1805)과 견줄 수 있는 해군제독이 있다는 사실을 시인하기는 힘든 일이지만 이순신이 동양의 위대한 해군사령관이라는 것은 틀림없는 일이다.

1905년 러일전쟁 전승 축하연에서 일본 해군제독 도고 헤이하치로(東鄕平八郎)는 인터뷰하던 미국기자에게 "나를 넬슨에 비하는 것은 가하나 이순신에게 비하는 것은 감당 할 수 없는 일이다. 나는 이순신의 하사관정도밖에 되지 않는다. 그는 10분의 1 전력을 가지고 명량(鳴梁)에서 승리한 장군이다."고 추앙했다.

또한 일본 해군준장 사토 데쯔라로는 다음과 같이 말했다.

예부터 장군으로서 묘법을 다한 자는 한둘에 그치지 않는다. 해군장군으로서 이를 살펴보면 동양에서는 한국의 이순신, 서양에서는 영국의 넬슨을 들지 않을 수 없다. 불행히도 이순신은 조선에 태어났기 때문에 서양에 전하지 못하고 있지만 임진왜란의 문헌을 보면 실로 훌륭한 해군장군이다. 서양에서 이에 필적할 자를 찾는 다면 네덜란드의 루이터 미첼(Ruyter Michiel 1607-1678) 이상이 되어야 한다. 넬슨과 같은 사람은 그 인격에 있어서도 도저히 어깨를 견줄 수가 없다. 장군(이순신)의 위대한 인격, 뛰어난 전략, 천재적 창의력, 외교적인 수완 등은 이 세상 어디에서도 그 짝을 찾을 수 없는 절세의 명장으로, 자랑으로 삼는 바이다.

"이순신의 죽음은 마치 넬슨의 죽음과 같다. 그는 이기고 죽었으며 죽고 이기었다."라는 일본의 석학(碩學) 토쿠토미 테이이찌로의 말처럼 나라의 안위가 위태로울 때마다 장군은 부활(復活)했다.

류성룡은 징비록(懲毖錄)에서 다음처럼 징비를 정의했다.

예기징이비후환(豫其懲而毖後患)
　　미리 징계하여 후환을 경계하고
지행병진(知行竝進)
　　알면 행하여야 한다
즉 유비무환(卽 有備無患)
　　그것이 곧 유비무환 정신이다

필사즉생(必死卽生)으로 살신성인(殺身成仁)을 이룬 이순신 장군의 유비무환(有備無患) 정신은 류성룡 대감의 징비(懲毖) 정신과 일맥상통한다. 따라서 두 사람의 만남은 위대했고 평생 교분은 가히 '천년 의리'라고 말하지 않을 수 없다.

38. 勝者(승자)와 敗者(패자)

1592년 임진왜란(壬辰倭亂)과 1597년 정유재란(丁酉再亂)을 일으킨 7년 전쟁의 왜군 총지휘관인 토요토미 히데요시(豊信秀吉1536~1598년)는 우리에게는 당연히 불구대천(不俱戴天)의 원수(怨讐)이다. 하지만 그는 1905년 을사늑약을 성사시켜 1910년 한일합방의 토대를 닦은 이토 히로부미(伊藤博文)와 함께 일본 최고의 영웅으로 숭앙받는 인물이다. 이토 히로부미가 1909년 10월 26일 하얼빈 역에서 안중근(安重根) 의사(義士)에게 저격당해 숨진 것처럼 토요토미 히데요시도 이순신(李舜臣)에 의해 7년 내내 '괴로움'을 당하다가 병사(病死)하고 말았다.

조선을 빌려 명나라를 치겠다는 히데요시의 정명가도(征明假道) 꿈은 한낱 물거품이 되고 말았다. 대신 명나라와 일본 사이의 다리가 되었던 조선반도는 시체가 산을 이루고 피바다가 된 시산혈해(屍山血海) 대참극의 무대가 되었다.

<그림 36> 나고야 박물관의 도요토미 히데요시 좌상

만고(萬古)의 역사를 보더라도 가까이 있는 나라치고 원수(怨讐)가 되지 않은 나라가 없었다. 또 측근에 의해서 비극적인 삶을 마감한 영웅들도 헤아릴 수가 없다.

7년 동안의 왜란에서 승자는 누구이고 패자는 누구일까.

하시바 히데요시(羽柴秀吉)는 1585년 천황으로부터 관백(關白), 1586년에는 풍신(豊臣)이라는 성(姓)을 하사받고 1587년 규슈 정벌을 끝으로 일본 전국을 통일했다. 토요토미 히데요시는 1588년 교토(京都)의 새 저택인 주라끄테이(聚樂第)에서 전국 다이묘(大名 영주)들과 함께 천황에게 충성맹세를 했다. 그는 스스로 천황(태양)의 신하라는 뜻에서 '태양의 아들'이라고 칭했다.

히데요시는 유교나 불교보다 신도(神道)가 우월하다고 했고 신사(神社)를 중요시 하였다. 그래서 유럽에서 전파된 기독교가 발붙일 땅이 없었다. 칼을 찬 무사 한 사람이라도 어딜 가나 신사를 세우고 신국의 정신이 붉은 태양처럼 세상에 널리 뻗어갈 것을 굳게 믿었다.

'신국인(神國人) 절대 우위론'이나 '일본 절대 불패론(不敗論)' 등은 신도 우위사상에서 비롯된다. 그의 이와 같은 생각은 대륙정벌론(大陸征伐論)이나 정한론(征韓論)으로 구체화되었다. 임진왜란만 하더라도 '명나라를 치러 갈 테니 조선은 길을 빌려달라.'(征明假道) 명분을 세웠다. 그러나 약육강식(弱肉強食)의 정글링 법칙대로 약한 조선을 먼저 삼킨 후 명나라와의 일전은 기회를 보아서 한다는 속셈이 있었다. 정한론자들은 끊임없이 조선을 호시탐탐(虎視耽耽) 노렸다.

도요토미 히데요시가 대륙침공의 야욕을 구체적으로 드러낸 것은 1585년경부터였다. 1587년 일본 국내통일의 마지막 단계에 이르러 규슈(九州) 정벌을 끝마치고 대마도주(對馬島主)인 소 요시토시(宗義智)에게 조선 침공의 뜻을 표명했다. 그러나 조선사정에 밝은 소 요시토시는 이 계획이 무모한 것을 알고 조선이 통신사를 파견해줄 것을 건의했다. 소 요시토시는 자신의 가신(家臣)인 다치바나 야스히로(橘康廣)를 일본 국왕사(國王使)로 하여 1587년 조선으로 파견해 일본 국내 사정의 변화를 설명하고 통신사의 파견을 요청했다. 그러나 일본 사신이 부산에 도착하였을 때 서계(書契)의 서사(書辭)가 종래와 달리 오만불손하다고 해서 조정에서는 상종 못할 오랑캐로 취급해버렸다.

이즈음 충북 옥천에서 은거해 있던 중봉 조헌(趙憲)은 왜란 전 일본 사신이 와서 명나라를 칠 테니 길을 비켜달라고 떼를 쓴다는 사실에 분개해 도끼를 들고 한양 대궐문 앞에서 부복(仆伏)하며 상소문을 올렸다. 일본 사신을 베어 죽여야 하고 일본을 정벌해야 한다는 주장이었다. 선조에게 상소를 받아들이지 않으려면 자신을 도끼로 찍어달라는 극한 표현이었다. 이를 지부상소(指斧上訴)라 하는데 중봉의 소는 일만 자가 넘었다 해서 '만언소(万言疏)'라 부르기도 한다. 조헌(趙

憲)은 왜란이 발발했을 때 700여명의 의병들을 모아 금산전투에서 장렬하게 산화(散華)했다.

결국 조정에서는 수로미매(水路迷昧), 즉 "일본으로 가는 바닷길을 잘 모른다."는 이유로 통신사 파견을 거절했다. 도요토미 히데요시의 첫 번째 외교가 실패하자 다시 소 요시토시 대마도주의 알선으로 1588년 10월과 1589년 6월 두 차례에 걸쳐 조공과 함께 통신사의 파견을 간청해왔다. 그리고 앞서 왜구의 앞잡이가 되어 노략질한 조선인을 잡아 보내왔다. 이에 조정은 1590년 3월 황윤길(黃允吉)을 정사(正使)로, 김성일(金誠一)을 부사(副使), 허성(許筬)을 종사관(從事官)으로 하는 통신사 일행을 파견했다. 그리고 이들은 그 이듬해인 1591년 정월 일본의 답서를 가지고 돌아왔다. 일본의 답서에는 종래의 외교 관례에 따르지 않는 무례한 구절과 정명가도(征明假道)를 뜻하는 글이 있어 침략의 의도가 드러났다.

이어 3차 일본 사신일행이 조선 통신사보다 한 달 늦게 입경하여 일본이 가도입명(假道入明) 하리라는 통고에 조정은 그제서야 놀라 그 해 5월 일본의 서계(書契) 내용과 함께 왜정(倭情)을 소상하게 명나라에게 알리는 한편, 일본 침공에 대비하기에 이르렀다. 그러나 때는 이미 늦었다.

정명가도(征明假道)니 가도입명(假道入明)이니 하는 말은 선조와 조정으로서는 결코 받아들일 수 없는 불경한 말이었다. "명나라를 치러 갈테니 조선은 길을 빌려달라." 이 말은 존명사대(尊明事人)를 최대 철학으로 삼고 '소중화(小中華)'라는 자부심을 가지고 있던 선조와 조정대신들에게 씨가 먹히지 않는 도발적 언사였다. 하늘을 대신하여 백성을 다스린다는 황제가 있는 천자(天子)의 나라, 조선의 상국(上

國)인 명나라를 치러간다니 도요토미 히데요시가 미친 게 분명하다고 판단했다.

히데요시는 통일된 일본 내 반대세력인 규슈지역 다이묘(大名)들을 잠재우려는 책략으로 조선침략 구상했지만 그때까지 일본에는 세력이 만만치 않은 대영주(大名)들이 있었다. 이들은 1598년 8월 18일 토요토미 히데요시의 사후(死後)에 힘의 공백 상황에서 동군과 서군으로 나뉘어 1600년 세키가하라 전투를 벌여 또 한 차례 전국통일 전쟁을 했다.

전국시대 일본을 통일한 히데요시도 1598년 사망을 앞두고 인생무상(人生無常)의 허무함을 담은 소회를 사세구(辭世句)에서 밝혔다. 당시 나이 63세였다.

이슬처럼 떨어져 이슬처럼 사라지는 내 몸이구나!
나니와(難波 오사카의 옛 지명)의 일은 꿈속의 또 꿈이었구나!

천하통일을 이룬 영웅의 인생도 여느 삶과 다르지 않았다.

일본 전국시대(戰國時代) 무사(武士)들은 도요토미 히데요시에게 충성을 다하여 출전하여 전투에서 승리한 뒤 공명(功名)을 세워 입신출세(立身出世)하는 게 목적이었다. 그래서 석고(石高 쌀 생산량)가 많은 영지(領地)를 가진 일국일성(一國一城)의 영주(領主)가 되는 게 꿈이었다. 무사들은 전투에서 자기의 목숨을 아깝게 여기지 않았다. 햇볕 아래 이슬처럼, 바람에 날리는 벚꽃처럼 미련 없이 버렸다. 버리는 자 앞에 두려움이 있을 수 없었다.

일본 무사(武士)가 할복자살(切腹自刀)을 할 때 먼저 지세이구(辭世

句 사세구, 유언장)를 써서 남기고 작은 칼인 와끼자시(脇差 협차)로 배를 가르는 하라기리(切腹 절복)를 한다. 이 때 고통없이 빨리 죽도록 다른 무사가 까따나(刀 큰 칼)로 목을 쳐주는 가이샤꾸(介錯 개착)를 한다. 일종의 안락사(安樂死)이다. 이 때 사무라이는 바람에 날리는 사꾸라(櫻 앵) 꽃잎처럼 목숨을 버렸다고 하고, 바닥에 떨어진 머리를 쓰바끼(椿 춘) 즉 동백꽃이라고 했다. 주군(主君)을 위해서 목숨을 한낱 꽃잎처럼 가볍게 날려버릴 수 있음을 보여준다. 목숨을 꽃에 비유해서 아름답게 미화한 대목, 그것이 바로 할복의 예와 미덕을 존중하는 전국주의 시대 충성심의 표현이었다.

포로로 잡혀갔다가 돌아온 강항(姜沆)의 간양록(看羊錄)에 따르면, '도쿠가와 이에야스(德川家康)는 전쟁 후유증과 영주들의 동요를 막기 위해 죽은 히데요시의 배를 가르고 소금을 넣어 방부처리한 뒤 관복을 입혀 관속에 뉘여 놓았다. 또 때로는 통나무위에 앉혀놓기도 했다.'고 술회했다. 그런데 히데요시의 죽음이 외부로 알려지자 '새로운 권력'인 도쿠가와 이에야스는 대로회(大老會)에서 사망을 공식 선포하고 1598년 조선에서 왜군의 철수를 명령했다.

시마즈 히사미찌(島津久通)는 왜란이 끝난 뒤 1670년에 쓴 '정한론 (征韓論)'에서 "신공(神功) 황후의 삼한(三韓) 정벌 이래 조선은 일본의 조공국(朝貢國)이었다. 그러나 조선이 조공을 이행하지 않아 히데요시(秀吉)가 출병하였다."고 밝히고 있다. 시마즈 히사미찌는 임진왜란 때 강원도를 장악했던 왜장 시마즈 요시히로(島津義弘)의 후손인데, 요시히로는 1595년 3월 조선의 호랑이 고기(虎肉)를 염장처리 하여 토요토미 히데요시에게 바치기도 했다.

임진왜란(1592~1593년)을 일본에서는 당시 천황의 연호에 따라 분

로쿠 노 에키(文祿の役), 정유재란(1597~1598년)을 게이초 노 에키(慶長の役)라고 한다. '혼내준다'는 뜻을 담은 역(役)은 우리의 해석으로는 정벌(征伐) 또는 난(亂)으로 불러도 무방할 듯하다. 세종 때 이종무(李從茂)의 대마도 출병을 '대마도 정벌'이라고 부른 것과 같은 맥락이다. 전쟁의 또 다른 당사자인 중국은 어떻게 불렀을까. 명나라는 임진왜란을 신종(神宗)의 연호를 따서 '만력의 역(萬曆之役)'이라고 부른다. 또는 '항왜원조(抗倭援朝)전쟁'로도 부른다. 즉 '왜구에 맞서 조선을 도운 전쟁'이라는 뜻이다. 중국이 6·25전쟁을 미국에 대항해서 조선(북한)을 도운 '항미원조(抗美援朝) 전쟁'이라고 명명한 것과도 같은 맥락이다.

아무튼 1597년 정유재란 전 도요토미 히데요시는 고바야카와 히데아키(小早川秀秋)에게 "다 죽이고 다 불태우고 적국(赤國 전라도)을 완전히 텅 비워라."고 명령했다. 남해바다에서 이순신장군에게 연전연패한 후 제해권을 빼앗긴 데 대한 분풀이였다. 또 곡창지대인 전라도를 확보함으로써 왜군 20여만 명의 먹거리를 공급할 요량이었다.

토요토미 히데요시(豊臣秀吉)는 동해지방의 영주인 오다 노부나가(織田信長)의 말단 부하가 되었을 때 겨울에 친방(親方 오야가타 사마)인 노부나가의 짚신을 가슴에 품었다가 내놓는 등 하급 무사, 즉 아시가루 노부시(足輕 野武士)였다. 풍신(豊信)이란 성을 얻기 전이었으므로 그의 이름은 하시바 히데요시(羽柴秀吉)였다. 그는 오다 노부나가를 만나서 절대 신임을 얻었고 출세가도를 달렸다. 당시 농민출신의 히데요시는 원숭이처럼 생겼다고 해서 '사루(猿)'라고 불렸다. 천하를 통일한 히데요시는 불평이 많고 반골기질이 강한 규슈 남쪽지역의 다이묘(大名)들을 선봉장으로 조선침략에 동원했다. 1591년 8

월 전국 영주(人名)들에게 조선침략을 위한 총동원령을 내리고 1592
년 2월 초순 규슈에 전진기지인 나고야성(名護屋城)를 축조했다. 3월
26일 교토(京都)에서 이곳에 온 히데요시는 1593년 7월 11일 진주성
승전보(勝戰譜)를 받고 8월 20일 교토로 돌아갈 때까지 1년 6개월 동
안 체류하면서 조선침략전쟁을 총지휘했다.

히데요시는 부산포에서 이틀만에 들어오는 급행통신연락선 하야
부네(早船)를 통하여 조선에 있는 왜장들의 현지 전쟁 상황을 보고받
고 명령했다. 성격이 급한 히데요시는 직접 조선에 건너가 지휘하려
했으나 조선의 바다는 이순신(李舜臣)이 제해권(制海權)을 장악하고
있으므로 만약 대선(大船)인 아타게 부네(安宅船)를 탄 히데요시가 발
견되면 필사의 공격을 받을 것이 우려된다는 도쿠가와 이에야스(德川
家康)의 극력 만류로 끝내 조선땅을 밟지 못했다.

1598년 8월 18일 토요토미 히데요시가 갑자기 병사(病死)했다. 이어
서 11월 19일 파란만장한 삶을 산 이순신(李舜臣)이란 큰 별이 노량
앞바다에 떨어졌다. 그리고 조선, 명나라, 왜 등의 동북아 7년 동안의
국제전은 대단원의 막을 내렸다. 이 틈을 탄 만주의 여진족이 어부지
리(漁父之利)를 얻어 마침내 대륙의 중원(中原)을 차지했다. 당시 명
나라는 항왜원조(抗倭援朝) 기치 아래 조선 전쟁에서 국고를 쓰지 않
을 수 없었고 무능한 황제와 환관들의 극성으로 정치가 부패되어 망
조가 들어 있었다. 그러니 그토록 야만시 하던 북로(北虜) 여진 오랑
캐들에게 중화(中華)의 터전을 내주지 않을 도리가 없었다.

이충무공 연보

1545(인종 1) 을사 1세
　3월 8일, 자시(子時) 서울 건천동(乾川洞, 현 서울 중구 인현동 1
　가 32-2번지 추정) 출생. 유년기 한양을 떠나 외가가 있는 아산
　(牙山)으로 이사함.

1565(명종 20) 을축 21세
　보성(寶城) 군수 방진(方震)의 딸과 혼인함.
　방진에게 무예를 배움.

1566(명종 21) 병인 22세
　10월, 무인이 될 것을 결심하고 무예를 배우기 시작함.

1567(명종 22) 정묘 23세
　2월 맏아들 회(薈)가 태어남.

1571(선조 4) 신미 27세
　2월, 둘째아들 울(蔚)이 태어남.

1572(선조 5) 임신 28세

8월, 훈련원(訓鍊院) 별과시험에 응시하나, 낙마로 다리가 골절됨.

1576(선조 9) 병자 32세

2월, 식년(式年) 무과에 응시하여 병과(丙科)에 합격(10년 수련).

12월, 함경도 동구비보(童仇非堡 압록강 상류지)의 권관(權管)이 됨.

1577(선조 10) 정축 33세

2월, 셋째 아들 염(苒)이 태어남.(후에 면(葂)으로 개명)

1579(선조 12) 기묘 35세

2월, 훈련원 봉사(奉事)가 됨.

10월, 충청병사(忠淸兵使)의 군관(軍官)이 됨.

1580(선조 13) 경진 36세

7월, 전라좌수영의 발포(鉢浦) 수군만호(水軍萬戶)가 됨.

1581(선조 14) 신사 37세

12월, 군기 경차관(軍器敬差官) 서익(徐益)의 모함으로 파직됨.

1582(선조 15) 임오 38세

5월, 훈련원 봉사로 복직됨.

1583(선조 16) 계미 39세

7월, 함경도 남병사(南兵使)의 군관(軍官)이 됨.

10월, 건원보(乾原堡, 함북 경원내) 권관(權管)이 됨.

11월, 훈련원 참군(參軍)으로 승진함.

11월 15일 부친이 사망함.(향년 73세)

1584(선조 17) 갑신 40세

1월, 부친의 부음을 듣고 분상(奔喪)함.

1586(선조 19) 병술 42세

1월, 사복시(司僕寺) 주부(主簿)가 됨. 재직 16일만에 조산보(造山堡) 만호(萬戶)로 이임됨(류성룡 추천).

1587(선조 20) 정해 43세

8월, 녹둔도(鹿屯島) 둔전관을 겸함.

10월, 이일(李鎰)의 무함으로 파직되어 백의종군(白衣從軍)함.

1588(선조 21) 무자 44세

1월, 시전(時錢)부락 여진족 정벌의 공으로 백의종군이 해제됨.

1589(선조 22) 기축 45세

1월, 전라관찰사 이광(李洸)의 군관 겸 전라도 조방장(助防將)이 됨.

11월, 선전관(宣傳官)을 겸함.

12월, 정읍현감(井邑縣監)이 됨.

1590(선조 23) 경인 46세

7월, 고사리진(高沙里鎭) 병마첨절제사(兵馬僉節制使)로 임명되나 대간의 반대로 무산됨.

8월, 만포진(滿浦鎭) 수군첨절제사(水軍僉節制使)로 임명되나 대간의 반대로 정읍현감에 유임.

1591(선조 24) 신묘 47세

2월, 진도군수(珍島郡守), 가리포진(加里浦鎭) 수군첨절제사(水軍僉節制使)에 제수되었다가 전라좌도 수군절제사(水軍節制使)가 됨. 왜(倭)의 침략에 대비, 병기를 정비하고 거북선을 제작함.

1592(선조 25) 임진 48세

1월, 본영 및 각 진에서 무예훈련함.

2월, 전선을 점검하고 발포·사도·여도·방답진을 순시함.

3월 37일, 거북선에서 대포를 시험함. 경강선 점검.

4월 12일, 거북선에서 지자(地字)·현자(玄字)포를 시험함.

4월 13~14일, 임진왜란이 일어남.

4월 27일, 출전하라는 왕명이 내려짐.

5월, 옥포·합포·적진포해전 왜선 44척 격파. 가선대부에 승자.

5월 29일, 사천해전에 거북선 처음 사용.

6월, 당포·당항포·율포해전 왜선 67척 격파. 자헌대부에 승자.

7월, 견내량·안골포해전에서 왜선 79척을 격파함. 정헌대부 승진.

9월 1일, 부산포해전에서 왜선 백척을 격파(정운 전사).

1593(선조 26) 계사 49세

2~3월, 웅포해전을 치름(7차).

5월, 참전기간에 중단한 일기를 다시 쓰기 시작함. 정철총통 제작.

7월 15일, 본영을 여수에서 한산도로 옮김.

8월 15일, 삼도수군통제사가 됨. 진영에서 둔전·포어(捕魚)·자
염(煮鹽)·도옹(陶瓮) 등을 시행, 군량을 비축함.

11월 29일, 장계를 올려 진중에 무과 설치를 청함.

1594(선조 27) 갑오 50세

1월. 본영 격군 742명에게 주연을 베품.

3월, 2차 당항포해전에서 왜선 31척을 격파함.

4월, 진중에서 무과 실시. 어영담 병사(病死)함.

9월 29일, 1차 장문포에서 왜선 2척 분멸함.

10월, 의병장 곽재우·김덕령과 작전을 모의함. 영등포·장문포
의 왜적을 공격함.

10월 4일, 2차 장문포해전.

1595(선조 28) 을미 51세

1월, 맏아들 회의 혼례.

2월, 원균이 충청병사로 이직함. 도양 둔전의 벼 분급.

5월, 두치·남원 등의 식량 운반. 소금굽는 가마솥 제작.

7월, 견내량에 주둔 삼도 수군을 모아 결진함.

8월, 체찰사 이원익이 진영에 내방함.

9월, 충청수사 선거이에게 시를 주고 송별함.

10월, 명 사신 양방형이 부산에 감. 기상이변.

11월, 체찰사 이원익이 떠남.

1596(선조 29) 병신 52세

1월, 심안둔의 부하 5명 투항함. 청어를 잡아 군량 5백섬 구함.

2월, 흥양둔전의 벼 352섬 수입. 둔전 벼 점검.

3월, 원균이 체찰사 이원익에게 곤장 40대 맞음.

4월, 장사를 가장한 부산의 정탐 왜병 4명을 효수함. 명나라 사신 이종성이 달아남. 씨름시합에 성복이 1등함.

5월, 여제를 지냄. 화살대 150개 제작.

7월, 귀순 왜병이 광대놀이 함. 명나라 사신의 배신(陪臣)의 배 3척을 보냄.

윤8월, 무과시험장을 엶. 체찰사 이원익과 순회 점검함.

10월, 여수 본영에 모친을 모셔와 구경시켜드림.

겨울, 고니시 유키나가(小西行長)가 부하 요시라를 시켜 간계를 부림

1597(선조 30) 정유 53세

가토 기요마사(加藤淸正)이 온다는 허위정보에 출동하지 않음. 이산해·김응남 등의 주장으로 압송, 서인과 대간들이 치죄 주장.

2월 26일, 원균의 모함으로 한양으로 압송됨.

3월 4일, 옥에 갇힘. 옥중에 정사신(鄭士信)의 위로편지 받음.

4월 1일, 정탁의 신구차(伸救箚)로 특사됨.

4월 3일, 서울을 출발 과천, 수원, 오산, 평택, 군포를 거쳐 아산

의 어라산 선영에 도착함.

4월 11일, 모친상을 당함 (향년 83세)

4월 13일, 해암(蟹巖)에서 모친의 유해를 봉견함.

4월 19일, 장례를 못 치르고 백의종군길 떠남.

6월 8일, 초계의 도원수 권율의 막하로 들어감.(광덕, 공주, 은진, 여산, 삼례, 전주, 임실, 남원, 승주, 구례, 하동, 단계, 삼가를 경유함)

7월 15일, 왜적의 기습을 받아 원균이 패사함. 이억기·최호 전사함.

7월 16일, 칠천량해전에서 조선 수군이 패망함.

8월 3일, 삼도수군통제사에 재임명 교지를 받음.

8월 30일, 벽파진에 진영 설치.

9월, 조정에서 육전을 명하나 "이제 신에게 아직도 12척의 전선이 있으니 죽을 힘을 내어 싸우면 할 수 있다"고 장계함.

9월 15일, 장병들에게 "필사즉생(必死則生), 필생즉사(必生則死)"로 전쟁을 독려함.

9월 16일, 명량해전에서 13척의 전선으로 왜선 133척과 싸워 31척을 격파함. (왜선 : 난중일기 133척, 징비록 3백척, 명량대첩비 5백척). 왜장 마다시(馬多時) 죽음.

10월, 왜적들이 명량해전 패배에 대한 보복으로 아산고향에 방화하고 이를 대항하던 셋째아들 면(葂)이 전사함.

10월 29일, 목포 보화도를 진영으로 삼음.

12월, 선조가 상중에 소식(素食)을 그치고 육식하기를 명함.

1598(선조 31) 무술 54세

2월 18일, 고금도로 진영을 옮기고 경작하여 군비를 강화함.

7월 16일, 명나라 도독 진린(陳璘)과 연합작전을 세움.

7월 24일, 절이도해전에서 송여종이 포획해온 적선 6척과 적군의 머리 69급을 진린 장군에게 보냄.

10월 2일, 왜교(倭橋)전투에서 명 육군 유정(劉綎)과 협공. 왜적의 피해도 컸지만 명선 20여척이 피해당함.

11월, 도요토미 히데요시(豊臣秀吉)의 죽음으로 왜군이 철수하려 하자 진린이 끊어 막자고 함. 여수 좌수영과 묘도(猫島)에 진을 침.

11월 19일, 뇌물을 받은 진린이 왜선을 통과시켜 노량에 왜선이 집결하여 소서행장(小西行長) 구출을 위한 전투가 벌어짐. 노량 해전에서 적탄을 맞고 전사함. 운명 전에 "전쟁이 한창 급하니 나의 죽음을 말하지 말라"고 유언함. 맏아들 회, 조카 완, 송희립 등이 독전하여 왜선 5백 여척과 싸워 2백여 척을 격퇴시킴.

1599(선조 32) 기해

2월, 아산 금성산 선영에 장사 지냄. 우의정에 추증됨.

1604(선조 37) 갑진

선무공신 1등에 책록되고, 덕풍부원군에 추봉, 좌의정에 추증됨.

1613(광해 5) 계축

충렬사, 충민사, 현충사에 배향됨.

1643(인조 21) 계미

'충무(忠武)'의 시호를 받다.

1793년(정조 17)

7월, 영의정에 추증됨

1795(정조 19) 을묘

이충무공전서 간행. 이후 7차례 간행됨.(누락 요약본)

1916(대정 5) 병진

靑柳南冥(綱太郞) 전서본『난중일기』를 활자화하여 日譯文과 함께
『原文和譯對照 李舜臣全集』에 실어 간행함. 乙未年 5월 29일까지만
실림.

1935 을해

조선사편수회에서『亂中日記草』간행.(초고 해독본)

1953 계사

薛義植의『李舜臣手錄 亂中日記抄』(수도문화사) 간행.

1960 경자

李殷相의『李忠武公全書』국역주해본 간행

1962, 12. 임인

난중일기와 임진장초, 서간첩 국보 76호 문화재지정. 문화재명
'李忠武公亂中日記附書簡帖壬辰狀草'

1967 정미

12월 31일, 난중일기 도난사건 발생.

1968 무신

1월 9일, 학생의 제보로 난중일기 절도범 체포, 난중일기 회수
李殷相의 『亂中日記』(玄岩社) 번역본 간행.

2005 을유

난중일기, 임진장초, 서간첩 해독본(노승석) 국가기록유산웹에 게재

2008 무자

『충무공유사』현충사간행. 새로운 일기 32일치 발굴(노승석) .

2010 경인

4월, 정본화된 교감완역본 난중일기 간행(민음사).

2011 신묘

12월, 한국문학번역원에서 교감완역 난중일기를 가장 우수한 좋
은 번역으로 평가하고 러시아어 번역지원 선정함.

2013 계사

2월, 한국문학번역원에서 교감완역 난중일기를 번역이 자연스럽고 가독성이 높다고 베트남어 번역지원사업에 선정함.

6월, 1955년 홍기문이 번역한 난중일기 최초 한글번역본 발굴(노승석) 유네스코 세계기록유산에 난중일기 등재됨.

2014 갑오

7월, 홍기문의 최초 한글번역본 난중일기를 반영한 『증보 교감 완역 난중일기』 출간(도서출판 여해(汝諧)

참고자료

가다노 쯔기오 저, 윤봉석 옮김, 『이순신과 히데요시』, 우석, 1997.

강항 지음, 이을호 역, 『간양록(看羊錄)』, 서해문집, 2005.

고석규, 「16, 17세기 공납제 개혁의 방향」, 『한국사론』 12, 1985.

고정일 역해, 『난중일기』, 동서문화사, 2014.

국립 진주 박물관, 장원철 번역, 『임진왜란과 도요토미 히데요시』, 국립진주
　　　박물관, 2003.

김종대, 『이순신 신은 이미 준비를 마치었나이다』, 가디언, 2012

김종대, 김정산, 『이순신 조선의 바다를 지켜라』, 시루, 2014.

김태훈, 『그러나 이순신이 있었다』, 일상과 이상, 2014.

김현우, 『임진왜란의 흔적 1~3』, 한국학술정보, 2012.

김훈, 『칼의 노래』, 문학동네, 2014.

노기욱, 『명량 이순신』, 전남대학교출판부, 2014.

노승석, 『난중일기 완역본』, 동아일보, 2005.

노승석, 『이순신의 리더십』, 여해고전연구소, 2014.

노승석, 『이순신 생애를 통해 본 리더십』, 순천향대, 2011.

노승석, 「충무공 최후까지 충성을 다하다」, 교보문고-길 위의 인문학, 2013.

류성룡 저, 김시덕 역해, 『징비록』, 아카넷, 2013.

류성룡 저, 김흥식 역, 『징비록(지옥의 전쟁 그리고 반성의 기록)』, 서해문집,
　　　2003.

박기봉, 『이순신과 임진왜란』, 비봉출판사, 2014.

박기봉 편역, 『충무공 이순신 전서 1~4』, 비봉출판사, 2006.

박기현, 『류성룡의 징비』, 가디언, 2015.

박시백, 『조선왕조실록』, 휴머니스트, 2007.

박시백, 『조선왕조실록: 10. 선조실록』, 휴머니스트, 2012.

방성석, 『역사속의 이순신 역사밖의 이순신』, 행복한 미래, 2015.

방성석, 『위기의 시대 이순신이 답하라』, 중앙북스, 2013.

박찬영, 『화정(華政)』, 리베르, 2014.

서기원, 『난세의 위대한 만남 류성룡과 이순신』, 도서출판 선, 2015.

소이원, 『21세기 만언봉사』, 북랩, 2015.

송복, 『류성룡, 나라를 다시 만들 때가 되었나이다』, 가디언, 2014.:

송정현, 『조선사회와 임진의병연구』, 학연문화사, 1999.

오다 마코토, 『소설 임진왜란(原題 民岩 太閤記)』, 웅진출판사, 1992.

이민웅, 『이순신 평전』, 성안당, 2012.

이민웅, 『이순신 해전사』, 청어람미디어, 2008.

이성무, 『당쟁사 이야기』, 아름다운 날, 2014.

이순신 저, 조성도 역, 『임진장초』, 연경문화사, 1983.

이은상 완역, 『이충무공전서』, 성문각, 1988.

이은식, 『원균과 이순신』, 타오름, 2010.

이은상, 『태양이 비치는 길로』, 삼중당, 1973.

이종락, 『성웅 이순신 그리고 일본 왜성』, 선인, 2010.

이종락, 『이순신의 끝없는 죽음』, 선인, 2013.

이한우, 『선조 조선의 난세를 넘다』, 해냄출판사, 2007.

정순태, 『이순신의 절대고독』, 조갑제닷컴, 2014.

조신호, 「이순신 리더십의 성격과 교육적 가치」, 대구카톨릭대학교, 박사학위
    논문, 2015.

케이넨 지음, 신용태 옮김, 『임진왜란 종군기』, 경서원, 1997.

한국문화연구회, 『조선왕조 오백년 실록』, 늘푸른소나무, 2012.

한국학중앙연구원, 『한국민족문화대백과』 1991.

EBS-국사편찬위원회, 『역사 e: 세상을 깨우는 시대의 기록』, 북하우스, 2013.

국사편찬위원회, <조선왕조실록>.

전라남도, <백의종군로>.

전라남도, <명량으로 가는 길>.

여수시, <충무공 이순신과 거북선 그리고 여수>, 여수이야기, 2010.

Reincarnated Yi Soon Shin, Rewritten Jingbirok (Memoir of the Imjin War)

"History is the ceaseless communication between past and present."

— E. H. Carr (UK Historian)

It's a bustling and rude world without any courtesy. The entire world is completely agitated and rude without courtesy as if it is covered with darkness. The peaceful time, the wonderful times of peace, came after liberation on August 15, 1945 and the Korean War breaking out on June 25, 1950, but the rules of the world were collapsed as dark grayish smoke rose up.

While the world looked at Korea with envious eyes due to remarkable industrialization and astonishing development of democracy, information, and communication technology in Korea since its liberation, the gap between the rich and the poor has been widened by the aggravated economic polarization, and the overuse of power by the establishment including conglomerates has been rampant. Even though North Korea threatens South Korea with nuclear weapons. There is nothing we can do; we are a mere spectator.

Korea should consider neighboring countries, even for deploying

THAAD, the highly advanced anti-missile defense against nuclear weapons and missiles from North Korea. In northeast Asia, there is sharp opposition between Korea, the USA, and Japan, and North Korea, China, and Russia. Such sharp opposition is not much different from the situation that existed about 400 years ago.

During the Japanese invasion in Korea from 1592 to 1598, Ming and Japan fought a war on Korea's territory. Both countries led negotiations for stopping the war, and the Jurchen (established the Qing Dynasty later) on Manchuria was on the alert for an opportunity to invade Joseon and Ming. The Japanese invasion from 1592 to 1598 was an international war that involved four countries.

The situation was similar to that when the great powers of the world—including Japan, Qing, Russia, the USA, France, Germany, and the UK—tried to acquire collapsing Joseon at the end of the Joseon Dynasty about 100 years ago. It also reminded the people that the unification of the Korean peninsula came to nothing as the Korean War broke out on June 25, 1950, Kim Ilseong in North Korea received heavy weapons from Stalin of Russia (former Soviet Union) including aircrafts and tanks, and about one million communist Chinese troops crossed the Amrokgang River under the banner of helping North Korea fight against America.

Northeast Asia has become the 'powder keg' of the world at present. For the resurrection as the greatest power in the world on the basis of economic power, China started a power game against America in terms of military power. While announcing the clearance of military conflict against China and fear of nuclear weapons in North Korea, Japan finally secured an army that could deploy military operations abroad.

One must wonder if we are still tainted by servile compliance, hoping someone will protect us from the nuclear weapons of North Korea. Members of the National Assembly fiercely engaged in fractional strife while playing partisan politics even at present, corruption of high ranking government officers, overuse of power by the conglomerates, privilege of former posts in judicial circles, and corruption in the defense industry by military high commands have been threatening the security and peace of the country as well as a wide assortment of corruption. It has been a long time since all people in all classes fell into pariah capitalism by being seized by materialism. It is difficult to attain advanced values that consider neighbors and others as well as traditional personality serving parents with devotion and being loyal to a country.

Let's see a map of the Korean peninsula. The Korean peninsula is lonesome like an 'isolated island' surrounded by a continent (China and Russia) and island (Japan). The north region of the Korean peninsula vigilantly awaits an opportunity for communism-based forceful unification by declaring nuclear armament. Due to its geographical destiny, Korea has suffered from ceaseless attacks by foreign countries as the foothold of continental and island powers. Korea never defeated the military headquarters of foreign invaders by itself. Korea was always passive and defensive. The country and people were destroyed, and the entire country was in chaos whenever foreign powers invaded. It's because Korea had no will to reflect and strengthen itself.

Joseon territory was the battlefield between Ming and Japan for seven years, from 1592 to 1598. Their negotiations did not include Joseon. One of the negotiations was that four of Joseon's provinces, including Gyeonggi-do and three regions in the lower part of the Korean peninsula (Chungcheong-do, Gyeongsang-do and Jeolla-do), were given to Japan.

Similarly to the truce negotiations between the UN, including America and the Chinese Communist Party, and North Korea during the Korean War dividing the Korean peninsula into two parts along the 38th parallel, Joseon territory was nearly divided by Ming and Japan. Ordinary people were exposed to heavy taxes from local and corrupt officers and completely exhausted, being destroyed by foreign invaders during the wars. Sir Ryu Seong Ryong, who worked in eight Joseon provinces as the Dochechalsa (highest military rank during a war) and wartime prime minister during the Japanese invasion from 1592 to 1598, expressed the intention of writing a war memoir, reflecting on the war for seven years as follows.

豫其懲而毖後患
Prevent future troubles by taking preventive actions in advance

知行竝進
Act when realizing

卽 有備無患
It's the spirit of 'an ounce of prevention is worth a pound of cure.'

However, the spirit for this war memoir was forgotten within just 30 years,; later, Jin (Qing) attacked Joseon by Jon-myeong-sa-dae (devotion to Ming with utmost courtesy) in 1627. In 1636, Emperor Taji of Qing tramped down Joseon again by requesting a lord and vassal relationship between Qing and Joseon.

After escaping from Namhansanseong Fortress, King Injo performed the humiliating courtesy of expressing submission to Emperor Taiji of Qing in Samjeondo, Songpa. It was the result of quick forgetfulness, a feature of Korea along with impatience. Quick forgetfulness made the security and peace of the country collapse and degraded the country as bait for foreign powers at the end of the Joseon Period. Eventually, Japan completed its plan to conquer Korea, which it had pursued since its invasion of Korea from 1592 to 1598, by collapsing Joseon in 1910.

"There is no future for people who forget history."
—Danjae Shin Chaeho

We also face imminent peril now, similar to about 400 years ago. As Yulgok Yi Yi said during the reign of King Seonjo, 'Joseon was not a state.' While the shadow indicating the Japanese invasion gradually grew darker and darker, Joseon did not even secure enough food to sustain itself for two years, and the national defense was minimal.

Furthermore, there were almost no competent commanders. Yulgok Yi Yi presented 'Man-eon-bong-sa,' an aggressive and critical appeal to King

Seonjo. How can it be a solitary situation only at that time? It's not so different from our present situation and portrait of our times..

In the late 16th century, the Japanese army came close to unification although the age of bloody civil wars continued for about 100 years. A matchlock introduced through Portuguese merchants exercised powerful influence on the unification of Japan as the latest arm deploying its dreadful power when invading Joseon.

Highly trained Japanese soldiers were mostly warriors having distinguished swordsmanship developed over about 100 years. 150,000 soldiers with such ability landed on Busanpo on April 13, 1592. Joseon soldiers, as farm soldiers who were recruited suddenly while farming according to the peasant -solider system, were more like a mob.

The Japanese army defeated the best commanders at that time, including Shin Rip in Tangeumdae, Chungju and Yi Il in Sangju, with a single stroke and arrived at Hanseong without any losses just within 20 days. The first Japanese army, led by Konish Yukinaga, advanced 40km a day as if there was no one blocking them and conquered Pyeongyang Fortress on June 13th. The Japanese army conquered Busan, Hanseong, Gaeseong, and Pyeongyang without any serious battles against the Joseon army while they advanced forward.

Chased by the first Japanese army, led by Konish, King Seonjo hastily escaped from Gyeongbokgung palace on April 30th and went to Gaeseong, Pyeongyang and Uiju along the Amrokgang River across Imjin dock. King Seonjo planned to run into Liaoning if need be. The second Japanese army, led by Kato Kiyomasa, seized two princes, Imhaegun and Sunhwagun, as prisoners in Hamgyeong-do Province. They went up to the Jurchen towns in Manchuria and came down to Joseon.

The third Japanese army, led by Kuroda Nagasama, trampled over Hwanghae-do Province after Gyeonggi-do. People ran to the mountains, and a small number of resistants were killed. Seven years, the Japanese invasion was the scene of great tragedy with dead bodies piled up the mountain and blood flowing like a river.

In particular, the Japanese army slaughtered all living organisms around Jinjuseong Fortress and Namwonseong Fortress, the gateway of Jeolla-do, the breadbasket. The Ming army also deployed violence as severely as Japanese army.

Ming reinforcements of 45,000 soldiers across the Amrokgang River, ignored the small country near the border area without considering others, and overused their power. The inspector general from Ming treated King Seonjo like a vassal. Ryu Seong Ryong, the Dochechalsa (highest military rank during a war) and wartime prime minister, was insulted by having to kneel down under the horses of commanders from Ming several times.

Nevertheless, Sir Ryu Seong Ryong was miserable while busy going here and there to get food for Ming soldiers and horses every day. People who survived with plants, roots, or bark finally killed and unabashedly ate other people due to severe hunger.

The Joseon army lost almost all land battles except Haengjudaecheop of Governor Gwon Yul. The Ming army fought 15 times against the Japanese army; they had no significant victory except for the recapture of Pyeongyangseong Fortress. Admiral Li Rusong of Ming was defeated due to an ambush operation by Japanese commanders including Ishida Mitsunari in Byeokjegwan Battle, Goyang.

Li Rusong desperately felt the dreadful power of a matchlock, and the Ming army actually avoided battling against the Japanese army. The Joseon army, the cleanup party, were just peasant soldiers who ran away, frightened by the thought of a matchlock. The Ming army made cynical remarks about those Joseon soldiers, calling them 'runaway soldiers.'

> "Each era has its own god."
> —Rinke (Positive Historian of Germany)

While the Joseon army lost every land battle, the situation was completely different at sea.

At the beginning of the war, Admiral Yi Soon Shin crushed hundreds of Japanese warships, including Ataka-bune, which was Cheung-gak-dae-seon of the Japanese Navy, and Seki-bune with fire and flaming arrows. The Turtle Ship, the 'Tank in the Sea,' capsized the Japanese naval forces into the sea by directly crashing into the enemy's ships.

Wakisaka Yasuharu, thrashing about 50,000 Joseon soldiers with only about 15,000 soldiers in the Yongjin Battle, was cruelly defeated by Hakikjin strategy (semi-circular crane wing formation) by strategist and Admiral Yi Soon Shin in the Hansan Naval Battle on July 8, 1592. The myth of invincibility, winning 23 times in 23 battles by Admiral Yi Soon Shin's strategy to 'start war after securing victory', was good news like a timely rain after a long drought for the people as well as King Seonjo and Joseon's government officers.

Japanese Taiko Toyotomi Hideyoshi did not allow a battle against Joseon naval forces, and Admiral Yi Soon Shin could maintain naval supremacy in the southern sea. It was by the grace of God that the Japanese army was blocked block from penetrating into the western sea, Hangang River, Imjingang River, and Daedonggang River in Pyeongyang. It was extreme benevolence from God for those who were ready.

'Unfortunate' Admiral Yi Soon Shin, who had to fight in a war as a commoner twice and was dismissed three times, took the lead in saving the country like a candle in the wind in spite of improper treatment. While his body and mind were thoroughly destroyed, he led the reorganization of Joseon's naval forces as Won Gyun lost the Chiljeonryang Battle. He also won the victory in the Myeongryang Naval Battle by defeating 133 Japanese warships with only 13 Joseon warships. It was a match of a single round, suitable for the strategist using the natural geography and environment. He had the superhuman attitude of 'knowing no retreat at a battlefield.'

Furthermore, we can't help respecting the good judgment on human nature, and foresight and insight identifying a competent person by sir Ryu Seong Ryong selecting the hero of the times. The 'great encounter' of Ryu Seong Ryong, the elder brother, and Yi Soon Shin is worth 'loyalty of a thousand years.'

Ryu Seong Ryong's spirit or war, the mentor of Yi Soon Shin, was passed on to Admiral Yi Soon Shin, the mentee: 'an ounce of prevention is worth a pound of cure'; that is, 'live when trying to the death.' Their relationship could not be separated, like light and shadows. If the country was rebuilt through the great acquaintance of Ryu and Yi's, strenuous efforts, has history changed?

This book will be about politics, humanities, and history demanded by those who want to understand the geopolitical environment of Korea and northeast Asia surrounding Korea in a more extensive viewpoint. Accordingly, it is strongly recommended to those who want to be a leader, as well as students, parents, teachers, government officers, and soldiers. I wish all will gain the wisdom of 'finding a guide for tomorrow by taking lessons from the past' by reviewing what kinds of leadership Admiral Yi Soon Shin deployed in the most difficult times.

In Simsangjae, June 2016
Kim Dongcheol

김동철

교육학박사(청소년심리상담)
이순신 인성리더십 포럼 대표
성결대 파이데이아학부 교수
전 중앙일보 기자-월간중앙 기획위원
베이비타임즈 주필
전성기 뉴스 취재위원
부모교육 인성멘토 1기(문화체육관광부)
청소년 인성 상담교육 멘토(멘토링 코리아)
경복고-한국외국어대학교-연세대 언론홍보대학원-명지대 대학원 졸업

환생(還生) 이순신,
다시 쓰는
징비록 懲毖錄
초판인쇄 2016년 7월 27일
초판발행 2016년 7월 27일

지은이 김동철
펴낸이 채종준
펴낸곳 한국학술정보㈜
주소 경기도 파주시 회동길 230(문발동)
전화 031) 908-3181(대표)
팩스 031) 908-3189
홈페이지 http://ebook.kstudy.com
전자우편 출판사업부 publish@kstudy.com
등록 제일산-115호(2000. 6. 19)

ISBN 978-89-268-7506-3 03330